ものと人間の文化史 166

栗

今井敬潤

法政大学出版局

国宝　扇面法華経冊子　法華経　巻１扇８「栗拾い図」（四天王寺蔵）

『扇面法華経冊子』は『扇面古写経』ともいわれ、紙扇を利用して彩色画を描き、その上に経文をしたためたもの。平安末期の12世紀半ばごろの制作とされている。下地の絵には貴族や庶民をテーマにした風俗画や花鳥・風景などが描かれ、当時の風俗を知る上で貴重な資料とされる。

画面の左上方に「栗拾い」の様子が見られ、栗林の中で４人の女性が用具を用いずに一つ一つ栗の果実を手でつまみ、籠に入れている様子が描かれている。栗を拾う様子を表した図としては最も古い部類のものと考えられ、古代末の栗栽培の様子が窺える。

（本文20頁の「栗拾い」の部分拡大図を参照）

はじめに

クリはブナ科クリ属に分類される高木または半高木で、北半球の温帯地域に十数種が原生分布している。この中で、経済栽培されているのはニホングリ（*Castanea crenata* Sieb. et Zucc.）とチュウゴクグリ（*C. mollissima* Bl.）、ヨーロッパグリ（*C. sativa* Mill.）、アメリカグリ（*C. dentata* Borkh.）の四種のみである。属名の *Castanea* の由来には、アルメニア語のクリの木 Kastanea をはじめとして、ギリシャまたは黒海沿岸のクリの産地名によるなどの説がある(1)。

ニホングリは北海道中部から九州南端までと朝鮮半島中南部に分布する野生種のシバグリを基本種として改良されたものである。樹は開張性があり、枝の分岐も多く、四種中最もコンパクトな樹形となる。果実の大きさの変異は大きく、一〇グラム以下のものから四〇グラム以上のものまである。渋皮は厚く、その剝皮は難しい。材は堅固で腐朽に耐えるため古くから土木・建築用材として用いられてきた。

中国原産のチュウゴクグリは中国国内の東北地区北部の一部地域を除いて広く分布するが、地域により樹の習性や果実の大きさなどに大きな変異がみられる。果実の品質については、渋皮がはがれやすく、甘みが多くて優れている。わが国へは焼き栗用として輸入されており、集荷地名から「天津甘栗」の名で知られている。

ヨーロッパグリは地中海沿岸から小アジアおよび北アフリカに分布し、主に、イタリア、スペイン、ポルトガル、フランス、トルコなどで栽培されている。果実の大きさは一〇～三〇グラム程度で品質は良い。大果で外観がよく、渋皮剝皮性がよい品種はマロングラッセなどの菓子材料とされる。樹は直立性が強く、樹高は二〇～三五メートルに達し、材から採取されたタンニンは特に近代の皮なめし産業において重要な役割を果たした。

アメリカグリはミシシッピ川以東の北アメリカ大西洋岸に原生し、果実は小さいが、品質は優れているとされる。樹は直立性が強く、樹高は三〇～四〇メートルにまで達し、果実のほかに材やタンニン採取用原料とされていたが、二〇世紀初頭に発生した胴枯病で壊滅的な被害を受け、現在も回復していない。

二〇〇六年の世界クリ生産量は一一八万トンで、国別では、中国（八五万トン）、韓国（七万六〇〇〇トン）、トルコ（五万四〇〇〇トン）、イタリア（五万二〇〇〇トン）の順で、中国が全体の七二％を占めている[1]（表1）。同年の日本の生産量は二万三〇〇〇トンで、生産量の多い県としては、茨城県、熊本県、愛媛県があげられる。

なお、中国からの「天津甘栗」用のチュウゴクグリの輸入量は、近年、減少傾向にあるものの、二

○○○年前後においては、国内生産量を上回った時期もあった。

クリは古くから果実と共に木材としての利用がなされてきたことはよく知られている。本書では、縄文時代から古代以前、古代、中世、近世、近代、現代にわけて、それぞれの時代の特徴的なことについて述べ、わが国のクリ栽培の歴史とクリ利用の歴史を概観したい。

また、クリ拾いなどの収穫作業やクリの貯蔵技術など、クリが人々の生活の中でどのように親しまれ、利用されてきたかについて記した。

なお、本書が拠って立つ栽培学の分野では、作物名としてカタカナ表記の「クリ」が用いられているが、本書においては、書名のほか、見出しでは原則として「栗」の一般的表記を用いている。また、本文中では、状況により適且両表記を併用している。

表1　世界のクリ生産量
(2006年，単位千 t)[1]

アジア	1013
中国	850
韓国	76
トルコ	54
日本	23
ヨーロッパ	125
イタリア	52
ポルトガル	29
ギリシャ	21
フランス	10
スペイン	10
南アメリカ	42
ボリビア	41
総計	1180

(FAOSTAT，ProdSTAT，2006より1万 t 以上の国のみ抜粋)

目次

第一章　近世以前の暮らしと栗

一九九〇年代半ばの青森県の三内丸山遺跡発掘の成果は、近年急速に解明が進んでいた縄文時代の人々の暮らしの実像を総合的、具体的に示すことに大きく寄与することとなった。そこで浮かび上がったのが、縄文時代の人々の活発なクリの利用と栽培の可能性である。ここでは、わが国のクリ栽培の歴史と利用において、その基層部分をなすと考えられる縄文時代について述べることにする。

一　縄文時代の暮らしと栗

1　食料としての利用

『日本考古学辞典』（三省堂、二〇〇二年）の「木の実」の項では、「木の実が本州の縄文人の重要な食料であったことは炭素窒素同位体法による縄文人骨の研究でも明らかになっている。遺跡でもクリ・クルミ・トチの実やドングリの遺存体が多く発見されている」(2)と、最新の研究成果に基づき、縄文人の食料として木の実の重要性を指摘し、クリが代表的な位置にあったことを示している。また、『日本史大辞典』（平凡社、一九九三年）の「縄文文化」の項では、「植物性食料は腐朽しやすいために、炭化物などの遺存例はごく限られるが、クリ、クルミ、トチ、各種ドングリ類など六〇種以上発見されており(3)」としている（写真1）。ここでも、クリが縄文時代の代表的な植物性食料であったことが示されている。加えて、植物性食料の遺存体は腐朽しやすく残存しにくいということも述べられているが、堅果類の種類によっても遺存の難易に差があることも当然のことであろう。

ここで、研究成果としては少し古いものとなるが、縄文時代の植物食料に関わる基本文献である名古屋大学名誉教授・渡辺誠氏の『縄文時代の植物食』（雄山閣、一九七五年）のクリの項を中心に見ておきたい。渡辺氏は日本を北海道、東北地方、関東地方、中部地方、近畿以西九州までの西日本の五地区に区分し、地区別に主要堅果類が出土した遺跡数について表にまとめている(4)（表2）。この表によれば、遺跡総数二〇八のうち、出土した堅果類の多い順に、クルミ（一三六）、ドングリ（六八）、クリ（五九）、トチノキ（二九）となる。主要堅果類が出土した遺跡は中部地方を中心に東北地方と関東地方に多くみられる。クリについては、「北海道を除く全区に出土しているが、中部地方を中心に東北地方と関東地方に比率が高い(4)」としている。このように地域差があること、前述した遺存の難易度の差などからすれば、出土数だけからその利用頻度を推測するのは危険が伴うが、クリが縄文時代の代表的な食料として重要な役割を果たしていたことには間違いがないといえよう。

さて、縄文時代に利用された木の実は、クリやクルミ、シイのようにアク抜きをしなくても食用に

写真1　函館市大船遺跡から出土したクリ果実（函館市提供）

表2　主要堅果類の地区別出土遺跡数表（太字は百分比）[4]

地区 / 種別	A	B	C	D	E	F	計
クルミ	**100.0** 6	**87.0** 47	**79.2** 38	**57.8** 37	**22.2** 8	**22.2** 8	136
クリ		**35.2** 15	**20.8** 10	**48.4** 31	**8.3** 3	**8.3** 3	59
ドングリ		**13.0** 7	**25.0** 12	**29.7** 19	**83.3** 30	**83.3** 30	68
トチノキ		**20.4** 11	**16.7** 8	**4.7** 3	**19.4** 7	**19.4** 7	29
遺跡総数	6	54	48	64	36	36	208

できるものと、ドングリ類やトチのようにアク抜きが必要なものとに分けられる。近年の研究成果により、縄文時代における木の実の利用の変遷が、あく抜きとの関わりから明らかにされている。前出の『日本考古学辞典』では、「東日本のナラ林帯では、前期にはクリ・クルミ、前期後半・中期にはクリ・クルミ・ドングリ、後・晩期にはクリ・クルミ・ドングリ・トチの実の組み合わせが確認されている。この変化はアク抜き技術の確立過程と対応し(2)」としている。まず、ドングリ類のアク抜き法が見出され、次に、難しいトチの実のアク抜き技術が発見されたことにより、アク抜きを必要としないクリやクルミに加え、アク抜きが必要なドングリ類やトチの実の利用されていく過程がよくわかる。ただ、縄文時代の前期、前期後半・中期、後期、晩期を通じて、クリが用いられていることは注目しておきたい。

また、『日本果物史年表』の著者で、農水省果樹研究所長を務めた梶浦一郎氏は『朝日百科・植物の世界』の「日本の果物史」の中で、「ニホンナシのような水菓子とは別の世界に、ニホングリ(*Castanea crenata*)があり、日本果物史において特異な位置を占めている。イネが縄文時代後期に大陸から渡来して定着し、日本人の主食糧となるまで、ニホングリは米の代わりをつとめていた。落葉広葉樹林でのクリ拾いは、貯蔵して冬場を食いつなぐ重要な食料採集であった(5)」としている。ニホングリが「米の代わりをつとめていた」と表現されるほど、イネがもたらされるまでの重要な食料資源としてのニホングリの役割が推測できる。

2　木材としての利用

『歴史考古学大辞典』（吉川弘文館、二〇〇七年）の「栗」の項では、「縄文時代から生活文化と深くかかわってきた有用植物である。クリは果実と木材が頻繁に利用されてきた。（中略）遺跡からはしばしば多量の廃棄された果皮からなるクリ塚として確認される。木材にはタンニンが含まれるため保存がよく、柱など建築用材のほか、杭や櫂など土木・用具材が確認されている[6]」とある。果実とともに木材としての利用も頻繁に行われたとされている。ここでは、木材としての利用の代表的あるいは特徴的と考えられる青森県青森市の三内丸山遺跡と埼玉県さいたま市大宮区の寿能泥炭層遺跡、青森県八戸市の是川遺跡、静岡県沼津市の葛原沢Ⅳ遺跡についてみておくことにする。

(1)　三内丸山遺跡

三内丸山遺跡は『日本史広辞典』によれば、「縄文時代と平安時代の集落遺跡、中世の城館遺跡などが検出された。とくに縄文時代では、前期中葉〜中期末葉の竪穴住居跡約五〇〇軒、大型住居跡二〇軒、巨大な木柱を使用した大型掘立柱建物跡（中略）など、集落の具体的な様子を解明しうる遺構が検出された[7]」とされている。一九九二年から一九九四年にかけて、県営野球場を建設するために大規模な発掘調査が行われ、縄文時代の巨大な集落跡が現れた。その後の集中的な発掘調査により、六本柱の巨大な掘立柱建物跡など多数の遺構や遺物が発見され、遺跡の永久保存が決定されることとなった。これに伴い全国的に起こったのがいわゆる三内丸山遺跡ブームである。この中心的な話題とされたのが六本柱の巨大な掘立柱建物跡で、直径約一メートルのクリ材の柱跡が残っていて、地上の高さ一五メートルの建造物と推定されている。(8)

この木材の調達について少し触れることにする。クリの樹の特性、とりわけ大きさや枝の出方について代表的な植物図鑑類でみると次のようである。『原色日本植物図鑑・木本編Ⅱ』(保育社、一九九四年)では、「落葉高木。幹は直立し、高さ一七m、胸高直径八〇㎝に達し、大きなのは一・五mに及ぶ。よく分枝し、多くの葉をつける」(9)とある。『新牧野日本植物図鑑』(北隆館、二〇〇八年)では、「落葉高木。幹は直立し、枝や葉は繁り、大きいものは高さ一七m、直径六〇㎝余り」(10)とある。なお、『樹木大図説Ⅰ』(有明書房、一九六一年)によると、日本一の巨木は、山形県長井市の佐々木右衛門氏邸にあり、目通り周囲七・三メートル、高さ一五メートル、枝張り東西一八メートル、南北一三メートルで推定樹齢七〇〇年とされている。(11) これらの資料をもとに上記の掘立柱に使われた材の入手を考えると、当時の気候は現在よりも多少温暖であった(12)ということを考慮しても、このような太さの、埋没部を含めると一五メートル以上とも推定される柱材を当時集落の周辺にあったとされるクリ林の中に見つけることはそう容易なことではなかったと想像できる。一般的な竪穴式住居の柱に用いられた比較的小さいものはさておき、このような巨大ともいえる特殊な材を得るためには、広葉樹用材林施業で一般的に不可欠とされる枝打ちや間伐などの管理(13)の必要性が考えられ、後述するところの果実を採取するために行われたクリ林の維持・管理(12)の他に、そのような管理も行われた可能性を考える余地があると思われる。

なお、一九九六年には、この大型掘立柱建物（写真2）をはじめ竪穴住居なども復元され、二〇〇〇年に国特別史跡に指定されている。

(2) 寿能泥炭層遺跡

埼玉県さいたま市大宮区の寿能泥炭層遺跡は縄文時代から平安時代の低湿地遺跡で、特に、関東地方における縄文時代の自然環境の復元はもとより、縄文文化観の構築上極めて貴重な遺跡とされている。本遺跡からは縄文時代中期後半から後期初頭に構築された木道と杭列群が発見されている。『日本人と木の文化』の著作がある東北大学の鈴木三男氏は、『朝日百科・植物の世界・14』の「発掘さ

写真2　三内丸山遺跡の大型掘立柱建物（青森県教育庁文化財保護課提供）

写真3　さいたま市寿能泥炭層遺跡から出土した縄文時代のA杭列の全景（埼玉県教育委員会提供）

れた木材が語る木と人との歴史」の中の小項「もっぱらクリ材を使った縄文時代」の中で、寿能泥炭層遺跡から出土した縄文時代の杭列の写真（写真3）の説明として、「杭には樹皮のついた直径一〇センチほどの丸太が多数並んでいて、ほとんどがクリ材である。打ち込まれて残っている部分だけでも二メートル近くあり、まっすぐで太さがそろった、かなり長いクリ材を大量に消費していたことがわかる」[14]と記している。なお、『日本の遺跡出土木製品総覧』（雄山閣出版、一九八八年）をもとに、寿能泥炭層遺跡の縄文中期〜後期の「杭遺構材」として用いられた樹種[15]はまとめると、出土総数二五七点で、多いものからクリ（一二七点）、ヤマグワ（二三点）、イヌガヤ（一八点）、クヌギ（一三点）の順となる。クリ材が半分近くを占め、二番目に多いヤマグワは一〇％以下で、圧倒的にクリ材の多いことがわかる。当時の木材利用の主たる土木材の中でも利用頻度が高い杭において、クリ材の利用が他の樹種と比べて抜きん出て多く、土木材において重要な役割を果たしていることがわかる。また、このことは、二メートル以上のまっすぐな長いクリ材を大量にそろえるためには、集落周辺にこれらを調達し得るクリ林が存在した可能性を示唆するものと思われる。

なお、わが国の木材利用の歴史に詳しい首都大学東京の山田昌久氏は、「生活資材のほとんどを木材でまかなった日本列島では、定住生活の開始期には、食料資源としても利用の高いクリ、トチノキが居住空間の周辺に集められ、その利用で用材を確保した」[16]としている。クリ材が高い頻度で用いられた背景として重要な示唆である。

(3) 是川遺跡

青森県八戸市の是川遺跡は縄文時代前期から晩期にかけての遺跡で、晩期初め頃に作られた水さらし場遺構からクリ材が確認されている。この水さらし場は堰き止めた沢水の上澄みを導き入れて、トチのアク抜きなどを行っていたと考えられているものである。この水辺の作業場は、沢の両岸に土留めの杭を打ち込み、沢を遮るように二メートルを超すクリ製の板を据えて杭で固定してある。[17] クリ材の耐朽・保存性は極めて高く、また水湿に耐える特性をもっており、[18] クリ材の特性を把握して樹種を選んで利用していたことが推測できる。

(4) 葛原沢Ⅳ遺跡

静岡県沼津市の葛原沢Ⅳ遺跡では、縄文草創期の住居跡から出土した柱の主たる材としてクリ材が使われており、年代測定の結果一万三〇〇〇年前のものとされている。他の樹種としてエゴノキ、タケ類、アワブキ（アワブキ科の落葉高木）が確認されている。また、同じく縄文草創期とされる栃木県野沢遺跡の住居跡でも、コナラの仲間とともにクリ材が用いられていることが確認されている。国立歴史民俗博物館の小林謙一氏は『縄文はいつから⁉』（新泉社、二〇一一年）の中で、葛原沢Ⅳ遺跡と野沢遺跡のクリ材利用の事例を挙げた後で、「クリは縄文時代を通じて最もよく使われる木材であるが、そういったものを選択して使っていたことがわかる」[19] としている。三内丸山遺跡よりも、七〇〇〇〜八〇〇〇年ほど遡る縄文時代でも最も古い時期の利用の事例として注意しておきたい。

3　栗林と栗の栽培

近年の研究成果に基づくクリの果実と材の利用の概要について触れたが、これらのクリの果実と材の調達と関わって、クリ林やクリの栽培の形態についての議論もなされ、明らかになってきている。

これについて、古生態学が専門の東京大学の辻誠一郎氏は最近の研究成果を踏まえ、次のように記している。

「クリの利用は縄文時代草創期から早期に遡り、（中略）縄文時代前期以降では、居住開始とともにクリ林に変化し、長期間存続することから、人為的に作られた栽培林の可能性が高くなってきた」(6)。

ここで、縄文時代におけるクリ林・クリ栽培に関わる研究史の一端に触れておく。

一九五〇年代後半に、貝塚の研究で知られる酒詰仲男氏は縄文時代にクリの栽培があったとしている。また、戦後、縄文中期農耕論を提唱したことで知られる藤森栄一氏も縄文時代のクリの栽培・栽培管理の可能性を示唆している。民族植物学者中尾佐助氏は一九六〇年代後半に縄文時代中期に大型のクリが多量に出土することに注目し、半栽培の段階にあるとしている。環境考古学が専門の安田喜憲氏は一九八〇年代初めに、富山県大門町の小泉遺跡の花粉分析により、集落の近くにクリ林があったことを確認している。

そして、名古屋大学の山本直人氏は、現在の到達点を『縄文時代の考古学5・なりわい——食糧生産の技術』（同成社、二〇〇七年）で、次のようにまとめている。

「一九七〇年代以降、クリの管理栽培に関する仮説は一般に認知されていたが、佐藤洋一郎氏らは青森県三内丸山遺跡や富山県桜塚町遺跡から出土したクリのＤＮＡ分析を行い、管理栽培の裏づけをとる研究を進めている。こうした佐藤の説に反対する研究者もいる。また、辻誠一郎氏による三内丸山遺跡の花粉分析や種実の研究から、人為的なクリ林が存在したことが考えられている[20]」。

さて、三内丸山遺跡を始めとする各地の縄文遺跡から出土したクリのＤＮＡ分析を行った総合地球環境学研究所の佐藤洋一郎氏は、『縄文農耕の世界』（ＰＨＰ研究所、二〇〇〇年）の中で、「クリが縄文時代に栽培されていたと主張したのは私が初めてでない。酒詰仲男さんはすでに昭和三〇年代に縄文時代にクリの栽培があったと主張している[21]」と記している。酒詰氏の主張がどのような内容のものであったのかを、昭和三二年（一九五七）の「日本原始農業試論」（『考古学雑誌』四二巻）の中で見ておくことにする。酒詰仲男氏は考古学者で、『貝塚の話』（彰考書院、一九四九年）、『日本縄文石器時代食料総説』（土曜会、一九六一年）などの著書がある。

「日本原始農業試論」の中で、縄文時代にクリが栽培されていたことに関して、四章からなる本論の第一章「栽培植物」で、「東京都西ヶ原貝塚、千葉県余山貝塚、その他の石器時代低湿地遺跡の悉くから出ている、クリを重視すべきである[22]」と強調している。また、「〝モモ、クリ三年、カキ八年〟という諺があるが、確かにクリは三年もすれば結実し、たとえ一個でも結実する。それから下草を刈り、施肥し、毛虫の被害から護るように管理すれば、少なくとも十年は多産を維持することができる。恐らく、石器時代の周辺は、このクリ畑に囲まれていたものと想像してよいであろう。クリは陽樹の一種で、人工的に保護を加えなければ自然の状態では、すぐに喬木類に卓越される点を特に注意する必要がある」[22]としている。クリの生態・栽培特性について触れ、栽培管理の仕方、クリ林の存在の形態についてまで言及している。また、他章でも、クリの肥培管理、クリの収穫法、貯蔵法にも具体的に触れている。クリの生態・栽培特性を踏まえた上で、縄文時代における栽培と利用について総合的に述べられている。

なお、佐藤氏の『縄文農耕の世界』によれば、「だがその議論はほとんど注目されないままに忘れられ、決して日の目を見ることはなかった」[21]とされる。酒詰氏の全国的な貝塚調査をベースにした「クリは縄文時代に栽培されていた」とする主張は、佐藤氏の言葉を借りるならば、半世紀を経て、日の目を見ようとしているといえる。

二　奈良時代の暮らしと栗

『日本書紀』持統天皇七年（六九三）三月丙午条には、「詔して、天下をして、桑・苧・梨・栗・蕪菁等の草木を勧め殖ゑしむ、以ちて五穀を助くとなり」[23]という記載がある。これはクリ栽培のもっとも古い記録と考えられており、当時クリが五穀に次ぐ農作物として位置づけられていることが窺い知れる。ここでは、奈良時代の重要な文献資料である『風土記』と『正倉院文書』にみられるクリについてみておきたい。

1 『風土記』にみられる栗

『風土記』は奈良時代に国別に編纂された地誌で、古代の地方社会を知る上で貴重な文献と位置づけられている。まとまった形で現存する常陸、出雲、播磨、肥前、豊後の五か国の風土記についてみると(24)、クリの記載は常陸では五か所、播磨では二か所、出雲では一か所で、肥前、豊後では認められない。そこで、出雲、播磨と常陸についてみておくことにする。

出雲国では仁多《にた》の郡《こほり》の項でみられ、「凡て諸の山野にあらゆる草木は、(中略)檜・椙・樫・松・柏・栗(後略)(25)」とある。仁多の郡は出雲国南部で、東は伯耆国、南は備後国に接するところで、現在の島根県仁多郡仁多町と横田町に当たる。

播磨国では宍禾《しさは》の郡と揖保《いひほ》の郡とでみられる。宍禾《しさは》の郡敷草の里では、「[illegible]《ひのき》・枌《すぎ》・栗・黄蓮《かくまくさ》・黒葛《くろかずら》等生ふ(26)」とある。敷草の里は現在の兵庫県宍粟《しそう》市千種町にあたり、兵庫県中西部に位置し、大部分が標高一〇〇〇メートル級の山々に占められているところである。揖保《いひほ》の郡栗栖《くるす》の里では、「栗栖《くるす》と名づくる所以は、難波《なにわ》の高津《たかつ》の宮の天皇《すめらのみこと》、勅《の》りたまひて、刊《けづ》(ママ)れる栗の子《み》を若倭《わかやまとべ》部の連《むらじ》池《いけ》子《こ》に賜ふ。すなわち将《もち》て退《まか》り来りて、この村に殖《う》ゑ生《お》ほしき。故《か》れ、栗栖と号《なづ》く(26)」とある。『新編日本古典文学全集』(小学館)の中では、「難波の高津の宮の天皇(仁徳天皇)が勅して、削った栗の実を若倭部の連池子に賜った。そこで栗の実を持って御前を退出してきて村に植え育てた。それで栗栖と名づけたのである(26)」と訳されている。「削った栗の実」とはいかなるものかは定かではないが、「殖る」という字が用いられていることから、栗の実を植え付けるだけに止まらずその育成にも力が注がれたことが窺い知れる。ちなみに、『日本史大事典』（平凡社）をはじめ多くの事典で、栗栖は「一般には栗の木の多く生えている地をいう」とされる。少し時代が下るが、日本中世史の研究で多大の業績を残した網野善彦氏は、栗栖について、「平安前期の文書・記録にはこの文字での多くの例を見ることができる。特に天皇家は古くから山城国田原御栗栖、丹波国御栗栖のような直属の栗栖を設定し、そこの人々から栗を貢進させていた(27)」としている。古代から中世のクリの生産と利用を考える上で押えておくべき重要な点となろう。

なお、揖保の郡栗栖の里は現在の兵庫県たつの市新宮町の西部にあたるところで、一九五一年においては、東栗栖村と西栗栖村がみられた。

常陸国では行方《なめかた》の郡《こほり》四か所と久慈《くじ》の郡一か所にみられる。行方の郡提賀《てが》の里の項では、「香島《かしま》の神《み》子《こ》の社在り。社の周りの山も野も地沃え、艸木《くさき》、椎・栗・竹・茅の類、多に生ふ(28)」、同郡男高《おたか》の里では「栗家《くりや》の池あり。その栗大きければ、池の名と為す(28)」、同郡麻生《あさふ》の里では「里の周りに山あり、椎・栗・槻、櫟《いちひ》生ひ(28)」、同郡当麻《たざま》の郷では、「香島・香取二つの神子の社在り。その周りの山野、櫟《くぬぎ》・柞《ははそ》・栗・柴、往々林を成し(28)」とある。なお、行方の郡の提賀の里、男高の里、麻生の里は現在の茨城県行方市玉造と麻生にあたり、当麻の郷は行方市の北に隣接する鉾田市鉾田にあたる。

また、久慈の郡密筑《みつき》の里の項では、「西と北とは山野を帯ぶ。椎・櫟・榧《かや》・栗生ひ(28)」と記されている。密筑の里は現在の日立市水木町にあたるところである。

常陸国の五か所でみられるクリの記載から、提賀の里と当麻の里ではクリが多くみられることがわかる。また、男高の里の項からは、この当時、大きいクリの価値に対して明確な認識があったことが窺われるとともに、大きなクリが池の名前とされるほどの重要な意味をもっていたことが推察される。

2 『正倉院文書』にみられる栗

ここでは、関根真隆氏による『奈良朝食生活の研究』で紹介されている事例をもとにみることにする。

『正倉院文書』の天平宝字二年（七五八）の「食料雑物納帳」には、「栗六升」、同年の「下充帳」には、「一百卌文　生栗三斗直(29)」とあり、奈良時代において、クリは升・斗単位で計量され、商品としても流通していたことがわかる。なお、同じ頃の他の『正倉院文書』には「干栗」、「搗栗(29)」の記載もみられる。「搗栗」は今日の「かちぐり」に相当すると考えられており、『広辞苑』（岩波書店）では「栗の実を殻のまま干して、臼で搗き、殻と渋皮を取り除いたもの」とされる。「干栗」については、『日本国語大辞典』（小学館）によれば、「栗の実をゆでて干したもの」とされているが、『資源植物事典（七版）』では、「干栗には搗栗も含まれるが、実を蒸した後干したものも干栗である(30)」と干栗が大きな括りで考えられている。いずれにせよ、「干栗」と「搗栗」は共に、当時栗を乾燥して長期保存に耐えるようにするための重要な方法であったことがわかる。

また、天平一〇年（七三八）の「和泉監正税帳」によると、「検校栗子正将従参人　経壱箇日…(29)」

と、国司が巡検していることが記されており、奈良時代前期においてクリは課税の対象にされていたことがわかる。

三　平安時代の暮らしと栗

1　『延喜式』にみられる栗

一〇世紀初めに律令の施行細則の集大成として編集された『延喜式』の巻三十三・大膳下の「諸国貢進果子」には、北は出羽国から南は大宰府までの三一か国があげられ、そのうち、山城国はじめ六か国でクリの貢納の記載が認められる。[31]大膳職は『日本古代史大辞典』(大和書房、二〇〇六年)によれば、諸国の調雑物の出納、朝廷における饗膳の料理をつかさどったとされており、当時のクリの産地を知る上では重要な資料であると考えられる。[32]

クリに関わっては、山城国では「平栗子十石」、丹波国では「甘栗子二棒、搗栗子二石一斗、平栗子」、但馬国では「搗栗子七斗」、因幡国では「平栗子五斗」、播磨国では「搗栗子」(量の記載なし)、美作では「搗栗子七斗」という記載がみられる。

クリの貢進国は山城から美作までの国々に集まっており、播磨国の量の記載はないが、量的には山城国が圧倒的に多く、丹波国がこれに次ぐことがわかる。また、前出の『正倉院文書』にはなかった「平栗子」と「甘栗子」がみられる。「平栗子」については、『延喜式』巻三十三・大膳下の「造雑物法」に、「平栗子料　生栗子一石。得二斗二升五合[31]。」とある。生のクリを材料につくられた加工品であることとともに、一割程度の収量しか得られていないことから、かなりの加工がなされた精製度の高いものであることが窺われる。ただ、同書並びに他の文献でもどのようなものかについての記載は見当たらずその詳細はわからないが、一七世紀末の『本朝食鑑』では、搗栗を蒸して布に包んで鉄杵で打って平たくした「打栗」について記す中で、『延喜式』中の「平栗子」は「打栗」に当るものでなかろうかとしている[33]ことは興味深い。なお、『延喜式』巻七（神祇七）の大嘗祭に関わる項では、「扁栗子《ヒラクリ》《ヒライクリ》筥五合[34]」という記載がみられる。

「甘栗子」については、『九暦抄』の天暦七年（九五三）正月五日の条に、「已に蘇甘栗を賜ふ[35]」とあり、『角川古語大辞典』（角川書店、二〇〇六年）では、「甘栗」は大臣大饗の時、天皇より大臣に賜る干した栗の実と説明されている[35]が、前出の「干栗」との違いは明らかでない。ただ、一〇世紀末の『枕草子』の「めでたきもの」に「あまぐりのつかひ」がみられる。「あまぐりのつかひ」は、大臣大饗の時、甘栗をもって行く使者で、六位蔵人の役である[35]とされるから、貴重な食物であることが窺われ、単に干した甘い栗ではなく、かなりの加工調理が施されたものであることが推察される。

このほかに『延喜式』巻七（神祇七）の「践祚《せんそ》大嘗祭」では、供物として、前出の「搗栗子」、「扁栗子」のほかに、「楪《ユテ》栗子」と「削栗子《カイクリ》」がみられる[34]。茹でたり、削ったりして加工したものであると思われるが、その詳細はわかっていない。いずれにしても、『延喜式』において多様なクリの加工形態が窺われるようなクリの名称がいくつか認められることは注意しておきたい。

クリの貢納については、前述の巻三十三・大膳下の「諸国貢進果子」のほかに、『延喜式』巻二十四・主計上に中男作物としてもみられる[36]。主計寮は、養老律令に「調及び雑物を計納し、国用を支度し、用度を勘勾せん事[37]」とあるように、財政の収支を管理した民部省の大寮である。『日本史大事典』（平凡社、一九九三年）によれば、中男作物は律令時代の諸国からの貢納品の一種で、『延喜式』に記された諸国の中男作物の品目をみると全体としては律令に規定された調庸物と同種のものが多い[38]とされており、当時の諸国の産物を知る上での重要な資料であると考えられる。

同書でクリが中男作物としてみられるのは、丹波国、但馬国、美作国、因幡国と備中国の五か国である。但馬国、美作国、備中国では「搗栗子」、因幡国では「平栗子」の貢納が課せられ、丹波国のみ「搗栗子（カチクリの振り仮名）」と「平栗子（ヒラクリ、ヒライクリの振り仮名）」の二品目となっている。このうち、丹波国、但馬国、因幡国は先述の大膳下の「諸国貢進果子」の中でもみられた国であり、クリの産出が多かったことが窺われる。特に丹波国は「諸国貢進果子」では、貢納量は山城に次いで二番目であるが、貢納の品目は、他国が一品目であるのに三品目、主計上の中男作物においても、他国が一品目であるのに二品目と多いことには注意しておきたい。江戸時代以降、丹波グリとして名声を博す素地がこの時代につくられていたことが考えられる。

また備中国は「諸国貢進果子」の中にはみられないが、同書に記されている幾つかのクリの貢納国に隣接する国であり、当時は現在の近畿地方から中国地方の東部においてクリの産出が多くみられたことが推察できる。

2　『扇面古写経』にみられる「栗拾い」

『扇面古写経』は『扇面法華経冊子』ともいわれ、紙扇を利用して彩色画を描き、その上に経文をしたためたものである（口絵写真参照）。四天王寺蔵と東京国立博物館蔵などがあり、制作年代は平安末期の十二世紀半ば頃とされている。写経の下地の絵には貴族や庶民をテーマにした風俗画や花鳥や風景などが描かれ、当時の世俗画を知る上で貴重とされている。[39] その中で、「栗拾い」の様子を表した図1は、『扇面古写経』の中では「最も庶民生活のにじみ出ている絵である[40]」とされている。クリ林とも思われる中で四人の女性が用具を用いずに一つ一つクリの果実を手でつまみ籠に入れている様子が描かれている。クリを拾う様子を表した図としては最も古い部類のものと考えられ、古代末のクリの栽培の様子を知る上での貴重な資料である。

3　栗の大果品種の出現

果樹園芸学の泰斗菊池秋雄氏は、『果樹園芸学・上巻』の「日本栗の沿革と品種および現状」の中で、「平安朝時代および其以前に、既に柴栗以外に大果品が存在したものと認むべきである。野生の状態にある柴栗は変異性に富み、特に殼果の大きさに顕著なる変異の現れて居ることは、日本梨の野生品と同様である。（中略）人為淘汰は殼果の大きさの上に及ぶのは品種改良の一歩である。但し品種の概念なかりし為に、徳川時代以前の文献には其名を現さず、名産地を掲げて居るに過ぎず[41]」としている。また、果樹園芸学者志村勲氏は、「日本のクリ栽培はシバグリを中心に発展し、奈良・平安

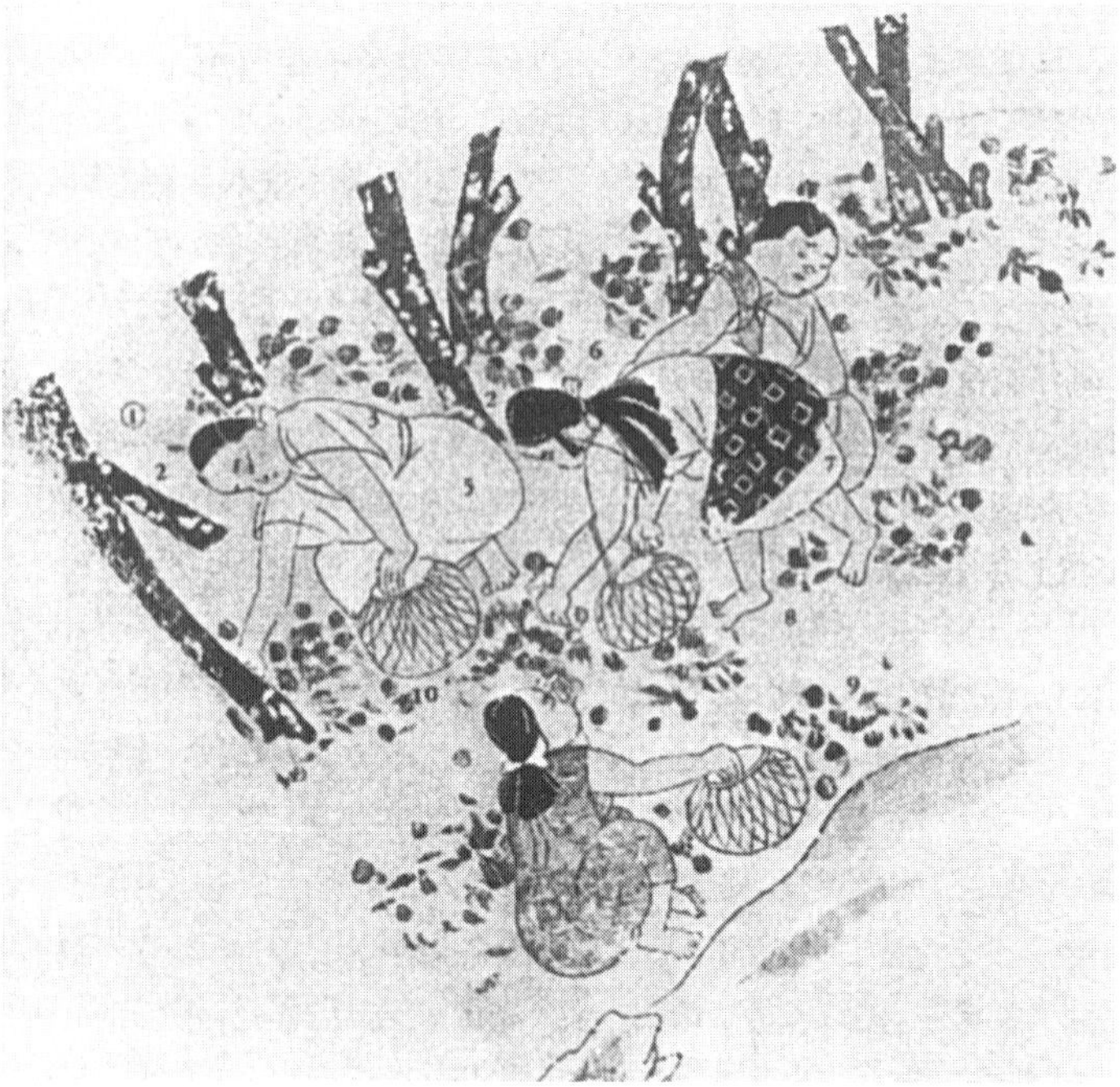

図１　『扇面古写経』（12世紀半ば頃）に描かれた「栗拾い」の様子（四天王寺蔵）
（口絵写真の部分拡大図）

写真４　「丹沢」（左）とシバグリ（右）
（『園芸植物大事典・２』小学館）

時代に大果があらわれた。栽培歴は丹波地方（京都府）が最も古いとされる[42]」としている。

さて、菊池氏の「野生の状態にある柴栗は変異性に富み」という点についてもう少し触れておく。『図説・実用樹木学』（朝倉書店、一九九三年）によれば、「シバグリ一キログラム当りの堅果数は一〇〇〜五〇〇〇個[43]」としている。一個当たり二〜一〇グラムということになる。また、『樹木大図説Ⅰ』（有明書房、一九八五年）の「くり」の項では、「種実一立（リットル：筆者）の重さ六〇〇〜九〇〇グラム。普通、シバグリで三九〇個、さらに小粒で八二〇個、大粒で三〇個程度である[44]」としている。ここでは栽培品種も含まれているが、一グラムに満たないものから三〇グラム程度のものまであることがわかる。ちなみに、現在のクリの主要品種である「丹沢」は二三グラム前後、「筑波」「銀寄」は二〇〜二五グラムとされる。菊池氏が述べているように、その変異性の大きさには驚くべきものがある[45]（写真4）。

わが国のクリ栽培の歴史で、品種の変遷を考える時、大果が出現したとされる奈良・平安時代は、品種名は認められないものの、重要な時代であるといえる。

四　鎌倉時代から江戸時代までの暮らしと栗

1　紀伊国「検注」史料にみられる栗

中世において、国司・荘園領主などがその年貢などの徴収の基準を定めるために、田畑の面積・耕作状況などを調査する検注が行われた。鎌倉時代の社会の状況を把握する上で重要な史料とされている紀伊国阿弖《あて》河荘《がわのしょう》に関わる史料の中に、クリについての記載がみられるので触れておくことにする。

建久四年（一一九三）九月に紀伊国阿弖河上荘、下荘に行われた大規模な検注に関わる史料である「紀伊国阿弖河上荘在家畠等検注目録案」には、クワ一八九〇本、カキ五九八本、ウルシ三二本とともにクリ三一町七〇歩の記載があり、(46)課税の対象とされていたことが分かる。同年九月の「紀伊国阿弖河上荘所当注進状案」には、「柿七〇〇本　所当柿七〇連」とともに、「栗林二〇町　所当かち栗二石」とあり、かち栗として納められていたことがわかる。

なお、同年九月の紀伊国阿弖河上荘の検注史料(46)によれば、定田二八町五反三〇歩、畠二一町とされており、クリ林の占める面積が大きいものであることがわかる。阿弖河上荘は阿弖河下荘と合わせ、旧清水町（現在は合併し有田川町）に当たり、和歌山県中部の紀伊山地が広く分布する地域で、山林が多くを占めるところから、当時の人々にとってクリ林は食料を得るための重要な役割を担っていたことが推察される。

次に延慶二年（一三〇九）の「紀伊阿弖河荘預所下文案」では、食物としてのクリではない当時のクリの様態を示す記載が認められるので少し触れておく。ここでは、「早可停止非法等事」として、「一、在家内田畠山野栗柿等物を、をやの処分といひて別取テ、其在家之公事御綿不勤して去條、きわめたるひか事也（中略）一、逃亡の物之田畠山野ヲかいとりて、阿弖川（原文ママ）のならいなといひて、御綿公事ヲ不勤事、きわめたるひか事也(47)（後略）」とある。この文案の内容について、東京大学の保立道久氏は、著書『中世の女の一生』(洋泉社、一九九九年)の中で、「早く停止すべき事」は、在家の内の田畠・山野・栗・柿などのものを親の処分と言って分け取って売却し、公事《くじ》の役を勤めずに庄外に去っていく事を指すとしている。[48]「栗」が「田畠・山野」に続いて記されていることから、「栗」は栽培されている園地を表しているものと考えられる。「柿」については先述の「紀伊国阿弓河上荘在家畠等検注目録案」での記載から、柿の木を指すものと考えられる。いずれにしても、一四世紀初めにおいては、クリ林は田畠とともに相続の対象となっていたことがわかる。加えて、売買の対象ともされていたことも推察でき、クリが当時の人々の食生活だけでなく財産としての価値も有していたことが窺える。

2　茶の湯に関わる文献に見られる栗

赤井達郎氏は著書『菓子の文化誌』(河原書店、二〇〇五年)の「珠光・詔鷗・利休の菓子」の項で、茶の湯の始祖といわれる珠光(一四二三〜一五〇二年)の時代に、庶民的な茶の湯として奈良で盛んにおこなわれた林間茶の湯について知ることができる文献として、『経覚私要鈔《きょうがくしようしょう》』を取り上げている。[49]『経覚私要鈔』は興福寺別当を務めた経覚(一三九五〜一四七三年)が記した日記で、室町時代の激動期の政治・社会・経済研究の重要な史料とされている。赤井氏は『経覚私要抄』の文明三年(一四七一)の五月から九月までの五か月間に行われた一三回の茶の湯で出された菓子・酒の肴として二六種類を列挙している。[49]この中で古い時代には菓子と呼ばれた果物類にあたる「柿」、「瓜」、「山桃」

などとともに「栗」が見られ、饅頭などの点心類の中には「栗粉餅」を見ることができる。「栗粉餅」は「くりのこ餅」ともいい、『古今名物御前菓子秘伝抄』によれば、「くりをいり、上皮を去り、しふ皮を去り、こまかにきざみ、つもしにてとほし、あたたかなるもちに付申候[50]」とある。「つもし」は麻の夏羽織用の織物を張った篩のことで、やや目の荒い篩であろうとされる。つまり、栗を焼いて皮を剝き中身を磨り篩を通し、それを温かい餅に付着させたものである[50]。「くりのこもち」は古くからある餅で、『教言《のりとき》卿記』の応永一二年（一四〇五）まで遡ることができ、当時の人に歓迎されたものらしい[50]。また、『日葡辞書』には「Curicono mochi」の項があり、「栗粉の餅　栗の粉をかけた餅[51]」と記され、かなり手の込んだクリを用いた菓子が一五世紀には作られており、中世末には一般的な菓子となっていたことが窺われる。

なお、「くりのこもち」は江戸時代後期の菓子の文献にも主要な菓子としてみられ[50]、時代を超えて賞味されていることは興味深い。

少し時代は下って、安土桃山から江戸初期の茶会記として著名な『松屋会記』の最初の時期に当る天文年間（一五三二〜一五五五）の茶会記録（天文二年〜二二年、一五三三〜一五五三年）をみると、二八回の茶会記録がなされ、九回で菓子の記載がある[49]。内訳は、複数回登場するのは、「ヤキクリ」（三回）、「コフ」（三回）、「ヨウカン」（二回）、「クリ」（二回）、「クワイ」（二回）で、「打ちクリ」も一回使われている。クリの使われる頻度が最も高く、菓子の記載がある茶会の過半数で使われていることになる。「打ちクリ」は『時代別国語大辞典・室町時代編一』（三省堂）によれば、「搗栗を蒸して打ちつぶし、甘味をつけて作った菓子[52]」とある。なお、『日葡辞書』には「Vchiguri」の項があり、「ウチグリ　搗き砕いた栗[53]」との説明が記されている。ここでは、「甘味をつけ」ということは書かれてはいないが、ウチグリが中世末には一般的な菓子となっていたことは推察できる。ちなみに、『俚言集覧』（一七九七年頃）には「打栗は近世、甲州の名産であった[54]」とあり、『俳諧歳時記』（一八〇三年）の九月には、「甲州の打栗は打ちひらめて煎餅の如くす[54]」とある。中世後期の『松屋会記』にみられた「打ちクリ」と類似していることは興味深い。

次に『松屋会記』とならんで代表的な茶会記である堺の商人、天王寺屋津田宗達・宗及・宗凡三代の茶湯日記『天王寺屋会記』の「宗及自会記」についてふれる。とりわけ、「自天正二年至同四年自会記[55]」と「自天正四年至同六年自会記[56]」では「菓子」についての記載が多くみられるので、この二つの文献の中のクリを中心にみておくことにしたい。

「自天正二年（一五七四）至同四年（一五七六）自会記」で、八四回の茶会のうち三八回で菓子についての記載があり、クリに関わる記載は次のようである。多いものから、「やきくり」（五回）、「焼栗」（四回）、「焼くり」（二回）、「くり」（二回）、「くりのたんこ」（二回）、「栗」（一回）、「ぬき（ママ）くり」（一回）、「むしくり」（一回）、「平栗」（一回）、「くりやきて」（一回）となっている。一回の茶会で二種類のクリが菓子として出されたのは二回なので、クリが茶会の菓子として用いられたのは一八回で、ほぼ半分の茶会においてクリが使われていることがわかる。クリの他の菓子としては、「ミかん」、「くしかき」、「きんかん」、「ありのみ」（ナシのこと）、「やまもも」、「さもも」、「りんこ」、「瓜」、

「かや」などがみられるが、複数回のものは「ミかん」ぐらいで、クリの利用が圧倒的に多いことには驚く。また、クリの中でも焼き栗が大半を占めることも注意しておきたい。なお、「くりのたんこ」は、和菓子の文化誌について詳しい赤井達郎氏は自著の中で、「栗の粉に砂糖などを加え丸めたものと考えてよかろう。相当手の込んだ菓子である」[49]とし、宗及一人が招かれた永禄一二年（一五六九）の利休の会で、「いりまめ」、「いりこめ」と共に出されたとしている[49]。

「自天正四年（一五七六）至同六年（一五七八）自会記」では、一一九回の茶会のうち八九回で菓子の記載があり、クリに関わる記載は次のようである。多いものから、「焼栗」（七回）、「やきくり」（三回）、「かちくり」（三回）、「くり」（二回）、「ムキ栗」（一回）、「ムキクリ」（一回）、「むきくり」（一回）、「栗タンコ」（一回）、「栗ノタンコ」（一回）、「くりのたんこ」（一回）、「クリタンコ」（一回）、「カチクリムシテ」（一回）となっている。同じ茶会で二種類のクリが用いられたのが二回あるので、クリが使われた茶会は二一回ということになる。焼き栗が高い頻度でみられることは「自天正二年至同四年他会記」と同様である。クリ以外のものとしては、「自天正二年至同四年他会記」でみられた、「きんかん」、「ありのみ」、「やまもも」、「さもも」、「りんこ」、「瓜」はそれぞれ一回であるが、カヤ（「かや」「いりかや」）が一〇回、カキ（「美濃柿」「こねり」など）が三一回と多いのが「自天正二年至同四年他会記」と異なる点である。カキはクリより高い頻度で用いられている。そして菓子についての記載があるほぼ三分の二の茶会においてカキとクリが使われていることがわかる。ただ、それぞれの菓子の利用頻度は収穫時期などとの関わりがあると思われるので、次に、一年間のサイクルでみてみたい。本「自会記」の最初の記録が天正四年一一月五日なので、翌年の天正五年の一一月二九日までの一年に限ってクリとカキの利用について調べてみた。この間に行われた茶会は七四回で、菓子の記載は四九回であった。菓子としてクリが利用されているのは二二回、カキは一一回で、両者が利用されていないのは一八回であった。合計が合わないのは二回の茶会で、クリとカキの両方が用いられているためである。「自天正四年至同六年自会記」において、一年のサイクルで見た場合、菓子としてクリは四割、カキは二割五分の茶会で使われていることがわかる。クリとカキだけで三分の二の茶会で用いられていることになる。なお、先述の『松屋会記』についてであるが、赤井達郎氏は自著『和菓子の文化誌』の中で、『松屋会記』のうち、慶長九年（一六〇四）から慶安三年（一六五〇）までの会記を見ると、寛永（一六二四〜一六四四）以前はクリとカキが多いとしていることと符合する。(57)当時の茶懐石料理の菓子としてクリはカキと共に重要な位置を占めていたことが推察できる。ただ、ここで取り上げ、詳しい検討の資料としたのは代表的な茶会記ではあるが、記録に残された極めて限定された時期についての調査資料なので、この時代の茶会で用いられた菓子の傾向をあきらかにするためにはさらに詳細な検討がもとめられる。

なお、茶懐石料理の菓子としてのカキの記載の内訳は、「美濃柿」、「枝柿」といった干し柿と、「こねり」に代表される甘ガキの二つに分けられる。一方、クリの場合は、焼く、蒸すだけでなく、「栗タンコ」のようにかなり手の込んだ加工がなされたものがみられることも注意しておきたい。

「搗栗」については先述したが、『日葡辞書』の「搗栗」の説明に、「Cachiguri　臼で搗いて殻を取り去ったクリ、または、日に干して干からびたクリ[58]」とあることからも、茶懐石料理の菓子として用いるためには何らかの手を加える必要がある。それについては、「自天正四年至同六年自会記」の天正五年一〇月二二日の茶会の記録に「袋棚之食籠江、キントン、カチクリムシテ[56]」とあり、搗栗を蒸して食したことが窺えるが、詳細はわからない。これに関わって、少し時代は下るが、一七世紀初めの『本朝食鑑』の「搗栗」の項では、「軟らかくして食べたいときは、熱湯に浸すか熱灰に煨《うず》めて焼くかして、軟らかくなったところを食べるとよい。これは乾果の珍とされる[59]」とある。このようにして搗栗を茶懐石料理の菓子として利用したことも考えることができる。

　いずれにしても、ここで取り上げた幾つかの代表的な茶会記にみられた何種類かのクリの菓子から、中世後期にはクリの多様な加工・調理の形態がみられることがわかる。

第二章　近世の暮らしと栗

第一章の「栗の大果品種の出現」の項で、菊池秋雄氏が『果樹園芸学・上巻』において、古代においてクリの大果品種が存在していたが、品種の概念がなかったため、徳川時代以前の文献にはクリの品種を認めることはできないとしていることについて記した。[1]『果実の事典』（朝倉書店）のクリの項では、「特に、京都府と大阪府、兵庫県にまたがる摂丹地方の歴史が古く、この地方で生産された大果のクリは江戸時代の前半期頃から丹波グリと呼ばれるようになった。ただし、丹波グリは品種名ではなく、この地方産の品種群の総称である」[2]としている。そして、これらの品種は江戸時代以降各地に広まっていくことになった。[2]

ここでは、近世の代表的な本草書・農書類にみられるクリについてみておくことにしたい。

一　『花壇地錦抄』にみられる栗

クリの品種名を記している文献の古いものの一つとして『花壇地錦抄』（一六九五年）があげられる(1)。『花壇地錦抄』は総合的な園芸書としてはわが国古典園芸書としてきわめて価値が高いとされている(3)ものである。同書に記された幾つかのクリの品種について、菊池氏は、完全なる品種名でないにしても鮮明に品種を認めているとしている(1)。同書では「栗のるい」として次のように記されている。

「丹波大栗　料理くりなり。頼母《たのも》栗《ぐり》　くりちいさし、八月初方七月すえに色つく。しばぐり　くり中くらいよし。錘栗《ひよひよぐり》　くり丸くして唐蓮肉のごとし。三《み》度《たび》栗　一年に三度花咲いてなる。しだれ栗　くりちいさし、木しだれて柳のごとし。箱根栗　くりちいさし(4)」

(1)「丹波大栗」

菊池氏は、「丹波大栗」は一品種に限定した名称ではないとしている(1)。古くから丹波国はクリの代表的な産地であったことは、「『延喜式』にみられる栗」の項で述べたし、そのような記載はそれ以降の文献にもみられる。『花壇地錦抄』の「丹波大栗」というような品種名的な記載は貞享二年（一六八五）の『日《ひ》次《なみ》紀事』にもみられるが(5)、ほかには見当たらず、『日次紀事』と並んで初出に近い部類のものと考えてよいと思われる。

（2）「頼母栗《たのもぐり》」

「頼母栗」についての記載は近世の他の文献に記載がみあたらないが、わざわざ「七月末から八月初め色つく」と熟期（旧暦）の記載がなされており、他のクリよりも熟期が早いことを特徴としてあげていると思われる。ちなみに、古い歴史をもつ丹波グリの代表的品種とされる「銀寄《ぎんよせ》」の熟期は九月下旬から十月上旬で、現在の栽培品種では中生種に当り、早生品種の熟期は八月上旬から九月中旬である。これから考えると、「頼母栗」は、現在の早生種に相当すると思われ、当時、クリの果実の大小のほかに早生品種の認識もあったことが窺われる。

（3）「錘栗《ひよひよぐり》」

『角川古語大辞典』の「ひよひよ」の項で、「小さな山栗(6)」とされている。また、一八世紀初めの俳諧書『滑稽雑談』（正徳三年、一七一三）の「九月下」には、「錐栗　ひよひよ、時珍云、栗の稍小なる者を山栗と為し、山栗の丸くして末の尖れるものを錐栗と為す。これ俗にひよひよと云(6)」とある。『花壇地錦抄』では「錘栗」とあるのに対して、『滑稽雑談』では「錐栗」と異なった漢字が用いられているが、「ひよひよ」という同じ呼称がなされ、これら二つの文献がほぼ同時代に成立していることから、『滑稽雑談』の「錐栗」に関する記述は『花壇地錦抄』の「錘栗」と同じものであると考えてよいと思われる。

先述の「錘栗《ひよひよぐり》　唐蓮肉の如し」の「蓮肉」については、中国の代表的な本草書『本草綱目』（一五九六年）の「蓮藕《れんぐう》」の項に、「蓮実は秋になると黒く石のように堅くなる。これを石蓮子といい、この黒い殻を斫《き》り去ったものを蓮肉という」(7)とみられる。この『花壇地錦抄』より二〇年ほど後の『和漢三才図会』（一七一三年）では、先述の『本草綱目』における「蓮肉」についての説明が引かれている。(8)一方、『花壇地錦抄』以前の一七世紀初めの『日葡辞書』（一六〇三年）に「Rennicu レンニク」の項があるが、「蓮の実　薬用に使う蓮の実」(9)と、「石蓮子」と「蓮肉」の区別はされてはいない。『花壇地錦抄』の著者が「蓮肉」をどのように認識していたかは知る由もないが、「錘栗」が蓮の実ほどの小さいものであったことを言い表そうとしたことには違いないであろう。

また、『滑稽雑談』の「山栗の丸くして末の尖れるものを錐栗と為す」とする「錐栗」の形態の説明からは、山野に認められる「山栗」の中に、形態の変異のあるものを見出し、分類しようとしていることが窺える。

(4)　「三度栗《みたび》」

『角川古語大辞典』では、「三度栗」について「一年に三度実がなる栗。柴栗の類に起こる現象」(10)とあり、『花壇地錦抄』以前の俳諧『桜川』（一六七四年）にもみられる。(11)『花壇地錦抄』と同時代の『本朝食鑑』の栗の項では、「上野州下野州に山栗あり。極めて小さきにして一年三度栗を収む。故に三度栗と号す。その味佳ならずと為す。この類の山栗諸州に在るもまた極めて小さきなり。是古のささ栗乎」(12)と記している。また、近世末の『桃洞遺筆』（嘉永三年、一八五〇）では、「三度栗」の総説的な記載がある。まず、先述の『本朝食鑑』の「三度栗」について記し、『因幡志』（寛政七年、一七九五）、『紀伊続風土記』（天保十年、一八三九）の「牟《む》婁《ろ》郡の三度栗」についても触れ、「ほかに、越後、信濃、石見、土佐、筑前等にも産する」[13]としている。とりわけ、「大抵牟婁郡に産する物は、その山を年々一度ずつ焼く、その焼株より出る新芽に実るなり、七月の末より十月頃まで、本中末と三度に熟するを云なり、三度花を開きて実を結ぶものにはあらず、皆其地の名産とすれど、何れの国にも産するなるべし」[13]と、「三度栗」について生理生態学的な視点からの説明もなされている。これに関わって、一八世紀初めの『大和本草』（一七〇九年）のクリの項では、「三度栗」の記載は認められないが、「栭栗《さゝくり》、ササトハ小ナルヲ云、小栗ナリ、又シハグリと云、（中略）、春初山ヲヤケバ栗ノ木モヤクル、其春苗ヲ生ジ、其秋実ノル、地ニヨリテ山野ニ偏（原文ママ）ク生ズ、貧民ハ其実ヲ多クトリテ粮トス、筑紫ニ多シ、庭訓往来ニ宰府ノ栗ト云是ナリ（後略）」[14]とある。植物学者牧野富太郎氏は、「サンドグリ、シバグリ、カチグリ、ハコグリ」という論考の中で、「この記載は三度グリに当たっている」[15]としている。

『大和本草』の書かれた近世中期において、山民が山野のクリを食糧としても利用していたことが推察できる。また、『庭訓往来』の鎌倉時代・南北朝時代に遡り、同様な利用があったことも示唆している。

大きく時代は下るが、牧野富太郎氏は、「諸国に往々三度グリと呼んでいるクリがあって、その土地の名高い名物となっていることがある」[15]とし、明治一四年（一八八一）、土佐国幡多郡佐賀村（当時）で、実際に観察・調査した「土佐三度グリ」を取り上げ、その生態について詳しく記している。

「それはあえて別種のクリではなかった。その栗は野山に生えているのだが、そこは毎年柴刈りが行われる場所で春先になると往々その山を焼く。それゆえにそこに生えている雑樹は刈られ焼かれて、その切り株だけが生存し、年々それから新条が芽立つ。この株から芽立ったくりの新梢は直立して春夏秋とその成長を続け、夏秋の候にその新梢へあとからあとからと花穂が出て花を開き、一条の枝上に新旧の毬彙《いが》が断続して付いているのが見られる。元来クリ（図２）[16]は普通にはただ一度梅雨の時節頃に開花するだけだが、先述のものは夏から引き続いて秋までも花が咲く。こんなのは三度グリとも十度グリとも十五度グリとも言い得るのである。わが国各地に三度グリだの七度グリだのと呼ぶものは大抵こんな状態のものである。（中略）三度グリと同様なものは、春に山焼きを行う場所にはどこにも見られ、あえて珍しいものではない[15]」。

図２　クリ（『新牧野日本植物図鑑』北隆館）

牧野氏の綿密なフィールドでの調査により、三度グリの生態が明らかにされている。

なお、この文中にみられる「山焼き」については『日本民俗大辞典』によれば、「ワラビや蕎麦、牛の冬期飼料用の草などの生育を助長するために山を焼くこと。ただし、岩手県下閉伊郡岩泉町では焼き畑のための山の火入れを意味している」[17]とある。また、『日本国語大辞典』には、「早春の頃、灰を肥料として草の生長を促し、また害虫の卵などを焼き滅ぼすために山の枯れ草を焼くこと。方言‥焼畑を作ること」とされている。牧野氏は柴刈りを目的とされた山の山焼きについて述べているが、それに限らず、この両辞典で述べられているような「山焼き」においても三度グリが生じる可能性は十分あると考えられる。『桃洞遺筆』（一八五〇年）の「三度栗」の項に「皆其地の名産とすれど、何れの国にも産するなるべし」とあるように、山野に自生するクリの分布度合いによりその差はあるものの、各地で「三度栗」はみられたものと思われる。

また、『大和の伝説・増補版』（一九六〇年）によれば、「昔、添上の田原、山辺の福住の一帯に、非常な飢饉があった。ここへ回ってきた弘法大師が、これは気の毒じゃ、一時凌ぎとなるようにといって、二度なり栗を植えられた」[18]とある。これは二度グリであるが、先述の『大和本草』中のクリの項の「地ニヨリテ山野ニ偏ク生ズ、貧民ハ其実ヲ多クトリテ粮トス」という記載と合わせ考えると、山に住む人々にとって、「三度グリ」は名産あるいは珍しいものとしての存在以上に、食糧としての価値を有していたことが考えられる。

（5）「しだれ栗」

「しだれ栗」は、近世後期の狂歌師・戯作者太田南畝の『壬《じん》戌《じゅつ》紀行』（享和二年、一八〇二）など幾つか[19]でみられるが、『花壇地錦抄』以前には、このような品種名的な記載は見当たらず、初出に近いと思われる。長野県の『小県《ちいさがた》郡史・余編』（大正一一～一二年）には「枝垂栗、小県郡西内村平井にあり、昔、子供が栗をとろうとして木が高く手が届かなかった。そこを弘法大師が通りかかり、『手の届くようにしてやろう』と言って枝をためて実をとらせた。その後、枝は垂枝となった。これを弘法栗ともいう[19]」とある。どこにもある高僧にまつわる話ではあるが、弘法大師の名までつけられていることから子供のみならずこの地域の人々のクリを求める切なる願いが窺い知れる。ちなみに、シダレグリはニホングリの変種とされ、長野県上伊那郡辰野町小野及び小県郡丸子町西内（現・上田市）、岐阜県益田郡下呂町竹原（現・下呂市）などに原生し、これら三件は国の天然記念物に指定されている（写真5）。写真5のシダレグリは「竹原のシダレグリ自生地」（下呂市）にあるもので、標高五四〇メートルの地に約八〇本が自生しており、大きいものでは、樹高三・三メートル、目通り周囲一・八メートルのものがある。[20]

写真5　竹原のシダレグリ自生地
（下呂市教育委員会提供）

（6）「箱根栗」

「箱根栗」の記載は他の文献で見当たらず、どのようなものかわからない。ただ、名称が類似したものに、「ハコグリ」というものがあり、十九世紀初めの『本草綱目啓蒙』（小野蘭山、一八〇三〜一八〇六年）の「栗」の項に、「江州ニ一毬ニ七果アルアリ。ハコグリと云。毬ノ形四稜ニシテ濶シ」[21]とみられるが、『花壇地錦抄』の「箱根栗」の説明は「くりちいさし」のみなので、これら二つの関わりを判断することは難しい。

以上、『花壇地錦抄』にみられる幾つかのクリの種類について詳細にみてきた。菊池氏がいうように「完全な品種」ではないが、それに匹敵する認識ができていたことがわかる。

二 「丹波グリ」の由来

摂丹地方で生産された大果のクリは江戸時代になり丹波グリと呼ばれるようになった。ただし、丹波グリは品種名ではなく、この地方産の品種群の総称であることは先述した。[14]『農業全書』（一六九七年）では「丹波の大栗」[22]、『大和本草』では「丹波の産は大なり」とあるが、「丹波グリ」という名を掲げ総説的な説明がされているのは近世前・中期の農書や本草書では見あたらない。ここでは、一九世紀始めの代表的な本草書『本草綱目啓蒙』に「丹波グリ」についての詳しい記載があるので見ておくことにする。

（1）『本草綱目啓蒙』にみられる「丹波グリ」

『本草綱目啓蒙』の「栗」の項に「丹波グリ」について次のように記されている。

「栗ノ形至テ大ナルヲ丹波グリト云。一名料理グリ。オホグリ　テ、ウチグリ　テ、ウチグリニ数説アリ。一ハテンデニトルト云意トイフ。一ハニギリテ手中ニ満ノ意ニテ手内栗ト名ヅクト云。（中略）一ハ時珍ノ説、其苞自裂而子堕ノ意ヲトリテ、出テ落チグリト名ヅクト云。丹波グリハ形大ニシテ料理ニ用ルニ堪タレドモ、味ハオトレリ。コレ板栗ナリ(21)」

「時珍ノ説」の内容については、李時珍による『本草綱目』（一五九六年）の栗の項で、クリの生育特性に触れる中で、「九月霜が降ると熟して、その苞が自ら裂け、子が堕ちたものは久しく貯蔵し得る(23)」とあり、これを引いているものと思われる。また、『本草綱目』では、「板栗」の記載があり、「栗の大なるものをいふ(23)」とあり、『本草綱目啓蒙』において、「一名オホグリ」とされた「丹波グリ」に「板栗」を当てていることは頷ける。

なお、「丹波グリ」を『本草綱目』中の「板栗」に当てているのは、すでにこの『本草綱目啓蒙』より一〇〇年ほど前の『和漢三才図会』（一七一三年）中でみられ、栗の項で、「丹波の船井郡和知で産するものが大である。俗に父打《テテウチ》栗という。いわゆる板栗がこれであろうか(24)」としている。「板栗」については、中国の果樹園芸学者兪徳浚氏編著の『中国果樹分類学』（農業社出版社、一九七九年）の栗の項では、現代の「板栗」の品種であるが一四品種の記載がみられる(25)（図3）。

なお、『本草綱目啓蒙』の「丹波グリ」の説明において、一名として「テ、ウチグリ」をあげて記しているが、その名の由来について説明の大半を費やしている。

(2)「テテウチグリ」について

この名の由来については、『本草綱目啓蒙』の他にも、幾つかのものに記載がみられる。一七世紀後期の『日次《ひなみ》紀事』には、「不幸な子がこの栗を投げて父を傷つけたところからテテウチは父撃ちの義」(6)と、近世末の『俗語考』(一八四一年)では、「テテは手許をいう小児語テテから」(26)、同じ頃の『本《ほん》草正譌《そうせいか》』(一八六五年)では、「手を打って賞美するところから、手々ウチ栗の義」(26)とみられる。『本草綱目啓蒙』ではクリの生育特性に由来する説を掲げているのに対して、これら三つの説は説話的あるいは語学的な解釈に基づくものである。また、「テテウチグリ」は、「出落栗」、「父打栗」として、近世の仮名草子、浄瑠璃、読本などにもみられる。

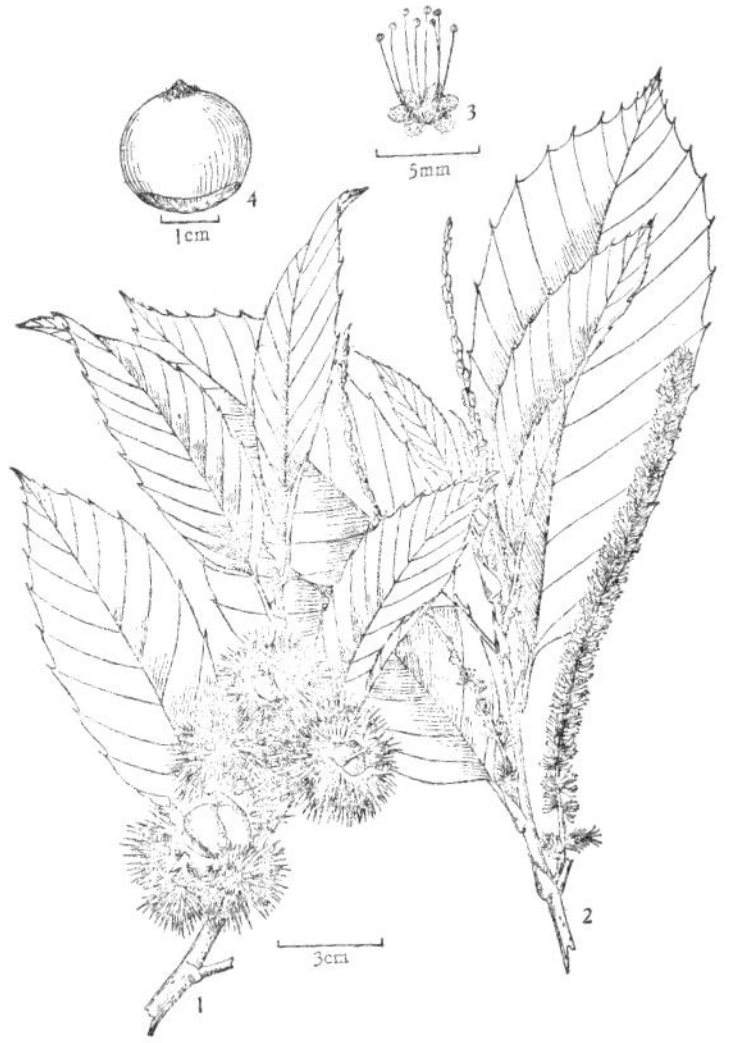

図3　板栗(『中国果樹分類学』農業出版社)

どの由来が妥当なものかどうかは別として、「テテウチグリ」という一名をもつ「丹波グリ」は近世社会においてはよく知られた存在で、当時の風俗文化に溶け込んでいる様子が窺える。

なお、「テテウチグリ」は、近世初めの俳諧書『毛吹草』（一六四五年）に、丹波の名産として、松茸、胡桃、大納言小豆などと共に、父打栗《テテウチグリ》としてみられる(27)。先述のように『和漢三才図会』でも「父《テテ》打《ウチ》栗」とみられる。名前の由来もさることながら、一七世紀後期の『花壇地錦抄』や『日次紀事』にみられた「丹波大栗」が一七世紀初めに「父打栗」という産地名に由来しない名称で知られていたことは興味深い。

(3)「摂丹地方で大果のクリ品種群が発達した」こと

果樹園芸学者志村勲氏は、日本でのクリの栽培の歴史について述べる中で、「摂丹地方は古くから寺領や天領が多く、しかも山間部であったため、領主によってクリ栽培が奨励され、年貢も米の代替にクリで納められた。当時の年貢は容積単位であったので、栽培者はかさ高となる大果のクリを選抜して増殖したため大果のクリ品種群が発達したものと考えられている(28)」としている。そして、「選抜された大果のクリは接ぎ木によって増殖した(29)」としている。また、京都府林業試験場主任研究員（当時）であった並河淳一氏は、『果樹品種名雑考』（農業技術協会、一九七九年）の「クリ」の項で、「丹波グリはなぜ大粒で、それを長く維持できたかの秘訣」について、「接ぎ木技術は中国からもたらされ、平安時代には宮廷園芸に利用されていた。御所や社寺とのつながりが強かった丹波の国では、この技術が栗の繁殖にも応用された結果ではなかろうか(30)」としている。

一般的に果樹類は遺伝的に雑種性が強く、種子で繁殖すると親とは違った形質の個体が出現することはよく知られており、摂丹地方で大果のクリ品種群が発達した大きな要因として、接ぎ木による繁殖・増殖をあげていることは頷ける。

前出の並河淳一氏が述べている「丹波の国が接ぎ木技術の利用に関わって有利な背景があった」ということと関わって、接ぎ木に関わる古い文献について触れておく。接ぎ木は平安時代に行われている[31]が、果樹類では、鎌倉前期の重要な史料とされる藤原定家の日記『明月記』の嘉禄二年（一二二六）二月二十二日条に、「心寂房来たり、梨の木を続ぐ[32]」とみられる。大きく時代は下って、中世後期から近世初めにかけての重要史料とされる『多聞院日記』の天正十一年（一五八三）二月十一日条には、「法隆寺ヨリ生馬（生駒：筆者）ノ継木ノ上手上了、即柿五口、キンカン五口、朝倉サンショ一口中付了、リンシ梅一口ツク[33]」とあり、翌十二日の条に、「木ツク、生馬ノ善四郎明日帰ト申間、十疋《ヒタ》遣之[33]」と、接ぎ木をした人物の名前と接ぎ木の技術料の支払いが認められる。また、中世末から近世初めにかけての中納言山科言経による『言経《ときつね》卿記』の慶長九年（一六〇四）正月二十九日条には、「一乗寺伝介呼之、木トモツカセ了[34]」とある。『日本庭園の植栽史』の著者飛田範夫氏は「安土桃山時代の植栽法」の節で、『明月記』をはじめとする中世の文献における接ぎ木の記載から、「接ぎ木の技術を熟知した農民が各地に存在していて、貴族や寺院の求めに応じて接ぎ木の作業を行っていたということだろう[35]」としている。ただ、前述の幾つかの文献中の果樹類の接ぎ木は、農業生産を目的とする栽培のためのものではなく、貴族の庭園におけるもので、当時の「接ぎ木の技術を熟知した農民」は高度な技術を有するもので、京都や奈良を中心とした地方に存在し、その数も限られていたことが推察できる。

これらは、前出の並河淳一氏の「丹波グリはなぜ大粒で、それを長く維持できたかの秘訣」において、「御所や社寺とのつながりが強かった丹波の国では、宮廷園芸で利用された接ぎ木技術を栗の繁殖にも応用された結果ではなかろうか」とする考えと繋がる資料になるものと考えられる。

(4)「丹波グリ」が各地に広まった様態

『本朝食鑑』の栗の項には、「丹波ノ山中ヨリ出ル者ヲ上ト為ス、其ノ大サ鶏卵ノ大サノ如シ。諸州是ヲ種《う》ユ。状《かたち》テ（ママ）相似タリト雖モ丹波ノ産ニ及バズ[36]」とあり、当時、丹波産のクリが大粒であるということと共に、各地へ広がっていった様子が窺える。これに関わって、前出の志村勲氏は、「丹波地方で大果のクリ品種群が発達した」とし、「このような大果のクリは、江戸時代の参勤交代の武士やお伊勢参りなどの人々によって、果実や苗木が購入されてそれぞれの地方に植え付けられ、各地に産地がつくられるようになった[28]」としている。志村氏は苗木による丹波グリの広がりについても述べているが、『本朝食鑑』では、「種《う》ユ」という表現がなされており、当時は実生《みしょう》により広がっていったことを示唆するものと思われる。同じ頃の『農業全書』の栗の項では「丹波の大栗を優れたりとす。三つあるいがの内、中なるをゑり取て湿地に埋め置、（中略）二三年にして必実《かならずみの》る物なり[22]」と実生繁殖の方法をまず述べ、最後に接ぎ木の方法について少しだけ触れている。種子繁殖で用いる種子はイガの中に三つ入っている真ん中のものがよいとしているところから、かなりの種子繁殖の経験の蓄積が窺われる。クリの接ぎ木の方法については、先述の『農業全書』のほかには近世末の『広益国産考』にみられる程度で、同書では「栗の接ぎ木の方法も、梨、柿などと同様なので略した」とされている。[37]ただ、現代の接ぎ木に関わる専門書では、「クリは従来つぎ木（切りつぎ）活着は困難なものと考えられている」[38]、「リンゴ、ナシは活着がきわめて容易であり、クリ、カキは比較的難しい」[39]とされている。『広益国産考』のように、活着が難しいクリときわめて容易なナシを同等とする記述からすれば、クリの接ぎ木については十分把握できていなかったと思われ、当時クリの接ぎ木は一般的な技術となっていたとは考え難い。以上のことを合わせ考えるならば、近世において丹波グリが各地に広がっていった様態は実生によるものがほとんどであったことが推察される。

三　諸国『産物帳』にみられる栗

享保二〇年（一七三五）から元文三～四年（一七三八～三九）にかけて、幕府の命を受け、全国の大名領、天領、寺社領では、軌を一にして自領内の産物を克明に調べ上げ、領・国ごとに『産物帳』が編纂された。[40]ここでいう産物とは、加工品、手工業製品は一切含まれず、農作物、植物、動物、鉱物の範囲に限られている。このように、農作物（その品種まで）、動植物を全国一斉に調べ上げたことは、この時が初めてであり、その後もなされていない画期的なことであった。[40]こうして編まれた『産物帳』は全国一斉の「天産物」調査の企画・総括の任にあたった本草学者丹羽正伯のもとに集められたが、所在が分からなくなってしまった。しかし、盛永俊太郎・安田健の両氏が、国許に残された控えの文書について調査され、北は陸奥国南部領（盛岡領）から南は日向国諸県郡（鹿児島領）までの四二の国・藩領などについて、その所在を突き止め、農作物の部分を抜粋して『江戸時代中期における諸藩の農作物――享保・元文諸国産物帳から』をまとめられた。

一八世紀中葉の『産物帳』は近世中期のクリの品種の概要をつかむ上で貴重な文献資料と思われる。ここでは、この『江戸時代中期における諸藩の農作物――享保・元文諸国産物帳から』に依拠してみておくことにしたい。

(1) 全体の概要

四二の国・藩領などのうち、三六か所でクリの記載が認められ、北は、陸奥国南部領、南は日向国諸県郡にみられることから、クリはほぼ全国的に農作物として分布していたと考えてよい。記載内容の内訳は、「栗」とだけ記載のものが七か所、一品種のクリの記載があるものは一一か所、三品種が八か所、四品種が五か所、五品種が四か所、六品種が一か所（美濃国）である。

『江戸時代中期における諸藩の農作物』に記載されている果樹の種類別の品種数についてみると、最も多い国は、カキでは美濃国の四九品種、ナシでは陸奥国南部領の四九品種、ウメでは加賀国の三一品種、モモでは陸奥国南部領と尾張国の一五品種、クリでは美濃国の六品種である。カキやナシなど比べるとクリの品種数は遥かに少なく、品種というより種類といった方が適切と思われるくらいである。さて、古い時代の人々の食生活の様子を全国的に把握する上で基本文献とされる『日本の食生活全集』(農山漁村文化協会)におけるクリの品種に関わる記述では、「栗」と「山栗」が多く、次いで「柴栗」がみられる程度である。(42) また、同一地域で複数の種類のクリがみられるのは少ない。(42) こういう点からも『江戸時代中期における諸藩の農作物』は貴重な文献と考えられる。

(2) 「丹波グリ」の記載がみられる国・藩領など

先に述べたように、近世においては主にクリの種子が持ち運ばれ、丹波グリは各地に広まって行った。全国各地の『産物帳』における「丹波グリ」に関わる記載がみられるのは次のようである。

陸奥国南部領(「丹波くり」)、陸奥国田村郡三春領(「丹波くり」)、佐渡島(「大ヲ丹波グリ」、「小ヲシバグリ」)、越中国(「たんはくり、八月」)、能登国(「丹波くり、板栗」)、加賀国(「たんはくり、大粒、八月出来」)、越前国福井領(「丹波くり」)、遠江国懸河領(「たんばくり」)、紀伊国(「丹波栗」)、出雲国(「大くり、たんはくり」)、周防国(「大丹波、中丹波」)、対馬国(「丹波栗」)、壱岐国(「丹波栗」)、豊後国熊本領(「たんはくり」)、肥後国熊本領(「たんば栗」)、日向国諸縣郡(「丹波」)。

北は陸奥国南部領から、南は日向国諸縣郡まで、丹波グリの名はみられ、一八世紀中頃においては、丹波グリは全国的なものであったと考えられる。これは、前に述べた「摂丹地方で生産された大果のクリは江戸時代の前半期頃から丹波グリと呼ばれるようになり、各地に広まっていくことになった」

ことと符合するものである。また、周防国では、「大丹波」と「中丹波」がみられ、大きいクリの代名詞とされる丹波グリにおいてもさらに二種類に分けられていたことは注意しておきたい。

(3) 早生・晩生品種の記載について

早生・晩生品種を指すと思われる記載は次のようである。陸奥国南部領では、「わせくり」、「おくくり（霜くり）」、陸奥国田村郡三春領では、「栗（わせ・奥）」、下野国河内郡では、「なかて、おくて」、周防国では「わせくり」がみられる。このほかに、出雲国では「霜栗」がみられるが、陸奥国南部領の「おくくり（霜くり）」という記載から、晩生品種を指すものと考えられる。前出の一七世紀末の『花壇地錦抄』の「頼母《たのも》栗《ぐり》」の項で、「クリの果実の大小のほかに早生品種の認識もあったことが窺われる」としたが、それより半世紀後に編纂された『産物帳』で、明らかに早生・晩生品種の存在を示す記載がみられる。また、これら早生・晩生品種を指す記載がみられるのは四二の国・藩領などの一割程度にとどまるが、陸奥国、下野国、出雲国、周防国と、地方・地域に偏りなく、ほぼ全国的である。

なお、「霜栗」については、時代は大きく下り、近代の文献であるが、初めての正式なクリ品種記載の文献と考えてよいと思われる明治四二年（一九〇九）の『京都府園芸要覧』に、クリの晩生種として、「霜板栗」がみられる[43]。

(4) 栗について特徴的な記載が認められる国・藩領など

① 加賀国

栗の項では、まず、「葉びわの葉又くのき（クヌギ：筆者）の葉に似、うすく、少しみじか、花目長く、青白、くるみの花に似、ほそ長、五月咲く、実八月出来、赤黒く大小あり、さやにいか有、甘しぶし」とし、次の五種類をあげている。柴くり（別名小くり、小粒、八月出来）、大くり、中くり、たんはくり（大粒、八月出来）、うかわくり（大粒、八月出来）。大中小のクリのほかに、大粒のものとして、「たんはくり」、「うかわくり」の二種類をあげている。この大粒のクリの熟期はいずれも八月とあり、熟期の早晩以外に、品質に差異が認められるものが存在した可能性を示唆している。

② 能登国

「大くり（魁栗）（八から九月出来）」、「中くり（山栗）」、「丹波くり（板栗）」とあり、丹波グリに匹敵する大きいクリがあったことが推測できる。「板栗」については、「丹波グリの由来」の項で述べたように、明代の『本草綱目』に「板栗」の記載があり、「栗の大きなもの」をさすとされている。「魁栗」は『本草綱目』ではみられないが、清の時代の康熙一七年（一六七八）の『山東通志』には、「板栗」の一名として「魁栗」が掲げられている[21]。ただ、わが国では、「魁栗」については、一七〇〇年前後の『本朝食鑑』や『大和本草』などの代表的な本草書ではみられず、管見では一九世紀初めの

『本草綱目啓蒙』で初めてみられる。[21] 能登国において、二種類の大きい栗に「板栗」と「魁栗」を当てて区別しようとしているところからは、導入されて間もない中国の本草書類の知識を積極的に取り入れようとしていることを垣間見ることができる。

③　紀伊国

「しば栗」、「丹波栗」のほかに、「三度栗」がみられる。「三度栗」については、前述の『花壇地錦抄』にみられる栗」の項において、近世末の『桃洞遺筆』で、『紀伊続風土記』（天保十年、一八三九）の「牟婁郡の三度栗」に関わって詳しく記されていることについて触れた。紀伊国の『産物帳』に、「三度栗」の記載があるところから、「牟婁郡の三度栗」は『産物帳』が編纂された一七三〇年代後半には認識されていたと考えられる。

④　美濃国

最も多くのクリ品種が記されているのは美濃国で、「大くり、小くり、芝くり、せんこ、中栗、まめ栗」の六種類である。「せんこ」、「まめ栗」がいかなるものかは不明であるが、前述の『日本の食生活全集』の『聞き書・岐阜の食事』でも、クリの品種（種類）の記載としては、「山栗」と「柴栗」しか見当たらず、[44] 近世中期におけるこの『産物帳』が作成された時の綿密なる調査と、この地方における人々のクリに依拠する度合いの大きさの一端がわかる。なお、編著者の安田健氏は、「美濃国の

『産物帳』は国単位ではまとめられておらず、各郡単位の段階に止まっている。郡単位である方がより具体的な分布がわかるという利点はある（後略）」としている。美濃国の郡の中で、加茂郡においては他の郡に抜きん出て五品種の記載が認められることは興味深い[45]。岐阜県中山間地農業試験場特産課長（当時）であった塚本実氏は『果樹品種名雑考』（農業技術協会、一九七九年）のクリの項で、「岐阜県は古くから丹波地方に次ぐ全国有数のクリ産地で、多くの固有品種があり、（後略）[46]」と述べている。これらの品種が生み出された歴史的背景を考える上で価値ある資料になると思われる。

⑤　その他

ほかの国・藩領などでは見られないものとしては、壱岐国の「蒸栗」「瓢々栗」「栗榛」、羽州庄内領の「芳栗」などがあげられる。また、佐渡島ではクリの品種記載のほかに、「嫩葉ヲ賤民粮ト為ス」ともある。同国の『産物帳』の内容では、救荒食物に関わる説明も幾つかの作物や植物の説明では記されているが、「賤民粮ト為ス」というような逼迫した表現のものは、クリのほかに「虎杖（イタドリ）」、「賤民粮トス」と「藜（アカザ）賤民食之」にみられるぐらいである。救荒食物としてはよく知られるイタドリやアカザとともに、クリの嫩葉（若葉）も貧困にさらされた人々にとっては重要なものであったことが窺われる。

四　近世農書などにみられる栗

(1)『大和本草』

一八世紀初めの『大和本草』の栗の項では、「此木土に入て不レ朽。柱とすべし[47]」と記されている。僅かな記載ではあるが、縄文時代の「木材としての利用」の項でふれたクリ材がもつ耐水性・耐性について、文献で記載されているものとしては、初出に近い部類のものと考えられる。

具体的な事例として、一七世紀中頃、玉川上水の完成に伴い、武蔵野台地のほぼ中央部に開発された小川村（現・東京都小平市）への入植者の住居の建材に、クリ材が用いられていることがあげられる。それは、小川村の開発にあたった開発名主であった小川家に伝わる古文書（『小川家文書』）中にある「代官に出した一種の建築届け」に、次のようにみることができる。

「小屋建方之儀何連《いずれ》も丸柱ニ而掘立ニ仕、藁又は萱麦藁等ニ而屋根を葺、細竹を編床ニ仕、或者籾糠藁屑等敷、（中略）桁梁等ハ松木ヲ置、柱は栗木相用候積りニ御座候（後略）[48]」。

近世前期の、武蔵野台地の新田開発当初の掘立柱によった開拓農家の建築様式の一端を窺うことができる。柱材には、桁などに用いられている松材ではなくクリ材を朽ち易い柱部分に用いていることがわかる。また、「開発当初の復元住居」（平成五年、小平ふるさと村）によれば、「このような開発農家の例は、（中略）江戸初期の農家としては、むしろ普通の造り方であったと思われます[49]」とある。

つまり、このようなクリ材を柱に用いた掘立柱の建築様式は特殊なものではなく一般的なものであったと考えられ、当時の農家建築において、クリ材が果たした重要な役割が推察できる。

なお、この小平の地は江戸初期の玉川上水の開通に伴って開発が行われた新田村落で、かつては青梅街道をはじめ、東西に走る街道沿いに屋敷林に囲まれた農家が並び、街道を挟んで短冊形の畑が続いていた。小平市は平成五年（一九九三）に、郷土の文化を後世に伝えていくために、寄贈を受けていた江戸時代の農家の建築物などを移築復元し、「小平ふるさと村」として開村した。前記の、柱にクリ材が使われた入植者住居は、「開拓当初の復元住居」[49]として建築展示され、開拓ゾーンで重要な役割を果たしている。（写真6）。

写真6　小平ふるさと村の「開発当初の復元住居」[49]

(2)　『広益国産考』にみられる「栗丸太」

代表的な近世農書である一九世紀中頃の『広益国産考』では、特産物となりうる品々として、スギ、ヒノキ、マツとともにクリがあげられている。スギとマツについては、「杉の木仕立方の事」、「松の実を取苗を仕立つる事」などの項を設け、栽培法について記している。これに対して、クリでは、「栗丸太」という項を設け、栽培法についても詳しく記されている。ここでは、特徴的な二、三の事柄について触れておく。

① 「栗材の強き事松杉ニ増《まさ》る話」の条

前段では、「国々にて杉檜松槻等の材ハ多く仕立てれども、栗材を出す事少きやう覚ゆる也。この栗材すくなきゆゑ、杉丸太松丸太抔《など》多く用ふる也。雨かゝり或ハ溝などに栗を用いなハ、つよくたもつ事杉松よりも強かるべしと思ふ斗《ばかり》にてぞ過しける。江戸抔にてハ別て屋敷方の板塀溝などを見るに、杉丸太を打貫を伏、塀の柱に杉松などを見及べり。是ハ栗材すくなく高値なるゆゑなるべし[50]」としている。近世末においては、諸国でスギ、ヒノキ、マツなどの材は商品として大量に流通しているが、クリ材は少なく、とりわけ江戸ではクリ材の価格が高いこともあり、建築材としての利用は少ない状況にあったことを示している。また、クリ材の耐久性・保存性、とりわけ耐水性を有することについて、『大和本草』にそれに関わる記載がみられることは先述したが、『広益国産考』では、「雨かゝり或ハ溝などに栗を用いなハ、つよくたもつ事」と、さらに詳しく触れられている。

次に「栗材の強き事松杉ニ増る話」の後段で、江戸では諸侯の下屋敷等に、雑木を植えているのをよく見かけるが、こういうところにこそ、スギやクリを育てれば屋敷の溝にクリ材を使うことができ、かなりの出費が節約できると積極的に提案をしていることも注意しておきたい。

② 「小栗を実蒔《ミまき》にして育てやうの事」

ここでは、「大栗を蒔付けなバ（中略）大木になれば水くち木とて根際などに穴出来るもの也。用木となるハかち栗の小栗にあらざれバ却て成長悪し。依て小栗を蒔べし[50]」としている。良いクリ材をとるために、大型ではなく、小型のクリを用いるというような使い分けが行われていたことがわかる。栽培の経験の積み重ねにより得られた重要な技術知といえよう。

『樹木大図説Ⅰ』（上原敬二、一九六一年）の「くり」の項では、静岡地方のコグリとツノグリという二種類のクリの事例が記されている。前者は味甘く生長迅速、材は土木（建築）用には劣り、後者は種実は粗悪な代わりに材は諸害に対し抵抗力強く堅緻であるとされている[19]。これは、いつの時代まで遡ることができるかは分からないが、食用と土木・建築部材用と使い分けてクリを栽培していた特徴的な事例である。

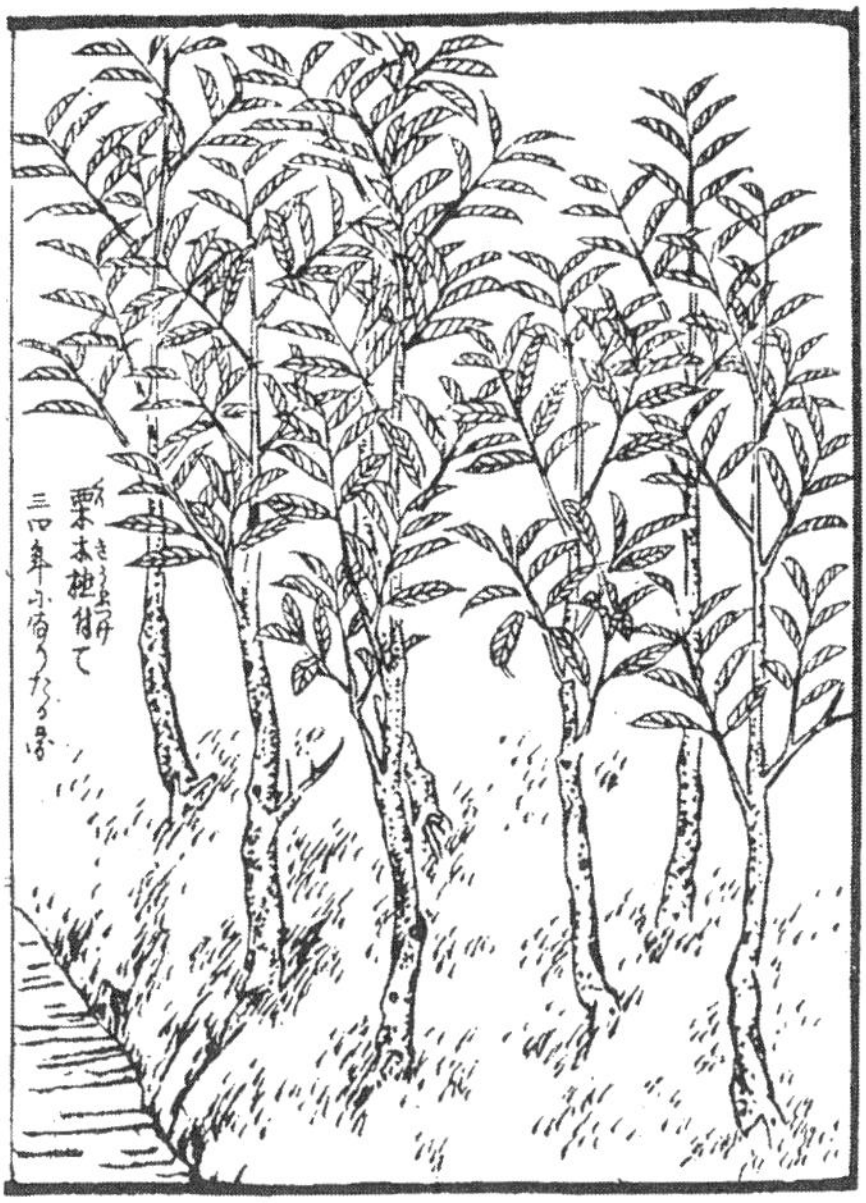

図4　栗木を植えつけて三、四年の状態（『広益国産考』京都大学附属図書館蔵）

③　「本植え後仕立様の心得」（図4）

定植した後の管理として、「本植して度々見廻り、小枝出でなバ切捨べし」と記している[50]。これは、現在の広葉樹用材林施業で良質な材を得るために不可欠なものとなっている「枝打ち」の一部にあたるものと考えられる。

また、「本植えは間弐尺五寸程置て並べ植え置き、（中略）初めしげく植えざれば木《き》振《ぶり》いがむ也[50]」ともある。これに関しては、横尾謙一郎氏らの興味深い研究があるので紹介しておく。

「クリの用材生産を目的とした植栽密度別試験林において、植栽後七年目での幼齢木の成長と樹幹型を検討した結果、生産目標にみあう樹幹型であった本数割合は、二五〇〇本／ha区では四％、一〇〇〇〇本／ha区では一八％、四〇〇〇〇本／ha区では二三％であり、高密度ほど用材としての利用価値の高い樹幹型のものの割合が高くなった[51]」。

ちなみに、『広益国産考』の植栽密度を、そこで示された植栽間隔から概算すると、一七〇〇〇〜一八〇〇〇本／ヘクタールということになる。近世末と現代においてでは、目標とされるところの木材は異なり、それに伴い栽培管理も違ったものになっていると思われるが、一五〇年ほど前に示された技術が現在の実験データからも妥当性を与えられたものとなっていることには驚く。なお、上記の横尾氏らの設定した植栽密度は実験上の設定で、苗木のコストなど総合的に考えると、兵庫県では、五〇〇〇本／ヘクタールとなっている[51]ことを付記しておく。

（3）　諸藩の「留木《とめき》」にみられる栗

「留木」とは、『日本史広辞典』（山川出版社）では、「江戸時代、領主によって伐木を禁じること。領主は支配地域の優良材の伐木を禁じ、（後略）[52]」と説明されている。

近世林野制度に詳しい山口隆治氏が『日本林政史資料』から抽出してまとめた「諸藩の留木[53]」（表

3）によれば、クリがその対象となっている藩は次のようである。

北から、盛岡藩（正徳二年・一七一二）、秋田藩（享保七年・一七二二）、庄内藩（寛永三年・一六二六）、米沢藩（正保三年・一六四六）、広島藩（享保十一年・一七二六）の定書には、留木の中にクリがみられる。

表3　諸藩の留木（『加賀藩の山廻役の研究』〈一部改変〉）

藩名	時代	留木名
弘前	寛文2年(1662)	杉・松・檜・椹・柏・樫
盛岡	正徳2年(1712)	杉・松・檜・槻・桂・栗
秋田	享保7年(1722)	杉・松・檜・槻・桂・栗・桐・朴
庄内	寛永3年(1626)	杉・松・樫・栗・桐・栓
米沢	正保3年(1646)	杉・松・槻・栗・朴・漆
会津	慶安2年(1649)	杉・松・明檜・槻・漆・桑・樆
仙台	宝暦4年(1754)	檜・槻・桂・桐・榧・槐・朴
名古屋	宝永5年(1708)	檜・椹・槙・明檜・[illegible]
津	宝永3年(1706)	杉・松・檜・槻・栂・樅・樫
福井	承応2年(1653)	杉・松・槻・椹・槙・桐
和歌山	正保2年(1645)	杉・松・檜・槻・柏・楠
広島	享保11年(1726)	檜・槻・栗・栂・樅・楠
山口	延宝7年(1679)	杉・松・檜・槻・樫・桐・栃・桑
徳島	寛文12年(1672)	杉・松・檜・椚・山桃
高知	元禄3年(1690)	杉・檜・榧・槙・桐・楠
福岡	宝暦10年(1760)	杉・檜・槻・樅・楠・柚
小倉	弘化3年(1846)	杉・松・檜・槻・楠・銀杏
佐賀	元禄4年(1691)	杉・松・榎・椋・楠
島原	文政8年(1825)	杉・檜・桐・楠
鹿児島	正保3年(1646)	杉・松・榧・桐・楠・椨

諸藩の留木の樹種については、クスノキが西日本の諸藩で、鹿児島藩ではタブノキ（椨）が指定されているなど、それぞれの地域の植物分布特性が反映されていることがわかる。

クリの分布は、「とくに冷温帯のブナ林と暖温帯の照葉樹林の中間帯に多く、この中間の植生態をクリ帯と呼ぶこともある」(54)とされ、また、前出の『縄文時代の植物食』の著書がある渡辺誠氏は、「縄文文化の発達とブナ帯」（『ブナ帯文化』新思索社）の中で、

「堅果類はクルミ、クリ、トチとドングリ類などで、ドングリ類の半分を除いては、いずれも東北日本の落葉（広葉）樹林帯（ブナ帯）に卓越する樹種である」[55]としている。これらを合わせ考えれば、クリが東北地方で留木の樹種に指定される頻度が高いことは頷ける。

さらに言えば、「諸藩の留木」（表3）[53]で、東北地方でクリが留木に指定されていないのは弘前藩、会津藩と仙台藩である。ただ、弘前藩は寛文二年（一六六二）の通達文書以後にはクリが加えられた[53]とあり、仙台藩と会津藩以外ではクリが留木に指定されていることになり、東北地方諸藩においてクリはかなり高い頻度で留木の樹種とされていることがわかる。なお、『広益国産考』の「栗丸太」についての項で、「国々にて杉檜松槻等の材ハ多く仕立てれども」という記載があることについても示したが、このことは表3からも読み取れる。

(4)　加賀藩の「七木制度」にみられる栗

加賀藩の「七木制度」は、諸藩が特定木の伐採を禁止した「留木制度」にあたる[53]。加賀・能登・越中の三国を領した同藩の「七木制度」に関わる資料の中に頻度高くクリが認められるので触れておくことにする。

前出の山口隆治氏は、元和二年（一六一六）、前田利常が能登国に発布した通達文書中の、「一、能登国中山々材木之事、杉・桧木・松・栂・栗・うるしの木・けや木等下々為賣買伐採之事堅停止候、（後略）」[53]という記載をもって、加賀藩の「七木制度」の濫觴《らんしょう》を示すものとしている。この中に、諸藩において留木とされたスギ・ヒノキ・マツとともに、クリがみられる。山口隆治氏により、慶応三年（一八六七）までの九回の通達文書史料を経年的にまとめられた「加越能三ヶ国の七木」（表、本稿では割愛）[53]によると、それぞれの国により、時期により、「七木制度」で指定された樹種は異なっていることがわかる。加賀国ではクリは全くみられないが、越中国と能登国では頻度高く認められる。とりわけ、能登国では、先述の元和二年（一六一六）から、クリが七木から外され三か国共通とされた慶応三年（一八六七）まで、七木とされてきた。

『普及新版・日本歴史大辞典』（河出書房新社）によれば、「金沢藩の禁木制は、（中略）目的とするところは公私用材の確保にあったから、四壁樹《しへきじゅ》や畦畔木に対しても七木制が適用された[56]」とある。加賀藩の「七木制度」が公私用材の確保を目的とするものであり、山林だけではなく、四壁樹といった屋敷周囲にめぐらした立木や畦畔木にまで及んでいることは注意しておきたい。また、『国史大辞典』第七巻（吉川弘文館）の「四壁林」の項で、「四壁林の樹種としては樫・樟・杉・榎・栗・桐・竹などがある[57]」とし、「四壁林は燃料だけでなく、建築用材の供給地であった」とされている。クリはカシやスギなどと共に農村の生活の営みにおいて重要な役割をもっていたことが推察できる。

第三章　近代の暮らしと栗

一　栗材の鉄道枕木への利用

木材としてのクリの利用については、第一章「近世以前の暮らしと栗」で、古代以前から、クリは果実と木材が頻繁に利用されてきたことは述べた。木材としての利用の概観について、『歴史考古学大辞典』（吉川弘文館）によれば、「弥生・古墳時代では利用が下火となるが、古代以降では果実・木材利用とも復活した[1]」としている。また、先述の柱などの建築用材、土木・用具材のほか、燃料としての利用をあげ、「近・現代では鉄道の枕木に大量に消費された[1]」としている。また、『資源植物事典（七版）』（北隆館、一九八九年）のクリの項で、「比較的均質で工作し易く、水湿に耐える力の大きいのが特徴である。本邦鉄道の枕木として多量に用いられる外、家屋土台、浴室の板、土木用杭、船材、舵、水道木管、橋梁など湿気の多い場所に用い[2]」とある。耐水性、耐湿性が強いことを生かした多面的な利用が窺える。ここでは、とりわけ、近・現代での利用頻度が高かった鉄道の枕木への利用について述べる。なお、これに関わる明治・大正期の資料は少なく、貴重と考えられるので、重複するものがあるが取り上げることにした。

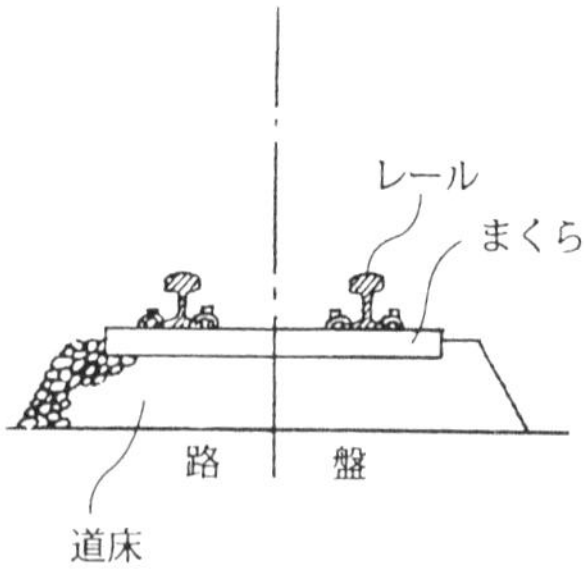

図５　線路の構造（『写真と図解で楽しむ線路観察学』〈一部改変〉）

(1)　枕木の概略

まず、枕木の概略については、『鉄道技術用語辞典』（丸善、一九九七）によれば、「レールを固定し軌道を保持するとともに、レールから伝導される列車荷重を広く道床に分散させるために、レールと道床の間に設置される軌道の重要な構成部材。従来は木材を素材としていたことから〈枕木〉と表記していたが、現在ではコンクリート、鉄鋼、合成樹脂などの材料が使用されているため〈まくらぎ〉と表記している」[3]とある[4]（図５）。なお、使用目的からは、一般区間で使われる並まくらぎ、橋梁の橋まくらぎ、分岐部分の分岐まくらぎ等に区分され、求められる「まくらぎ」の材質の特性はそれぞれ異なる。

また、『新訂・鉄道線路の話』（成山堂書店、二〇〇六年）によれば、「材料としては、歴史的にはその名前のもととなった木まくらぎが原点であるが、現在ではその資源の枯渇や、機械的な強度の不足、耐用年限の不足などから主力の座を降りている。これに代わって登場したのがコンクリートまくらぎで、現在は、プレストレストコンクリートを用いたＰＣまくらぎが、腐食、腐朽に強く、耐用年限も長いなどの利点から主力を占めている」[5]としている。

なお、昭和六三年（一九八八）初版の『日本大百科全書』（小学館）の「枕木」の項に、「近年、木材資源の枯渇や、耐用年数が短く交換の手間がかかることから使用が減っている。木枕木に代わって用いられているのがコンクリート枕木である」[6]とあり、この辺りの年代が木枕木からコンクリート枕木への移行期と考えられる。

（2）　鉄道の建設と枕木

鉄道業は鉱山業とならび、明治政府のいわゆる「殖産興業政策」の中の中心的な育成対象産業であった。枕木は、その鉄道業における線路建設及び改良・補修のために利用され、必要不可欠な資材であった。日本の鉄道網は明治五年（一八七二）、新橋―横浜間の開通に始まり、大正一四年（一九二五）頃に、ほぼ現在の鉄道網が完成したとされる。そして、幹線の鉄道の国有化が一九〇六年に実施され、鉄道全体の約九割が国鉄となり、後に鉄道院が設置された。

明治三八年（一九〇五）の全国の枕木消費量は約一七〇万挺《ちょう》で、明治四三年（一九一〇）の農商務省山林局の『鉄道枕木』によれば、並枕木一挺の規格は、長さ七尺（約二一二センチ）、幅六寸七分（約二〇センチ）、厚さ四寸六分（約一四センチ）とされている[7]。この枕木の需要量から、明治から大正時代にかけてのわが国の鉄道建設において膨大な枕木が必要とされたことは推して知るべしである。

これに関わって、明治四四年（一九一一）の『岐阜県山林会報』において、在鉄道院・林学士の肩書で、山田彦一氏は「鉄道枕木に就いて」という論考の中で次のように詳しく述べている。

「鉄道院の所管に属するわが国国有鉄道の営業哩《まいる》は、明治四三年一月末日において四千六二四哩四分であってこれに側線などを加ふる時は実際の線路総延長実に六千六五七哩になって居る。（中略）今国有鉄道のみに就て調べて見るに、その全線路へ敷設されている枕木の数は同じく明治四三年三月末日において一四七二万七三一七挺でありてまた同四二年度中に交換せる枕木数は一三八万一五六挺の多きに達している。即ちその交換数は敷設数の九分三厘弱に相当する。（中略）今枕木は一〇年間保存に堪ゆると見て計算すれば、（中略）建設線路に要する新設枕木数も僅少のものでないので、（中略）鉄道院の年々購入する枕木の総数はこの後二〇〇万挺を下ることは決してなかろうと思われる」(8)。

山田氏は鉄道院に在籍する林学専門の技術者として、枕木の保存に耐える年数を考え、今後の国レベルで必要とされる枕木の量を概算している。

当時のこのような鉄道維持・建設に伴う枕木の確保について、明治四二年（一九〇九）一〇月九日付の「横浜貿易新報」では、「森林荒廃の危機――鉄道枕木の影響」という見出しで、次のように記している。

「（前略）鉄道枕木に至りては既に本島東北の海浜及び鉄道沿線に近き森林を伐りつくし漸く河川その他運搬に多少の便利ある地域に入り今や其れをも将に伐りつくして深山幽谷の奥に移らんとするの時期に進めり。勿論北海道には未だ本島の如く甚だしきものあるに至らざるも、之亦将来十年を出ずして殆ど同一の惨状に達すべきは暁かなる事実なり」(9)。

先述の鉄道院の山田彦一氏の論稿から明治期の鉄道建設・維持において膨大な量の枕木が必要とされたことは窺えたが、この「横浜貿易新報」の記事からは、当時、将来、枕木不足・欠乏が引き起こされるであろう極めて深刻な事態を懸念しなければならない局面にあったことを読みとることができる。なお、北海道大学の宮地寛氏は、「雑木、インチ材から銘木へ――北海道の広葉樹評価の移り変わり」の中で、「朝鮮半島から旧満州に鉄道をひくため、クリやヤチダモとともにミズナラも八尺枕木として輸出され」(10)としている。当時の枕木の需要は、国内のほかに、日露戦争遂行のための軍需物資輸送とその後の保護国経営のための鉄道建設における需用もあったことは看過してはならない点である。

(3) 枕木の材料の変遷と栗

『日本産業技術史事典』(思文閣出版、二〇〇七年)の「国産広葉樹」の項では、「明治二十年代より、鉄道局は枕木にクリ材を使用するようになる。この枕木の生産は大規模な広葉樹利用になり、明治三〇年代以降、広葉樹が大量に製材される契機となった。(中略)ところが明治三四年には枕木に使用するクリ材が不足し、ブナ、イタヤ、ニレ、カエデ等の材を枕木に試した」(11)としている。鉄道建設の初期よりクリ材が用いられているとともに、クリ材が枕木に用いられるようになったことが、当時は低かった広葉樹材利用の大規模な利用への転機になったことがわかる。

また、明治期から戦後に至るまで、国鉄へ枕木を納入した長谷川商店の東京長谷川支店創立百年誌『長谷川家木材百年史』によれば、「明治中期以降の鉄道の延長はすさまじい勢いで止まるところを知らぬ状況であった。鉄道枕木は当初はもっぱら檜、栗を主に使用した。ところがこれらの材の供給地が遠距離になるにつれ、材の供給不足とともに、価格が逐年騰貴するようになって[12]」とある。明治中期において、クリが枕木材として重要な位置にあったことがわかる。ちなみに、明治三三年（一九〇〇）、鉄道局が枕木仕様書で指定していた樹種はクリ、ヒノキ、ヒバなど九種であった[7]。

前出の鉄道院の山田彦一氏は明治四四年（一九一一）の先の論稿で、「枕木の樹種は」として、ヒノキを始めとして十数種類をあげ、「一番多いのは勿論栗でありて、（中略）全国を通じて栗枕木の購入数量は全体の五割以上、多い時には九割近くに及ぶことがある[8]」としている。また、日本国有鉄道九州資材部長中西和男氏による『九州資材三〇年史』の「木マクラギ」の項では、「（前略）大正の初め頃までは、ヒノキ材の橋マクラギ以外はすべてクリ材が使用され、当時全使用量の七〇％を占めていた[13]」としている。両氏が述べていることから、鉄道建設が活発に行われていた明治後期から大正初期においては過半数の枕木にクリ材が用いられていたと考えてよい。当時の鉄道建設におけるクリ材の役割の大きさには驚くべきものがある。

このような中で、明治四〇年（一九〇七）、農商務大臣が地方官会議の席上各府県知事に、「栗樹造《りつじゅぞう》林《りん》」の必要性を訓示し、明治四二年（一九〇九）より、クリは特種林の一つとして政府の保護の下に、各府県とも県苗圃で養成されるようになった[14]。クリ材の不足を補うため、国家レベルで取り組まれていることがわかる。

当時の地方レベルでの枕木生産に関わる状況は、明治四四年（一九一一）の『岐阜県山林会報』から知ることができる。同会学芸委員の肩書で、衣斐鉄次郎氏は、「栗樹栽培法」の中で、「栗材として最も重用せらるるは鉄道の枕木なり。年々鉄道の延長今や殆ど六千哩に達せんとするの今日、その需要の甚大なる[14]」とし、「栗は杉檜の如く栽植後四十年内外を経ざれば一本平均一円を得る能はざるものとは、蓋し同日の論にあらざるなり。栗の如く生育繁茂する二十年内外を経れば一本平均一円を得るは実に容易の事なり[14]」としている。この論考では、種子の選定から始まり、接ぎ木法、造林法と栽培技術を詳しく述べ、クリはスギやヒノキの半分の年数で同等の収益を生む有用な樹種であるとし、クリの植栽を強く薦めている。

また、大正三年（一九一四）に岐阜県山林会から出版された『岐阜県林産物一班』の「飛騨の鉄道枕木」には、飛騨地方における枕木生産とともに地域の人々の生活との関わりも記されている。

前段で、「飛騨国及恵那郡の一部に於いては近年枕木として伐採すること多く、従て栗の結実量を減せるの地少なしとせず[15]」とし、「最近五カ年間の岐阜県の枕木産出高」を示している。明治四二年（一九〇九）では、約四万二二〇〇挺であったのが、大正二年（一九一三）には九万八四〇〇挺となっている。先述の山田彦一氏の明治四四年の論稿で、「鉄道院が年々購入する枕木は今後二〇〇万挺を下ることはない」とする指摘からすれば、全国の枕木消費量の五%程度にあたるものではあるが、わずか五年間で倍加していることは注意しておきたい。

次に後段で、「然して之が将来を稽《かんが》ふるに、飛騨国及之に接する美濃の一部に栗樹の古来多きは其栗の実を食用に供すると、その材を榑《くれ》として屋根板に供するため、特に保護を加えたるに依る。然る

表4 『斐太後風土記』に記載されたおもな木の実と採集村落[16]

記載名	学名	採集村落数				
		大野郡	吉城郡	益田郡	計	採集村率*
楢・楢実・ナラ	*Quercus mongolica var. grosseserrata*	60	63	34	157	0.38
栗・栗子・クリ	*Castanea crenata*	77	92	55	224	0.54
橡・トチ	*Aesculus turbinata*	40	72	35	147	0.36
胡桃	*Juglans* spp.	5	2	5	12	0.03
榛・ハシバミ	*Corylus* spp.	2	2	—	4	0.01
榧・かへ	*Torreya nucifera*	11	13	—	24	0.06
ひよび・ヒヨビ**	*Cephalotaxys Harringtonia subsp. nana*	20	11	2	33	0.08

＊採集村率は全村落に対する比。
＊＊ハイイヌガヤのこと。油をとるのみで食用に供しない。

に近年交通の便を得て枕木などに伐採すること甚だしく、年と共に栗樹を減じ、此際漸次植栽するにあらざれば、飛驒国に於ける枕木の余命は極めて短く、現に枕木伐採により其栗実を得る少なきため、食用（ママ）問題に及ぼさんとせるの地あり[15]」としている。枕木用材を買い取るために請負業者が村に入り、無計画な伐採がなされる状況があり、このまま放置しておくとクリの実の採取ができなくなり、「食用問題」に発展しかねないと憂いているのである。この指摘を十分理解するために、松山利夫氏の『木の実』（法政大学出版局、一九八二年）の「飛驒山村の食料資源」の章は絶好の資料となると思われるので、少し触れておく。この章は明治六年（一八七三）刊行の飛驒地方の地誌『斐太後風土記』をもとにまとめられたもので、同書では、当時の大野・吉城・益田三郡の四一五の全村についての詳しい記録がなされている。

「明治三年の飛驒地方の人口は九万二六〇〇人で、飛驒地方で生産される農作物に移入穀物を合わせても二万人足らずの食料が不足した。それを補完したのが野生の食用植物である。この中で木の実の占めるところは大きく、一部の村を除いた諸村で各種の木の実が相当大量に採集された。採集対象となった六種の木の実の中で、採集村がずば抜けて多かったのがクリである。クリの採集村は明治初期の飛騨地方全村の五四％で、ナラ（三八％）、トチ（三六％）を大きく引き離していた。これはクリが美味でアク抜きが不要であったからである」[16]（表4）[16]。

ただ、クリの無計画な伐採が「食用問題」に発展しかねないとした先述の「飛騨の鉄道枕木」は大正初期のことで、『斐太後風土記』が著された五〇年ほど後のことであることが若干問題となる。しかし、松山氏はこの章の最後で、「かくして明治初期の飛騨地方では、木の実食習慣が確固として存在していたことになる。しかもその習慣は、少なくとも昭和初期までの半世紀にわたって、基本的には変わらなかったとみられるのである」[16]と締め括っている。このことから、ここで取り上げた先の「飛騨の鉄道枕木」が書かれた大正初期も、明治初期とは若干の変化はあるものの類似した状況はみられたと考えられる。当時、枕木伐採によるクリの木がなくなることが食糧獲得の問題にまで発展することを憂いたことは十分頷けることである。

なお、「飛騨の鉄道枕木」の最後で、筆者は「植栽保護に力むるは頗る緊要にして、また前途有利の事業というべし」[15]と植栽が緊急の課題であるとしている。

さて、鉄道院が枕木仕様書で指定していた樹種は明治四三年（一九一〇）には一七種に拡大された[7]。鉄道網の拡張にともない、クリ、ヒノキ、ヒバなどの枕木用の適材のみでは需要量を満たせなくなったためである。しかし、枕木用の適材樹種の耐久年数が八年から一二年と比較的長かったのに対し、例えばカラマツ、ネズ、ツガ、ヤチダモなどは耐久年数が三〜五年と短く、取り換え頻度が高かったため、防腐剤を注入して耐久年数をのばすことが求められた。一九一三年に鉄道院は防腐に適した樹種の研究のために木材研究室を設置し、一九一八年には防腐設備において枕木に防腐剤の注入を行うようになった。明治末期には民間の防腐木材製造会社は二社のみであったが、大正末期には一二社にまで増加した。これらの結果、鉄道院の並枕木購入量のうち防腐枕木の占める割合は、明治四二年（一九〇九）に僅か六・六％であったが、大正期に約三〇％に増加して、昭和一三年（一九三八）には五〇・八％に達することとなった[7]。

なお、「日本国有鉄道関係仕様書」（『木材防腐の手帳』一九七七年）の「木マクラギ」の項では、「マクラギの樹種は第一種および第二種に区分する。ただし、第一種は素材のまま使用できる樹種、第二種は防腐して使用する樹種をいう[17]」とある。第一種には、クリのほか、ヒノキ、ヒバなどが記されているが、現在はほとんど使われていない。また、第二種にしても使用域は普通の線路域に使われる並マクラギではなく、特殊域にあたる分岐マクラギ、橋マクラギに限られている（写真7[18]）（写真8[19]）。

（4）「日本の大動脈を支え続ける枕木商人」として紹介された枕木メーカーを訪ねて

明治四二年（一九〇九）創業の古い歴史をもち、現在日本最大の枕木メーカーである小林三之助商店（岐阜市）を訪ねた。社史のようなものはなく、三代目、故小林三之助氏が新聞社のインタビューに答えた回顧録的なものしかないとのことであった。前述したことと重複するところがあるが、クリ材の枕木への利用とその変遷について考える上で、長年の経験に裏付けられた貴重な資料になると思われるので、二〇〇五年の記事[20]をもとに特徴的なところを記しておく。

まず始めに、小林氏は「栗の木は、狂いが少なくて強い。それと栗の渋に、防虫効果があるんです」とし、以下のことを回顧している。

「大正五年（一九一六）、初代は兵庫に家族を残し単身で岐阜を足場に、福井から長野へと栗の木を求め歩いた。近代化を急速に進める当時の日本にとって、大動脈ともいえる鉄道建設は急務であり、御用商人としてその発展を支え続けた。戦後、急速な復興の中、先代とともに栗の木を求め山に分け入った。栗の原木を伐り出し、手斧ではつり、山に積み置いて冬まで自然に乾燥させた。雪が降り始めると川狩りが始まる。長良川の本流までは一本流しで、本流で筏に組んで再び川を下った。昭和の鉄道建設の代表となった東海道新幹線建設工事は昭和三四年（一九五九）から始められ、東京オリンピック開幕までの五年間で完成させられた。この東海道新幹線の建設で使われた枕木は一三〇万本で、うち一〇〇万本がＰＣコンクリート製、残りの三〇万本はクリの枕木であった。主に使われたのは橋梁やレールの継ぎ目、それと東京の大井町と八重洲間もそうであった」。

そして、「もう今は栗の木の原料も少ないし、広葉樹に防腐剤を注入する方法が主流である」と締めくくっている。

明治から大正期の鉄道建設の最盛期においてクリの枕木は重要な役割を果たしたことは幾つかの資料から確認することができたが、現代の新技術が駆使された東海道新幹線建設において、相当のクリ

写真９　クリ枕木積載の様子（写真10とともに、小林三之助商店提供）

写真７　枕木を交換する作業（『岩波写真文庫・汽車』1951年）

写真８　橋梁部分の木の枕木（『写真と図解で楽しむ線路観察学』2008年）

写真10　クリ枕木に施された鉄製割れ止めリング（クリ材のタンニンと鉄とが反応して黒変している）

枕木が使われていたことは驚くところである。

なお、現在のクリの枕木材としての利用状況については、同社の営業部の堀久治氏によれば次のようである（写真9、10）。

「一般的に枕木には耐用年数を確保するため防腐剤が用いられるが、防腐剤を注入した枕木材を使用した場合、民家を縫って走る鉄道では、防腐剤の臭いに対する苦情が寄せられることがある。その点、クリ材の場合、防腐剤を塗らなくても使用できるので、江ノ島電鉄はじめ一、二のところでは現在でもクリ枕木が用いられている。また、黒部峡谷鉄道ではトロッコ電車でレール幅が短く、特殊な規格なので、昔ながらのクリ枕木が使われている」。

現在の木枕木の主流となっている防腐枕木も環境には十分配慮されていると思われるが、より人にとって「やさしい環境」をつくる上でクリ材がこのようなかたちで利用されていることは心に留めておきたい。

二　栗の建築部材としての利用――板葺き屋根の材料として

1　板葺き屋根の材料としての利用

クリが土台、柱などの建築部材として利用されてきたことはよく知られたところであるし、既に縄文時代から近世にかけての章でも述べてきた。

『日本民俗大辞典』（吉川弘文館、二〇〇〇年）では、屋根の項で、板葺きの説明として、「三ミリ程度の薄板で葺くこけら葺きと、三から一八ミリの比較的厚い板で葺くクレ葺きとがあり、こけら葺きが竹釘で留めるのに対して、クレ葺きは石を載せて押さえるので石置き屋根ともいわれる(21)」とされている。板葺き材料の寸法は柿《こけら》、木賊《とくさ》、栩《とち》へと厚くなるなどとされているが、呼称、その大きさの規格については曖昧な所があるとされている(22)。また、同書では「クレ板にはクリ、カラマツ、スギ、サワラなどが使われる(21)」と記し、「こけら葺きは書院造や数寄屋などに用いられ、クレ葺きは信州や飛騨などの山間部の木材資源の豊かな地域の民家にみられる(21)」としている。

木造建築の専門家で民家研究でも著名な安藤邦廣氏は、『日本の民家・屋根の記憶』（彰国社、二〇〇八年）で、全国各地の民家の特徴を九項目にわたって述べ、「近畿中部」において「板葺」をあげ、茅葺き屋根についても触れながら、中部山岳地帯の山地民家の多くは板葺きが主流となっており、これらの板葺きは石を載せて押さえる「石置き屋根」が一般的であるとしている(23)。そして、中部山岳地帯、飛騨や信州の民家の板葺きにはクリが最も古くから用いられてきたが、林業が盛んになると用材としても有用なサワラやカラマツも使われていると、板の材種についても触れている(23)。

なお、石置き屋根は板葺き屋根に川原石を載せたもので、絵画に描かれた中世の京の町屋にもみられ古くからあるものであるが、『日本民具辞典』（ぎょうせい、一九九七年）によれば、「東日本の山岳地帯や風の強い海岸などでみられた(24)」と石置き屋根の分布域の概観を示している。石置き屋根の海岸地域の様子については、大正一一年（一九二二）に刊行された日本の民家の研究書の古典ともいわれる今和次郎氏の『日本の民家』の採集記録「羽後の海岸の町屋」の中で、「北陸からずっと日本海沿岸一帯に石置き屋根の分布が広がっている。特に風の強いこの地方では、ほとんど屋根の膚が見えない位、石が載せられている」(25)と記している。これらの地域に関わって、前述の安藤邦廣氏は、「中部山岳地帯に接する越後の町や漁村の屋根では、その薄くて軽いスギ板を補うかのようにおびただしい数の石が載せられている」(23)と、越後地方の海岸部の民家が日本海の風雪に耐えている様子をリアルに描写し、「漁村や町の板葺きには流通材として最も豊富なスギが用いられた」(23)としている。また、これら日本海沿岸の民家の板屋根について、『石川県大百科事典』(北国出版社、一九七五年)の板屋根の項目では、「金沢の板屋根は、耐水性のアテ(アスナロ:筆者)、クサマキの柾目の板を屋根板として使う」(26)と屋根板の材種についての記載はみられるが、全国的な民家について概観できる『日本民家語彙解説辞典』(日外アソシエーツ、一九九三年)(27)の当該項目では、漁村、町の板葺き屋根材について言及されたものは見当たらない。

2　板葺き屋根の材料としての栗材の特性

クリの板葺き材としての特性に関わっては、木造建築関係者の参考書として知られた『新版・日本建築』(学芸出版社、一九五四年)では、板葺きの項で、厚い板を用いたものを木端板葺《こっぱ》、薄い板は木賊板葺《とくさ》とにわけ、「木端板葺の材料は栗が最上で、檜、杉なども用いられる」(28)としている。同書での板葺きの分け方が必ずしも前述の『日本民俗大辞典』の分け方に一致するとは言えないが、大まかには、前述のクレ葺きが同書の木端板葺にあたり、クリ材を最上としている。また、『資源植物事典（七版）』（北隆館、一九八九年）では、クリ材の特徴として、「比較的強靭で、木理直通して割り易く、比較的均質で工作しやすく、水質に耐える力が大きい」[29]として、枕木を筆頭に土台などでの利用をあげ、「割板として屋根葺きに用いる地方がある」[29]と記している。ここで記されている割り易さは、木材を加工する上で重要な特性となる割裂性と呼ばれるものである。他に、『図説日本民俗建築大事典』（柏書房、二〇〇一年）では、板葺き材全般つまり、薄い「柿《こけら》」から厚い「栩《とち》」まで含めて、「加工性の良さからサワラが最も多く、次いでスギ、ヒノキ、ヒバそして耐久性のある堅い栗材が用いられた」[22]としている。ここでいう加工性は先述の割裂性と深く関わるもので、サワラ、スギ、ヒノキはクリとともに、割裂性は大きい[30]。

以上のことから、板葺き屋根材としてのクリ材の優位性を見ることができよう。

3　板葺き屋根の材料として栗材が多く用いられた地域——飛驒地方を中心に

ここでは、草葺きとともに日本の伝統的な屋根の形態である板葺き屋根において、クリ材が用いられる頻度が高かったとされる飛驒地方を中心にその利用の状況を見ることにしたい。

現時点では板葺き屋根は町や村の日常の生活空間では見られなくなって保存下におかれているのが実情である。当該地域の町村史、資料館などの報告書では、板葺き屋根について詳細に調査されたものは少なくないが、クリ材の利用という点からまとまった形で広域にわたって概観したものは少ないのではないかと思われる。町村史、資料館などの報告書などの文献資料を中心に述べる中で重複することもでてくるが、貴重な資料でもあり、それぞれの地域のクリ材の板葺き屋根への利用の実情を把握するために記すことにした。

① 飛驒地方での利用の概観（図6）[31]

昭和五五年（一九八〇）刊行の『岐阜県民俗分布図——民俗文化財緊急調査報告書』（岐阜県教育委員会）の「屋根材」の項では、茅、わら（麦）、板、瓦を凡例としてあげ、「板葺きは飛驒から東濃北部にかけて分布していた。栗の木などを三分ほどに割ったクレを使用した。古くは屋根上に棹《さお》と石を置いて押さえた[32]」と記している（写真11[32]、12[33]）。

写真11　クレ屋根（『岐阜県民俗分布図』）

写真12　クレ屋根（『萩原の着物と住まい』）

大正三年（一九一四）に岐阜県山林会から出版された『岐阜県林産物一班』の「飛驒の鉄道枕木」において、飛驒地方における枕木生産と地域の人々の生活についての記述の中では、「飛驒国及これに接する美濃の一部に栗樹の古来多きは其の栗の実を食用に

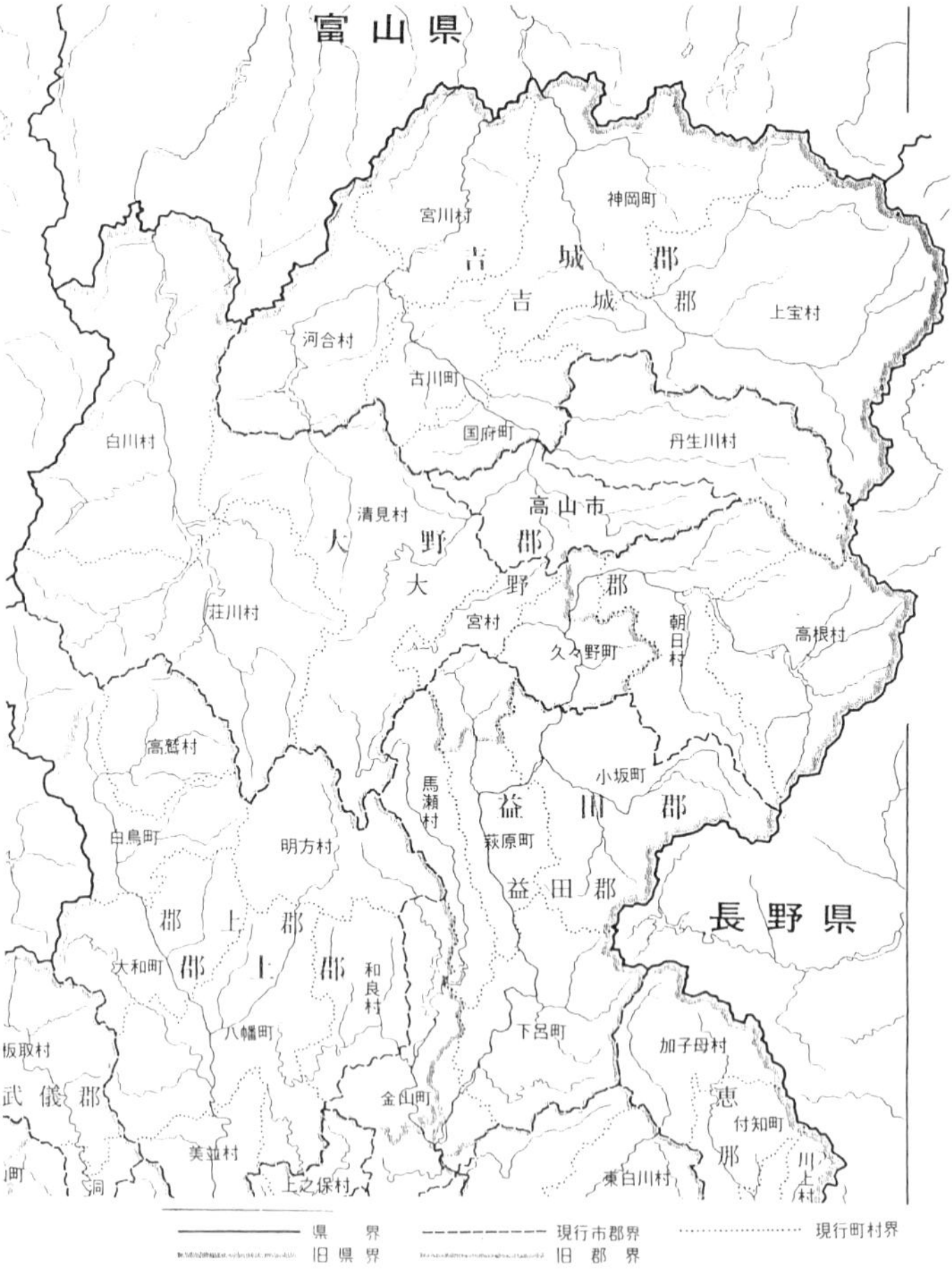

図6　飛騨地方関係図（『岐阜県の地名』平凡社、1989年〈一部改変〉）

供すると、その材を榑《くれ》として屋根板に供するため、特に保護を加えたるによる[34]」とある。また、同書の「清見村の榑板及三五」では、「栗を榑板として屋根板となすことは飛騨を首《はじ》め郡上及恵那郡などの各地に於てす[35]」と記されている。この項は、旧大野郡清見村において特徴的にみられた屋根板生産について記されたもので、「三五」は長さ三尺五寸で、主にヒノキ科のネズ材によるもので、「野根板」と称せられ、屋根板ではなく天井板などに使われた。いずれにしても、飛騨地方においては、古くからクリを中心とした木の実食習慣の歴史があり、人々の生活にとってクリが重要な役割を果たしてきたことは、「栗材の鉄道枕木への利用」の項で述べたところであるが、それとともに、明治時代から大正にかけての飛騨地方において屋根板に使う榑《くれ》材としても重要なものであったことがわかる。また、同書の「本県に於ける濶葉樹利用の一班」の「栗」説明では、「郡上、益田、吉城の諸郡にはかなり多量の蓄積あり[36]」と記されており、飛騨地方である益田、吉城郡に材木として利用できるクリが多く存在していることが示されている。

『岐阜県百科事典』（岐阜日日新聞社、一九六八年）では、「くれぶき（榑葺き）」という項が設けられ、「大野郡より北部・吉城郡にまたがる山間の平地では（高山市を除く）、榑葺きといわれる板屋根が多い。これは、クリの木を一メートルの丈に薄くはいだもの（これをくれと呼ぶ）を用いて、屋根を葺くものである[37]」とある。同書では、くれ葺き屋根分布地域を飛騨中部の大野郡から飛騨北部の吉城郡にかけてとし、『岐阜県民俗分布図——民俗文化財緊急調査報告書』より狭い地域が示されているが、記載の仕方によるものと思われる。また、旧大野郡丹生川村の『丹生川村史・民俗編』（丹生川村、一九九八年）では「榑葺き屋根」という項が設けられ、「飛騨の榑屋根の分布は、荘白川、北吉城の一部を除く全飛騨に分布している」[38]と記されている。

以上のことから、調査年代が異なることなどによるクレ葺き屋根の分布地域の相違はあるものの、飛騨地方においてクレ葺き屋根は広範な地域でみられ、その主要な板材としてクリが用いられていたことがわかる。

② 旧益田郡域

日本民俗建築学会による『写真でみる民家大事典』（柏書房、二〇〇五年）の「民家の形」の章では、特徴的なものとして二十数種をあげ、「合掌造り」と並べて「益田造り」があげられ説明されている。「益田造り」は、かつて、飛騨地方南部に位置する益田郡（現在のほぼ下呂市にあたる）で多くみられた民家の形であったのでこの名称がつけられたという[39]。この「益田造り」の特徴は、屋根の形状が切り妻で、勾配が緩く軒が深いクレ板葺き屋根である。クレには薄く割ったクリ材が用いられ、クレの板葺きには押さえ木を横に並べ、その上に平らな川石を置いたとされる[39]。先述の石置き板葺き屋根にあたるもので、『岐阜県民俗分布図――民俗文化財緊急調査報告書』の板葺き屋根に符合するものと考えられる。

「益田造り」という記載は認められないが、この様式について述べていると思われるものが、大正五年刊行の『岐阜県益田郡誌』（益田郡役所、一九一六年）にみられる。

まず、同書の第一章の「位置」において、「益田郡は飛驒国の南部に位置し、北は大野郡に、南は美濃国恵那・加茂及び武儀の三郡に、西は美濃国郡上郡に、東は長野県西筑摩郡に境す」とし、「其廣袤《こうぼう》大野・吉城両郡に亜《つ》ぎ、県下各郡中第三位にあり[40]」と記している。なお、当時の益田郡には旧大野郡の高根村と朝日村も含まれており、野麦峠から乗鞍岳西斜面の山域にまで及んでいた。

さて、『岐阜県益田郡誌』の「住家」の項には次のように記されている。

「本郡内住家の多くは低き二階建てなり。屋根は板葺きにて石を以て之を圧す。（中略）屋根は一般板葺きにして茅葺きを見ず、板は〈屋グレ〉と称して栗の木を長二尺二三寸巾五六寸に切り厚二三分の板にへぎたるものなり。一坪を葺くに凡三百枚を用ゆ。隔年〈板カヘシ〉と称して新板を補ひ葺替ふるなり。板を圧するに横木を以てしこれを〈石持ち〉と名づけ、その上に石を載せ圧す。この石を「屋オモ」という[41]」。

大正初期における益田郡内でみられた石置き板葺き屋根の様子が詳細に記されている。飛驒地方の石置き板葺き屋根について記された貴重な文献と考えられる。

同書からすると、クリ材を剥いでつくられたクレ板の大きさは、長さ六七～七〇センチ、幅一五～一八センチ、厚さ六～九ミリということになる。厚さは『岐阜県民俗分布図――民俗文化財緊急調査報告書』で記載されているものとほぼ同様ではあるが、長さは『岐阜県百科大事典』における一メートルに比べるとかなり短く、クレ板の大きさには相当の幅があったものと思われる。ただ、一坪三〇〇枚とあり、同書では「一般家屋は質素にして堅固、但概して大なり」と記されていることから、新築時はもちろんのこと隔年の新板の補充において相当量のクリのクレ板が必要とされたことは想像に難くはない。

さて、『岐阜県益田郡誌』において、いわゆる林業にあたる山林の章に一割がさかれ、郡内の森林植物の分布とその利用状況が表にまとめられている。樹木類としては百数十種があげられ、クリの用途として、「枕木建築板類器具樹皮染料実は食用」と記されている。「建築板類」は板葺き屋根のクレ板を指すと思われる。さらに、各種植物の「生立多少」についての項には、「最多」の記載が認められる。他に、建築の用途が記されている樹木で「最多」と記載されているのは、アカマツだけである。先述したように、一軒の板葺き屋根を維持していこうとするためには相当量のクリの屋グレが必要であり、郡レベル考えれば膨大なクリ材が必要となるが、それは、他の樹種にくらべ群を抜いて分布密度が高かったクリに支えられていたことが推測できる。なお、近世中期の飛騨国郷土誌とされる『飛州志』巻第三（岐阜日日新聞社、一九六九年）の「魚果菜穀称地名類」において、「凡テ山林ニ栗多シ」と記されており、飛騨地方の山林にはクリの木が多くみられたことが窺える。これは、前述の『日本民俗大辞典』の「クレ葺きは信州や飛驒などの山間部の木材資源の豊かな地域の民家にみられる」こととと符合するものといえよう。

③　旧益田郡下呂町（現・下呂市）

岐阜県旧下呂町は旧益田郡南部に位置し、飛騨川上流の益田川中流域にある町である。板葺き屋根については、『下呂町誌』(44)（下呂町、一九七四年）の住居の項で、農家に多くみられる「益田造り」として詳しく記されている。

まず、概観として、東海・近畿の地方から、初めて飛驒に遊ぶ人々の目を惹くものは、山の高峻と水の清冽をあげ、もう一つはとして、高木仕立ての桑園とその間に隠見する石を置いた屋根の風景であろうと記している。

さらに、この景観について、「飛驒川にそって高山線上麻生から飛驒金山、それから馬瀬川沿いの郡上東村へかけて、昔のままの勾配の強い藁葺き屋根の家をまだちらほら見かけるが、飛驒金山から益田川沿いに飛驒路に入ると、それとは趣を異にした、やはり昔のままの、石で押えた板葺きの、勾配のゆるい屋根が目立ってくる」とズームアップする形で説明している。そして、「この建築は一般に低い二階建で、これがこの地方の古くからの一般住家の特徴である」と締め括られており、石置き板葺き屋根がこの地方の景観を特徴づけるものであったことがわかる。なお、高木仕立ての桑園は特に山間地斜面でみられたもので、採桑は一枚一枚行われ、手間を要するものであった。これに対する仕立て方は、高木仕立てを改良した刈桑仕立と称されるもので、採桑は春先以降に出た新梢ごと切る条刈りが行われる。

板葺き屋根についての説明は、前項で取り上げた『岐阜県益田郡誌』とほぼ同様の内容であるが、ここでは、屋根の勾配を緩くすることは、屋根においた石が転げ落ち難くするためとする他に、なるべく平面に近くするほど面積が減少して、経済的だともいうと記されている。確かに、勾配が少しでも平面に近くなれば、板葺きの面積が減り、クレ板の量が減ることにつながり、頷けることである。いかほどの経済効果があったかは記されてはいないが、それほどクレ板の量を減らすことが関心事であったことが窺われる。ちなみに、『飛騨の民家』(飛騨民俗村)によれば、「榑《くれ》葺き屋根は、長さ一尺に対して高さ二寸五分の勾配で一四度という緩い屋根である。これに対して瓦屋根は長さ一尺に対して高さ五寸の勾配で二六・五度となる。また茅葺き屋根は、ほぼ六〇度という急斜面である」[38]としている。いかに、榑葺き屋根の勾配が瓦葺き屋根や茅葺き屋根と比べて、緩い勾配にされているかがわかる。

屋根の葺き替えに関わっては、「屋根は隔年ごとに新板を補って葺き替える。この作業を〈板替えし〉と言って、農閑期の晴天を選んで、近隣・親戚の〈手間替〉で行う。石を置いたあの特殊な板葺き屋根は影を没しつつある。それは、隔年毎の屋根替えという行事は実にうるさくて、頭痛の種となるのである」と感情も交えて記されている。〈板替えし〉は屋根のクレを全部おこし、腐ったものは下に捨て、腐りがない使えるものに新しいクレ板を補充して葺き直しをするもので、クレ板を起こした時に屋根裏の掃除もされた。隔年ごとのこのような〈板替えし〉作業の〈手間替〉は、余程、この地域では煩わしいものとされていたかがひしひしと伝わってくる。また、『下呂町誌』の刊行された年代からすると、昭和四〇年代後半には石置き板葺き屋根の目立った減少がみられていたことがわかる。石置き板葺き屋根が姿を消しつつある要因として、「栗樹が鉄道枕木として、大量に搬出されるようになってから、相当年月を経過した今日、もはや山にはこの木が少なくなり、屋グレの栗板は必ずしも安価ではなくなってきている」とも記している。明治から大正にかけてのクリ樹の枕木用材としての大量伐採については既に述べたところではあるが、この地域における板葺き屋根の減少にも拍車をかける主たる要因となっていたことが窺える。なお、これら板葺き屋根はその後、セメント瓦に変わっていったとされている。

④　旧益田郡小坂町（現・下呂市）

岐阜県旧小坂町は旧益田郡の北部に位置し、飛騨川上流の益田川上流域の町である。『岐阜県小坂町誌』（一九六五年）の住居の節では、「屋根」の項が設けられ、当時の屋根の種別の表も付して詳しく記されている。(45)

まず始めに、「汽車が飛騨路に入ると、車窓から石を並べた板屋根の家が、山裾やわずかな平地に点在しているひなびた風景が見られる。高木作りの桑の木とともに飛騨を代表する風物の一つとして珍しいと言われていた」とある。汽車が飛騨路に入るのは飛騨南部の旧益田郡の旧金山町からである。このような記述は前述の『下呂町誌』でも記されていたところであり、いかに、石置き板葺き屋根が飛騨を代表する風物であったかがわかる。

屋根の勾配は緩いとして、「長さ六〇センチ前後、幅一五センチ、厚さ一センチあまりの屋榑〈やぐれ〉で葺き、これに押さえ木を横に並べ、その上に平らな川石を置いて風で榑板の飛散を防ぐようにする」とある。クレ板の形状は『岐阜県益田郡誌』に書かれていたものとほぼ同様といってよい。

板屋根の葺き替えについては、「二年目から三年目に新しい屋椁《やぐれ》を補充して〈板がやし〉をする。主に農閑期を利用し親戚など数戸の手間替えの共同作業で、一日で終わるのを通例とした」と記されている。日常利用している住居の屋根であるため、一日で終わらせる必要があり、「手間替え」の確保は腐心するところであったと思われる。

板葺き屋根の減少について、大きな契機は昭和二年（一九二七）の中心街の大火災により、板葺きの許可がされなくなり、新築の家はセメント瓦やトタン葺きとなったことで、以後の新築はほとんどが瓦やトタン葺きに替わったとしている。ほかに、前述の下呂町と同様に、屋椁の材料であるクリ材が鉄道枕木としておびただしく伐採されるようになってクリ材が入手困難になったこと、従来の屋根の葺き替えに多くの経費と人手間を必要としたことをあげている。結果として、「葺き替え〈板がやし〉の悩みから解放されるようになった」と記している。下呂町の表現とは異なるが、板葺き屋根の維持は当時の人々の多大の労苦の上に成り立っていたことが窺い知れる。なお、昭和三七年（一九六二）の「屋根の種別」の表を整理すると、住宅では、板葺き屋根（石を置くもの）一五・六%、板葺き屋根（石を置かないもの）三・一%、トタン葺き三〇・四%、瓦葺き五〇・九%となる。昭和三〇年代後半においては、瓦葺き、トタン葺きが大半を占めていたことがわかる。

同書で、年代およびその詳細は記されていないが、このような板葺き屋根減少の中で、「椁板の製造を業とした〈板へぎ〉もその姿を消すようになった」としている。これについては後述することにしたい。

⑤ 旧益田郡萩原町（現・下呂市）

岐阜県旧萩原町は旧益田郡の中央から北部に位置し、益田川中流域にあり、東で旧小坂町、南で旧下呂町に隣接している。

当地方の板葺き屋根について、旧萩原町の人々の暮らしと文化について編まれた大作『はぎわら文庫』（全二〇集）の第五集『萩原の着物と住まい』（萩原町教育委員会、一九八二年）[33]をはじめ幾つかの文献で詳細に記されているので、これらをもとに記すことにする。また、長年旧萩原町に在住され、当地域の人々の昔の暮らしに詳しい方からもお話しをお聞きすることができた。実際体験が踏まえられた貴重な資料となると思われるので、『はぎわら文庫』の内容と重複するところもあるが、そのままを記すことにした。

a.『萩原の着物と住まい』（『はぎわら文庫』）などの文献をもとに

「家屋の概観」では、「住居の屋根は切妻で、板を置いて石を置くいわゆる板屋根である。板はクレといわれるが、葺いてゆくだけの簡単な技法から、次第に針金締めなどに代わったが、それも主に町屋に利用された」としている。石置き板葺き屋根の変化として、クレ板の固定に石置きから針金締めの導入が町屋でみられたことがわかる。

また、「屋根の勾配は緩く三寸五分を普通とするが、昔は三寸の家もあったという。これによって風当たりは和らぐものの雨漏りの心配があった」と記している。先述の『飛騨の民家』の「二寸五分」からするとかなり急な勾配であり、緩やかとされる板葺き屋根の勾配は一律同じというものではなく、クレ板材や気候などの諸条件を総合して勾配が決められていたものと考えられる。

次に、「建築の手順と儀礼」の「イタヘギ」の項では、「木材の準備とともに手配されるのが、イタヘギ（クレヘギ）による屋根板作りである。一般には用材をそろえてイタヘギを依頼する。材料はスギ、ネズ、モミも使われるが主として栗の木で、生木のまま二尺程に輪切りにして渡す。仕事は庇の下などを借りてした。大体建築の前年に済ませ、乾燥を兼ねて軒先に積み重ねクレを伸ばすようにする。場所によっては山中で小屋掛けして仕事をした。イタヘギは専門職ではなく、農閑期の副業で、一二月から四月の間の期間を利用した」と記されている。ここでも、クレ板材としては主にクリ材が用いられている。同書に「明治中期の建築資料と考察」として、同町四美《しみ》の熊崎家（明治二四年＝一八九一年建築）について述べられている中で、「普請記録には見えないが、建前に付帯する屋根グレ板の用意を見過ごせない」として、「建前の一年前に、二万五〇〇〇枚以上を整えてあったものであろう。そのためには、家族の手による栗材などの伐り出しと、クレヘギ職人延べ五〇人余りの雇い仕事がなされていたものと考えられる」としている。ちなみに、同書では、クレ葺き屋根の平面積は建坪の倍とみて計算するとし、『岐阜県益田郡誌』では、一坪あたり葺くのに必要なヘギ板は三〇〇枚程とされている。これをもとに概算すると、この熊崎家の建坪は五四坪であるから、三万二四〇〇枚が必要ということになる。勾配の違いなどを考えると、ここで記されている二万五〇〇〇枚以上というのはこれに符合するものといえよう。ただ、熊崎家には「家造之入費覚書帳」が残されており、村を代表するような家と考えられ、一般農家にこれをすぐ当てはめるわけにはいかないが、いずれにしても、一軒の家を新築しようとした場合、相当量のクレ板が必要となり、それに見合うだけのクリ材を準備することは、大変なことであったことは想像に難くない。

また、板屋根の葺き替えについては、悩ましい仕事となっていたことは先述したところであるが、この〈板がやし〉の折には補充するためのクレ板が必要である。この補充の量などについて、飛驒地方に隣接し、クリ材のクレ板葺き屋根で知られる石川県旧白峰村（現・白山市）[26]（図7）[46]の「クレ返し」についての調査報告によると、「一回の榑の補給量は、三～五％、これだけの量は、どの家でも軒下や屋根裏に常備していた」[46]とある。先述の熊崎家の場合で、全体のクレ板の枚数を二万五〇〇〇枚とすると、七五〇枚から一二五〇枚ということになる。屋根全体の葺き替えからすると、わずかな枚数ではあるが、家のどこかに常備し、確保しておくことにも気を遣う必要があったのである。

一定の長さに切られた丸太を割り、木の目に沿って同じ厚みと長さのクレ板を作る一連の作業はクレヘギと呼ばれる。『はぎわら文庫』第七集の『萩原の職人衆』の「榑剝職」によれば、クレヘギの仕事の進め方のあらましは次のようである。[47]まず丸太の用材を切って所要の長さ（二尺、二尺五寸、三尺の三種類）にし、これを二つ割り（直径尺五寸以上は四つ割り）にする。これをオオワリ（四つ割り）はコワリ）といい、オオワリナタとクリ材製の槌を使う（図8）[48]。へぐ時は、マンリキを木にあて、槌で叩いて材にくいこませ、こじると材に隙間があくのでそこへ手を差し込む。手を入れ次第、再びこじて、さらに手を差し込んでいく。手がヤの役割をしているわけで、左手の親指の付け根はこぶにな

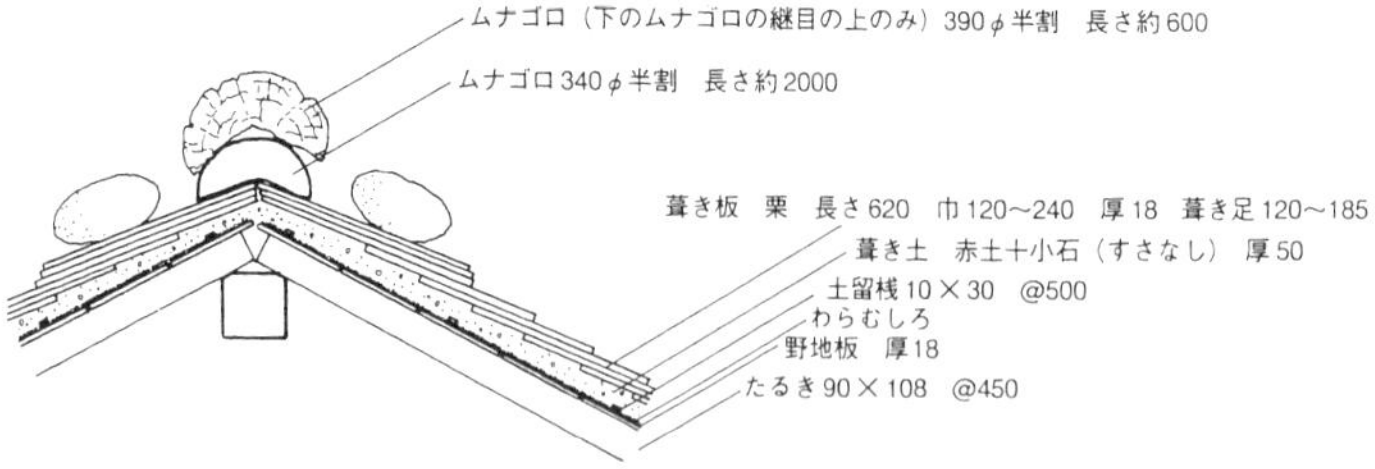

図7　白峰村の小倉家住宅の屋根（棟）断面図（『住まいの伝統技術』）

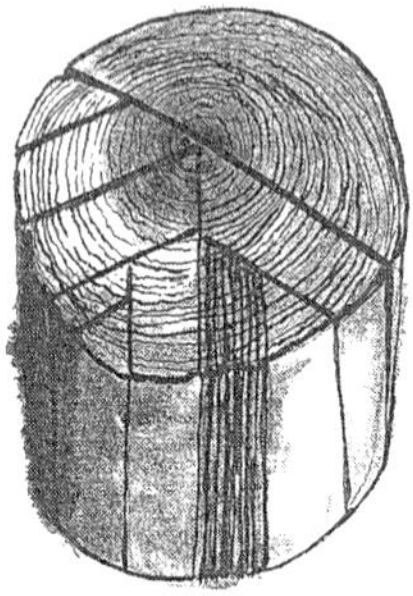

図8　大割とヘギの例（『失われゆく飛騨の民具と民俗』）

図9　板へぎ（『萩原の職人衆』）

っていたという（図9）[47]。一人前で一日五〇〇枚（二尺物）へぐことができるという。なお、クレ板の長さについて、二尺、二尺五寸の規格のものは『岐阜県益田郡誌』と『岐阜県小坂町誌』でみられ、三尺のものは『岐阜県百科事典』でみられるものである。

なお、前出の大正初期の『岐阜県林産物一班』では、旧大野郡清見村のクレ板製造に関わる項で、クリ材を用いたクレ板作りの方法について詳しく記されている。

「栗板を剝ぐには」として、「先ず三尺くらいの長さに伐り、大割と称する両刃にして、刃の長さ九寸内外の大鉈を以て槌及び矢の力を借りて大割し、焚火の上に皮の少し焦げる迄温めて批《へ》ぐものとす。これを批ぐには〈マンリキ〉と称する刃の長さ八寸を有するものにて、柄に力を入れて批《へ》ぎ、尚ほ〈切符〉と称する仕上げ包丁にて仕上ぐるものとす、クリの榑板一棚は方三尺、高さ約百枚積みを以てす。一棚を批ぐには約三日を要す[35]」。

クレ板作りの工程は先の萩原における「榑剝職」にみられたものと同様である。へぐ作業に先立って、焚き火で材を温めスムーズに裂けるような細かい手立てが講じられている。なお、旧清見村の榑板作りは同村のホウ歯造りや麦酒箱造りなどとともに『岐阜県林産物一班』に挙げられており、大正初期に於いて、規模は小さいものの林産加工としてクレ板生産が行われていたことがわかる。いずれにしても、大正初期のクレ板作りについて知ることができる貴重な文献であろう。

さて、このような手間をかけて作られたクレ板と、鋸で挽いた板との違いについては、日本各地の文化財の石置き屋根の葺き替え工事を手掛けている石置き木羽葺き職人鈴木弘氏によれば、「鋸で挽いたものは、木の繊維が切れているので天日に当たるとそりかえるし、葺いた時に板と板とがぴったりとくっついて空間がないので、毛細管現象で水が中に吸い上がってしまう。手割のものは適度に隙間ができて水は上がらない。また、手割のものは雨水が玉になって木目に沿って流れ、水切れが良い[49]」とされている。クレ板材に求められる耐水性、耐久性が「へぐ」という方法により支えられてきたことを知ることができる。

次に、「家の管理と手入れ」の「ヤネガエ」の項では次のように記されている。

「クレは風にさらされて傷むので、それを三年目にテマガエで、悪くなったクレを差し替える。この作業をヤネガエという。時期は春もしくは秋である。イロリの煙でふすぼったクレを取り替えるのは、体も真黒になり大変な仕事で、天気を見計らってせねばならないし、気苦労なことでもあった。手伝いの人数も計算し朝のうち半分、昼から後の半分をすませる位の予定のもとに、早朝から始めた」。

ここでも、親戚と近隣の家の「手間替え」によって行われているが、取り換え作業の大変さもさることながら、旧小坂町でもあった「一日で終える」ための段取りにも腐心しなければならなかったことがわかる。

b．旧萩原町四美在住の今井達郎氏に聞く

今井達郎氏（昭和元年生）は前出の熊崎家と同じ四美《しみ》在住で、長年地元の農業協同組合の組合長などを務めてこられた方である。

ここらでは、瓦に替わるまでは板葺きで、クリのクレ板を使った。昔から屋根にはクリということに決まっており、各家々では自分の山のクリの木を大切にし、屋根用のクリとして大切に管理していた。そして、葺き替えの時に使えるように準備した。「栗は大事、屋根に大事」と言われてきた。

私の家の二町歩ほどの山のことでいえば、「ここは来年」、「ここは翌々年」と屋根の葺き替えに使うクリを決めて管理していた。クレ板作りに使えるクリは直径三〇～四〇センチのもので、七〇年～八〇年くらいの木である。葺き替えの年にはこのような木を七～八本伐った。クリの木は下の方から太い枝が出易く、節のない太い幹の部分は意外と少ないので、結構本数がいることになる。なお、この山では、小さい時にはよくクリ拾いをしたものである。

板葺きに使ったクレ板は長さ六〇～七〇センチ、幅七センチ、厚さ七ミリ程度であった。クレを作る職人はクリの木を伐った山の現場へ行って、そこで、へ（批）いでクレを作った。クレはマンリキという道具を使い年輪に直角になるようにへ（批）いだ。素人でも慣れればできないこともなかったが、さすが職人は仕事が早かった。へ（批）いだクレは束ねて積んで置かれたが、特に覆いを掛けることもなかった。さすがに、雨ざらしの屋根や鉄道の枕木に使っても何年も腐らず護ってくれるだけあり、大したものだと思う。クリの木が腐りにくいのは天下一品である。このクレは葺き替えをする時に家まで運んで葺き替えに使った。私の山は道路に近かったので、クレの搬出は苦労しなかったが、山が奥まったところにある家はクレを搬出するのにかなり苦労した。

屋根の葺き替えは一年おきにした。白川郷のように大規模ではなかったが、親戚・隣近所の「結《ゆ》い」で行った。一五人～二〇人位であった。屋根全体のクレ板をめくり、腐っているものは捨て、残したものと新しいものとで葺き直した。一年に二回ほど、どこかへ結い返しに行った。

瓦に替わり始めたのは資産家の家からで、昭和五、六年のことで、一般の家もそれに続いていくことになる。瓦はセメント瓦で、施工する家の庭で職人がセメントで瓦を作り、それを使い瓦葺きがされた。昭和三〇年代が大きな変わり目だったと思う。

なお、戦後すぐから昭和三〇年代後半にかけて、頻繁に国鉄の下請け業者が枕木用のクリ材を買い付けにきた。業者が山のクリの伐採現場まで来て運び出して行った。そして、昭和四〇年（一九六五）頃には、近辺の山にあった大きなクリはほとんどなくなってしまうことになった。この時代は、戦前までは盛んであった養蚕は振るわなくなっていたので、枕木からの収入は期待されるものではあった。

クレ板作りの材料として求められる木は樹齢が長いだけではなく、太くて、節ができるだけ少ないものであることから、周辺の雑木の伐採や枝打ちなどの栽培管理も必要であったと思われる。このように、各家々の持山で屋根の用材としてクリが大切に管理されていた。また、鉄道の枕木のためのクリの木の伐採については、旧下呂町の項でも述べたが、ここでは、それによって、クリの木が姿を消すほどになってしまったというから、いかに枕木へのクリの需要があったかが窺える。今井氏によれば、その結果として、その後クリの植林はされたものの、現在、木材として利用できるものは少ないため、ヒノキに匹敵する価格となっているといわれる。

また、話の節々から、クリ材は腐りにくい木であるという徹底したクリの木に対する信頼感と畏敬の念さえ感じとられる。そして、「屋根にクリを使って来たのは先祖の知恵である」「クリの木は本当に尊かった」と締め括られた。この地方の人々の暮らしの中におけるクリの大きな存在が言い表わされた重みのある言葉である。

⑥　旧吉城郡丹生川村（現・高山市）

岐阜県旧丹生川村は旧大野郡の北東部に位置し、乗鞍岳山麓にあたり、南の一部は旧高山市と隣接する。

前出の『丹生川村史・民俗編』の「榑葺き屋根」の項(38)では、「屋根の形式は茅葺きと板（榑）葺き屋根に大別されるが、本村は板葺き屋根であった」としている。榑《くれ》の材料については、「主として、栗や椹《さわら》を使用した。本村の農家の屋根材はほとんど栗の榑であった。椹・ネズの榑は神社や寺院に用いることが多かった。椹やネズは栗に比べ変形しにくかったという。栗は耐水性に富み耐久力があり、しかも割り易く安価であった」としている。サワラ、ネズについては、ともにクレ板の材料として用いられた主要な樹種であったことは先述したところであるが、これに比べ、クリは安価で入手できたことがわかるし、それぞれの特性を考え利用されていることを知ることができる。また、「栗材を剝ぐと年輪の溝が深く、雨が溝を伝わって流れる」とも記されており、クレ板材としてクリ材がもつ耐水性や耐久力に繫がることであり興味深い。この他「新築する家では、三年ほど前から山で栗の木を伐り屋根材のほか土台の材料としても乾燥させておいた」とされている。新築する折には、三年も前から準備に入るとあるが、相当量のクレが必要となり、その確保のため、平素から山のクリの木の管理も行われていたことが推測できる。

板葺き屋根の維持については、「毎年屋根を点検して悪くなった榑は差し替えた」とし、「榑葺きの屋根で葺き替えるのが習俗であった」と記されている。先述の下呂町、小坂町の隔年及び三年に比べ短く毎年とされており、違いはあるが、地域に根付いた恒例の行事的なものであった様子が窺える。

榑葺きの屋根の変化については、「隣接する高山市では大正末期から昭和初年頃までに榑葺きの屋根から瓦屋根やトタン屋根に変わっていった」とし、トタンの入手が容易になったことと火災予防をその要因に挙げている。同村の榑葺き屋根の変容については、昭和三五年のO家における本屋根葺き替え工事（榑葺きからトタン葺き）の覚書が資料として示されている。詳細は分からないが、昭和三〇年代が移行期であったことが推測できる。これは旧下呂町における移行期とほぼ同様である。

なお、鉄道枕木のためのクリの伐採については、「高山線の開通で鉄道の枕木として栗の原木が伐採され、栗材も少なくなった」としている。高山本線の全線開業は昭和九年（一九三四）であり、昭和初期のこの鉄道建設の過程でのクリ樹の伐採はクレ葺きに使うクリ材入手に影響を及ぼしたことがわかる。

⑦　飛騨民俗村の榑葺き屋根と栗材

高山市にある飛騨民俗村では、合掌造りなど六棟の茅葺き民家、七棟の榑葺き民家をはじめとする江戸から明治時代の飛騨の代表的な民家や作業小屋など三〇数棟が移築され、飛騨の昔の農山村風景が再現されている。この中の江戸時代中期建造の榑葺き民家である旧田中家（旧所在地、旧大野郡冬頭村）は国指定重要文化財である（写真13）。なお、榑葺き屋根の材料となるクレ板を保管する「榑小屋」も見られる（写真14）。

「飛騨民俗村」創設に大きく寄与した陶芸家・郷土史家の長倉三朗氏が書き残したものを主な資料として作成された「飛騨民俗村」ホームページの「飛騨民俗村の使命」[50]、「榑葺き民家とは」[51]には、大略以下のようなことが記されている。

「榑葺き屋根の民家は茅葺きに比べ注目されないが、これらを残すことは飛騨民俗村の重要な役割である。飛騨の民家というと合掌造りが有名であるが、飛騨地方の中央部にあたる古川、国府盆地から高山盆地、南にかけての農家や町屋は榑と呼ばれる板を葺き、石を置いた切り妻造りの建物がほとんどを占めた。榑の材料としてはネズ、サクラ、カラマツ、ナラ、クリが用いられたが、中でもクリ材は一番耐久力に優れ、水に強く腐りにくいため、屋根を葺くのに適しているとされた」。

現在、飛騨民俗村では榑葺きにはすべてクリ材が用いられ、「榑小屋」に保管・展示されているのはクリ材のクレ板である（写真15）。そして、村内の民具作り実演では「くれへぎ製作」も設けられ、現在では数少なくなったクレヘギ職人として知られる山口末造氏（昭和二年生）により行われている（写真16、17、18、19、20）。また、経験豊富なボランティアガイドによる案内も行われている。その一人である高山市（旧大野郡朝日村）在住の岩田秀夫氏（昭和五年生）からは、旧大野郡を中心とした教職経験を踏まえた、当地方のクリ材の榑葺き屋根の話をお聞きすることができた。民家展示とともにこのような一つ一つの取り組みの積み重ねを通じ、飛騨地方の住まいにおけるクリ材の利用が総合的に示され、ひいては、飛騨の人々の生活とクリとの深い関わりを知ることに繋がっていくものと考える。

写真13　（上）　旧田中家（高山市　飛騨民俗村）
写真14　（下）　榑小屋（同上）

写真18　榑ヘギ道具・ヘギ台

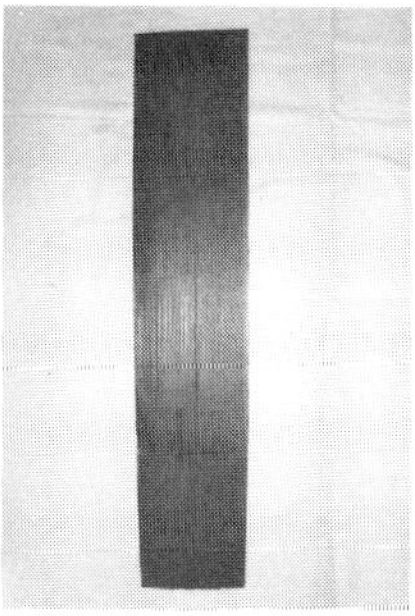

写真15　榑（くれ）

写真19　榑ヘギ材料置場（クリ丸太材）

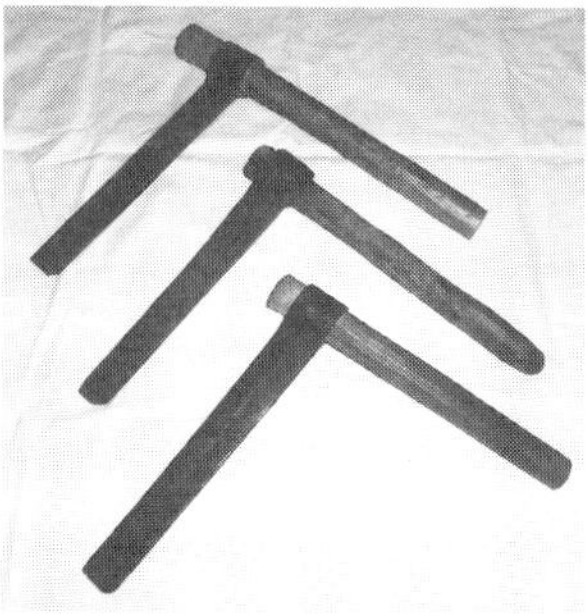

写真16　榑ヘギ道具・万力（まんりき）

写真20　へぐ前の材と束ねられたクレ材

写真17　榑ヘギ道具・槌（つち）

（写真はいずれも高山市飛騨民俗村）

三　栗の栽培研究の黎明から栽培の普及へ

(1)　大正二年（一九一三）の「栗品種名称調査会」

まず始めに、この項では前出の並河淳一氏の『果樹品種名雑考』（一九八三年）の「クリ（一二）」[52]を参考にしているところが大きいが、歴史的・資料的内容については、逐一引用文献として示していないことを断わっておく。

果樹園芸学者志村勲氏は日本のクリの栽培史について述べる中で、「江戸時代の後半になると各産地の栽培グリにも品種名がつけられた。現在の主要品種の一つである銀寄《ぎんよせ》（大阪府能勢町原産）は天明・寛政（一七八一～一八〇一）の頃からの著名品種である」[53]としている。そして、「各産地で優良系統が選抜され、品種名がつけられて増殖されるようになったが、異名同種、同名異種が混在する状態であった。明治末期になると殻果としてのクリの有利性が認識されて園地栽培も行われるようになった」[54]と述べている。ちなみに、「銀寄」はいわゆる丹波グリで、現在においても「筑波」、「丹沢」とともに主要三品種としてあげられるものである。さて、このような中で、明治三九年（一九〇六）五月、京都府において農事試験場綾部分場が丹波グリ生産地の何鹿《いかるが》郡綾部町（当時）に設置された。ここでは蔬菜畑のほか栗山一町六畝二歩が買収され、丹波グリの試験と調査に着手した。これはわが国における公的機関でのクリについての研究の始まりであるとされる。主として品種と接ぎ木法の試験が行われた。ちなみに、農商務省農事試験場（興津〈静岡県〉）でのクリ品種試験は明治四三年（一九一〇）からである。

明治四三年、京都府立農事試験場綾部分場に着任した八木岡新右衛門氏はクリの品種試験を行ううちに、異名同種、同名異種があまりにも多いことから、品種名の統一を思い立った。そこで、本場長や丹波グリの主産地であった大阪府と兵庫県にも提案し、賛同を得て、大正二年（一九一三）九月、「栗品種名称調査会」の開催と出品を全国に呼び掛けた。このときの「趣意書」は当時のクリの生産、果樹園芸分野においてクリがおかれていた位置のみならず、園芸界の状況も知ることができる貴重な資料と思われるので記しておく。

「我国に於ける栗の栽培たるや古く、従って亦能く普及されたるものの一つたり。最近の調査に依るに栗実の年産額四百五拾万円に達し、果実としても梨、桃、苹果の上位にあり。加ふるに其材質利用の点に至ては他の果樹に望むべからざる特典あり。其果実は世界に於いて比肩なき最大なる優良種たり。然るに之が研究至て尠なく、殆ど世人より忘れられたるやの感あるは遺憾なり。（中略）然るに従来其品種案外多数あるに不拘各勝手に名称を付し、所謂同物異名又は異名同種ありて雑駁極まれりと云ふべし。呼称に不便にして学問上はもちろん商取引上不便少なからざるなり。園芸界の大勢は何れも改良を加え、時代の嗜好に好適せる新品種の育成に努め、現に続々優良なる新品種の発表を見るの現況たり。栗のみ此伴侶たるを得ざるの理あらんや（以下略）」(52)。

まず、大正初期においては、クリの年産額はナシ、モモ、リンゴを上回っていたことがわかる。そして果実だけでなく材の利用の価値もあることを強調している。これは、すでに「栗材の鉄道枕木への利用」の項で述べたことである。また、ニホングリが世界に誇れる大型のクリでありながら、異名同種、同名異種があまりにも多く、研究も少なく、「世人より忘れられたるや」と辛辣に表現している。そして、他の果樹において品種改良により新品種が生み出されているのに比べ、クリのみ遅れた状況にあり、手だてを講ずる必要があることを切々と訴えている。

この「栗品種名称調査会」の呼びかけに応じて、合計一一三点の出品があった。出品県は京都のほか、兵庫、大阪、岐阜、新潟、山口、静岡、山梨、長野の九府県と朝鮮である。朝鮮からの出品は一九一〇年の韓国併合による。ここでは、「同物異称」の統一が行われた。一例をあげるならば、銀寄、銀由、銀善、銀芳香、銀吉は「銀寄」に統一された。また、各主産県の栽培概要や優良品種の発表もなされた。なお、毬《いが》や果実各部の名称の確認もこの会でなされており、「栗品種名称調査会」が行われた大正二年（一九一三）はわが国のクリ栽培研究元年といってもよいと思われる。

さて、クリの学術的な栽培指導書としてはじめて出版されたのは大正元年（一九一二）発行の農商務省農事試験場園芸部の恩田鉄弥と村松春太郎の両氏による『実験柿栗栽培法』[55]とされている。同書では、一〇のクリ品種があげられ、説明がなされている。摂丹地方のものとしては、「銀寄」、「鹿《か》ノ爪《つめ》」、「長光寺」、「霜カツギ」があげられ、図や写真も付されている（図10）[55]。一〇のクリ品種の中には「丹波栗」も一品種としてあげられてはいるものの、品種の明確な分別という点では充分なものではない。

一方、先の「栗品種名称調査会」開催に先導的な役割を果たした八木岡新右衛門氏は大正四年（一九一五）に、『実験・栗の栽培』(56)を刊行している。同書には第一編から第十五編の細目が設けられ、前述の『実験柿栗栽培法』の栗の部が六〇頁余りであるのに対して五〇〇頁に及ぶ大著である。並河淳一氏が「参考文献の少なかった時としては、まさに驚嘆に値するものであった」(52)としているのも頷ける。

ここで少し特徴的な点について触れておく。第三編「性態論」では、栄養器官と生殖器官の形態について詳しく記されている。とりわけ、栄養器官では、三五品種の葉の「発葉期」、「枝上ニ於ケル姿

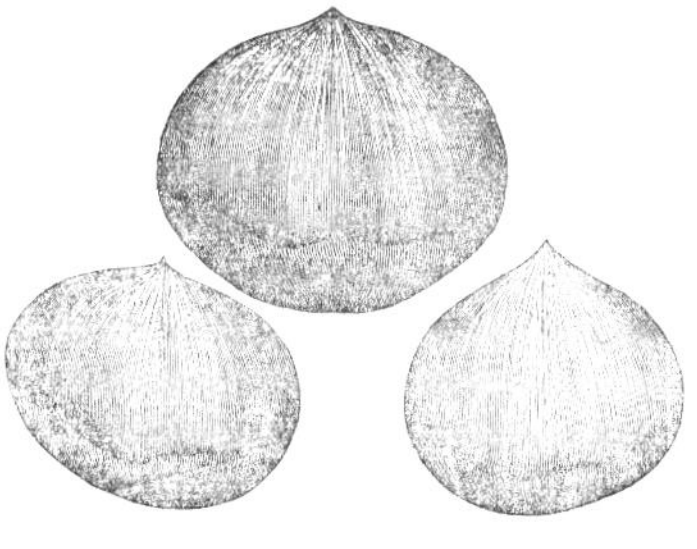

図10　代表的な「日本種」の栗
(『実験柿栗栽培法』1912年)

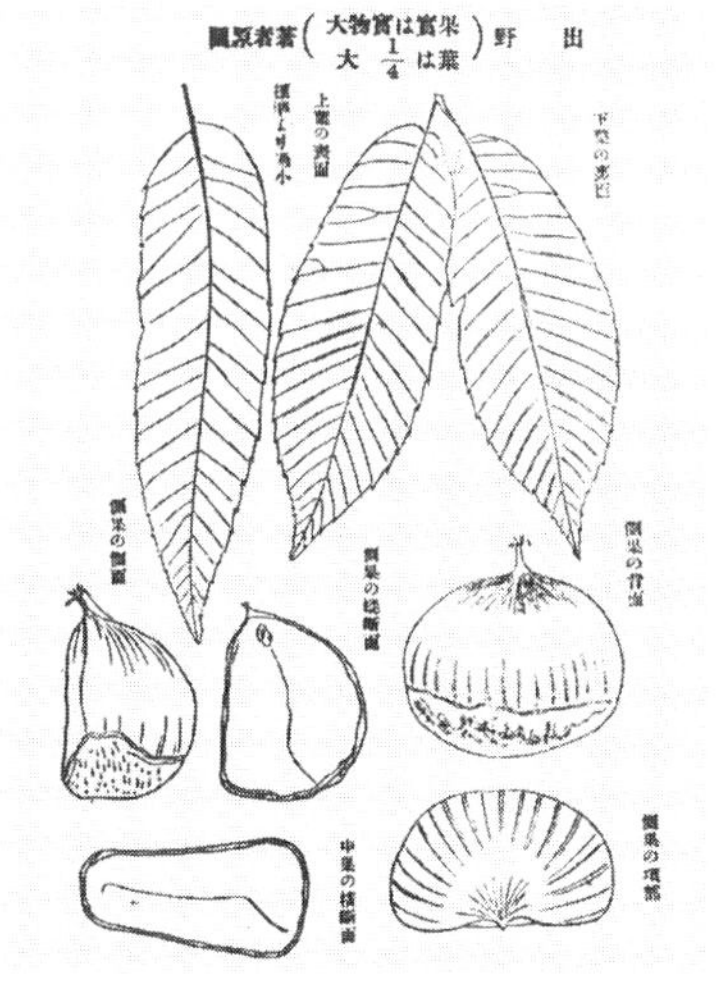

図11　優良品種としてあげられた「出野」の図
(上半分：上葉と下葉、下半分：側果と中果)
(『実験・栗の栽培』1915年)

勢」、「大小」、「色沢」、「欠刻の状態」、「落葉期」について調査した結果が表にまとめられている。生殖器官では、先の「栗品種名称調査会」で確認された毬《いが》と果実の各部の名称が記されている。現在使用されている名称とほとんど変わらないことには驚く。第五編「品種論」は一二〇頁と全体の四分の一を占めており、同書の意図が窺える。優良品種は二〇品種、全体では六七品種があげられ、説明がなされている。六七品種中四四品種に図が付され、過半数にあたる二七品種では、果実とともに葉の形態も同等のスペースをとって記されている（図11）[57]。果実だけの図も一〇品種あるが、葉だけを記した品種も七品種みられる。葉の形態も上葉、下葉、表、裏が記されているものが少なくない。八木岡氏が葉の形態を品種の識別に用いようとしたことが窺えるし、その細かな観察による仔細なスケッチによる原図から、氏の品種識別にかけた気迫が読み取れる。八木岡新右衛門氏は綾部分場が大正五年（一九一六）に閉鎖が決定されたため退任し、大正一三年（一九二四）には茨城県農会幹事として帰郷し、新しいクリ栽培の技術の導入と普及に尽くした。並河氏は、「八木岡氏は（中略）今日では全国第一位の茨城グリの基礎をつくられた[52]」としている。並河氏の論稿が掲載されている『果樹品種名雑考』から、三〇年ほど経た現在においても茨城県のクリの生産量は全国第一位で、確固たる位置を占めている。

　これらのことを合わせ考える時、わが国のクリ栽培の黎明期において、八木岡新右衛門氏の果たした役割は特記すべきものであると思われる。

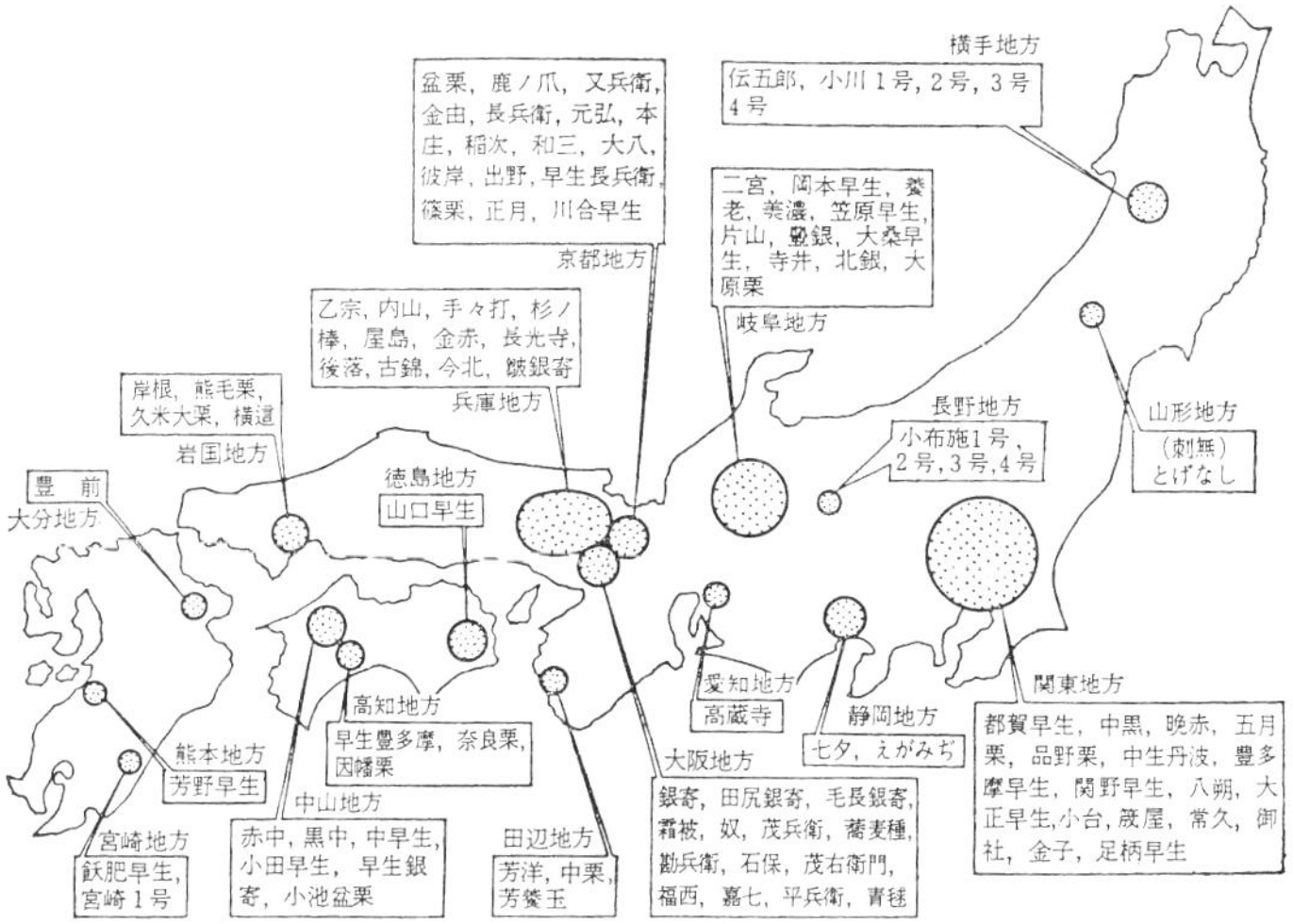

図12　過去に栽培された品種の原産地分布図（『果樹園芸大事典（第五版）』養賢堂）

(2)　大正二年の「栗品種名称調査会」後の研究・栽培の広がり

この「栗品種名称調査会」を契機として、クリの品種に関する研究が各地で始められた。農林省園芸試験場では、昭和初期において全国より著名品種を収集し、その特性調査を行い、優良品種が選抜されている。(54) ちなみに、『果樹園芸大事典（第五版）』（養賢堂、一九八四年）のクリの項では、「過去に栽培された品種の原産地分布図」が示されている（図12）(54)が、クリが救荒作物として各地で栽培され、地方品種として発達してきた様子が窺い知れる。

そして、選抜されたクリ優良品種は普及に移され、栽培面積・生産量が増加し、園地栽培もおこなわれるようになった。

この様子を知ることができる大正後期と昭和初期の二つの資料を見ておく。

① 大正一二年（一九二四）の『栗樹の増殖に就て』[58]

岐阜県武儀郡郡役所が刊行したもので、武儀郡は、近世中期の『産物帳』において最も多くのクリ品種の記載があった美濃国の中で、抜きん出て記載が多かった加茂郡に隣接する地域にあたる。

『栗樹の増殖に就て』は本文二四頁のコンパクトなものであるが、序文、総論、栗ノ分布、優良品種、繁殖法、栽植法、栗ノ有利ナル点、栗林収入概算、収支比較概算、結論のほか、当地域で推奨品種とした「美濃栗」の三年生樹、五年生樹、八年生樹それぞれの結実状況の写真を本文に先立って三頁を割き掲載している。クリの学術的な栽培指導書として初めて出版された大正元年の『実験柿栗栽培法』と同様な形式をとっているものの、同書刊行の一〇年後に県の一郡役所が当該地域の土壌の特性についても触れ、推奨品種をあげたこのような冊子をつくったことには驚く。同時に、当地域のクリの増殖への意気込みが読み取れる。

② 昭和九年（一九三四）の『山村副業叢書第二編・栗栽培法』[59]

これは、「栗材の枕木への利用」の中で触れた論稿の掲載誌と出版物の発行元であった岐阜県山林会によるものである。

同書の刊行については、「今回岐阜県においては宮脇知事の創意により町村技術補導員が設置せらるゝ事となり、林業副業関係に七十八名を設置せらるゝに至った（中略）其参考竝指導用の資料として、茲に林産副業叢書の刊行を見るに到った」とされている。第一次の刊行は栗のほかに、『山葵《わさび》栽培法』と『椎茸栽培法』である。ここで、『山村副業叢書第二編・栗栽培法』の内容をみることにする。

まず、「刊行に際して」では、「世界経済挙げての経済ブロックの樹立、維持に狂奔する国際問題と謂ひ」に始まり、結びで、「補導員諸氏竝當業者各位」に対してとして、「此の小冊子を有効に利用し、山村経済厚生に寄与するとともに、わが国食料問題解決の大事業に参加せることを自覚し」としている。昭和四年（一九二九）末以降の世界恐慌の一環として勃発した昭和恐慌に伴ってもたらされた農業恐慌下の緊迫した政治経済情勢が窺い知れる。

第一章「栗栽培の特徴」の中で、「栗の如くに多くの長所を有する果樹は稀であらう」として幾つかの長所を挙げ、「今や農村不況、産業振興の聲旺なる秋に際し斯る長所を有する栗が古の如く単に森林植物の一つとして軽視されている筈がなく近年に至りて其の栽培の増加は実に目覚ましいものである（後略）」としている。当時の緊迫した政治経済情勢のもとにおける農村不況に対する手立ての一つとしてクリの増殖が挙げられている。なお、前出の志村勲氏は近代のクリの栽培史について述べる中で、「クリ栽培の盛衰は社会経済の好不況と関連し、不況時には農村振興策のひとつとしてクリ栽培が奨励されて多くの苗木が植え付けられた」としているが、これはその良い事例であろう。

第二章「栗の種類」では日本の主要品種として、「銀寄」を始め先述の「美濃」も含め九品種が挙げられて詳細な説明がなされている。ほかに、「支那栗」があげられて詳細な説明が記されている。

「所謂甘栗（平壌栗、咸從栗）として店頭に販売せられて珍重せられてゐるもので支那の山東省直隷省付近に野生し往古朝鮮の平壌付近に移植せられ現在内地の消費する甘栗年額百萬圓のうち七十萬圓は天津付近より三十萬圓は平壌付近のものが輸移入せられている。（中略）果形は小であるが甘み強く澁皮の薄くして剥皮の容易なる等品質に於ては断然日本栗を抜いてゐる」。

昭和初期において、「天津甘栗」は珍重されていて、それに用いられたチュウゴクグリが中国及び朝鮮から輸入・移入されていたことがわかる。また、甘さ、渋皮剥皮の容易さ等からニホングリをはるかに凌ぐものとして位置づけられていることがわかる。なお、大正元年の『実験柿栗栽培法』において、この「支那栗」にあたるものとしては「咸從栗」「平壌栗」として記載されている。その原産地についてはは触れられてはおらず、簡単な説明ではあるが、「内地産柴栗の如く小形なるも豊満にして肉量甚だ多く甘味に富み品質優等なり亦本種において最も賞用すべきは澁皮の甚だ離脱し易きにあり(55)」と、渋皮剝皮の容易さについて強調して記されている。

「支那栗」の説明の後段では、「茲《ここ》に於て岐阜県山林会は朝鮮の帝国大学演習林に依頼して平壌付近における最も優良なる支那甘栗の接穂数十本を移入して苗木を育成するとともに十余年生の栗樹に高接をして試験せる結果接木後二年目にして十数毬を着け且品質は支那輸入品と何ら遜色なきを認めたので今後県山林会において苗を頒布し大に増殖に努めることにしている」としている。県段階ではあるが、県の山林会が「支那甘栗」の適性試験を行い、良い結果を得て早速増殖に移していることには驚くべきものがある。

③「利平ぐり」と育成者土田健吉氏の足跡

先述したように、チュウゴクグリは果実の品質が良いこと、渋皮剝皮性が良好であることから、明治から大正時代にかけて一部導入され、日本の気象条件に適するように改良が行われ、いくつかの品種が育成された。ほとんど定着するものはなかったが、この流れの中で作出された「利平ぐり」は、現在、栽培面積で「筑波」、「丹沢」、「銀寄」に次ぎ、民間育種品種では最も多い代表的な品種となっている。「利平ぐり」について、その作出の経過を、作出者土田健吉氏の自伝『山村農業迷ひの四十年を省みて』と、塚本実氏（元岐阜県中山間地農業試験場特産課長）の『果樹品種名雑考』[60]のクリ（二）をもとに触れておく。土田氏の自伝は私家版で昭和三二年（一九五七）四月記とあり、長男の土田利信氏のご厚意で拝見させてもらった。利信氏は健吉氏の遺志をつぎ、県で二人目のクリの飛騨美濃特産名人として、県のクリ栽培振興にあたってきておられる（写真21）。

写真21 「利平栗発祥の地」碑と土田利信氏

「利平ぐり」は岐阜県山県郡（現・山県市）の土田健吉氏が育成し、昭和二五年（一九五〇）に種苗登録された。ニホングリとチュウゴクグリとの自然交雑による一代雑種実生といわれている中生品種である。渋皮がニホングリより剝がれ易いのが特徴である。

昭和二五年（一九五〇）三月一六日の官報にはさらに詳しく、

「利平ぐりは岐阜県山県郡大桑《おおが》村土田健吉氏が自宅の実生樹中で発見した。同氏の園は日本グリと支那グリが混植されていることと、本種の特性から、自然交雑の日支一代雑種と認められる。果実はやや大にして、銀寄より少し大きく、（中略）肉質は粉質で緊まり、甘味中位で品質は佳良である。（中略）料理用、加工用には適当でないが、焼きグリ又はクリ粉の製造には適当である。特に樹勢極めて強く、日本グリは到底栽培し得ないようなやせ地にも栽培見込み充分であることが大きな特徴と認められる」(60)としている。

菊池秋雄氏は、『果樹園芸学・上巻』（昭和二三年）の栗の項の「中国甘栗と本邦に於ける栽培の可能性」において、幾人かの研究事例に基づき、「日本栗と中国栗との交配実生の育成によって得られた種間雑種は渋皮の剝皮性を失ひ、目的の大半を犠牲にすることになる」(61)としている。このようなことからすれば、「利平ぐり」の登場は画期的なことであったと思われる。このような、「利平ぐり」が作出されるまでには土田氏の並々ならぬ努力があった。その概略を見ておく。

土田健吉氏（明治三六年生）の生家は明治維新まで庄屋をつとめた旧家であったが、家の零落のため、弱冠一二歳の時にその再建の重荷を背負うことになる。三面を山で囲まれた限られた耕地で生きるために米の多収穫にかけるが、成功はしなかった。そうこうしているうちに、祖父の代から山麓に植えてあったクリの中に、九月中旬に成熟する大粒の突然変異種（「大桑大粒」）が見つかる。一七歳の時に、祖父から接ぎ木技術の奥儀の伝授を受け、それ以来、クリ栽培と品種改良に力を注ぐこととなった。「大桑大粒」と村の在来種「大桑早生」を市場に出し、数年後には、主たる収入であった薪の売上代金を上回るまでになった。その後、当時の優良品種であった「豊多摩早生」、「大正早生」、「銀寄」等の産地を訪問して原種の分譲を受け、品種の比較試験を続けるかたわら、各青果市場、名古屋、岐阜へと販路調査も進めた。とりわけ、「大桑早生」は焼きグリとして好評で、前述の『山村副業叢書第二編・栗栽培法』の主要品種で取り上げられ、「成熟期が早いこと、甘味強く渋皮の剥離容易なるなどの特徴があるので岐阜市近郊においては非常に好評を博している」と説明されている。ただ、「近年まで、あまり知られなかったためにあまり普及していない」とも記されている。塚本氏によれば、土田氏は同書の作成にも関わり、「大桑早生」を紹介したとされることから、土田氏により村の在来品種が県段階ではあるが推奨主要品種となったことが推測できる。

この頃、天津甘栗が輸入され、大桑グリよりかなりの高価で取引されたため、今までに出荷していた名古屋の甘栗店の今井商店から甘栗種子をもらい播種した。しかし、結実までに一〇年ほどを要することから、当時朝鮮にあった東京帝国大学演習林より甘栗の接穂をもらって接ぎ木をし、翌年より結実をみた。そうこうしているうちに、実生の中国種も結実を始め、その中から数十種選抜でき、最終的に「岐阜一号」、「岐阜二号」、「岐阜三号」を選抜し、甘栗加工用として好評を得た。

その後、名古屋の今井甘栗店などへ足しげく通い、天津甘栗の充実した果実と渋皮離れの良さに魅了され、自家の「日支混植栗園」生産の種子を播いたりして優良品種作出に全力を注いだ。そして、種子を播いて育てた実生の結実を早めるためには接ぎ木が効果的方法だと気付き、各種実生の芽を太い台木に接ぐことに専念した。

しかし、昭和一二年（一九三七）に召集を受け、帰ってきたのは昭和一五年（一九四〇）九月であった。荒れたクリの研究林を見回るうちに、かつて古木に接ぎ木した中国系のクリ品種に大きなクリが結実しているのを見出した。試食したところ果実の形質は中国系に近く、日頃夢に描いたものであった。このときの感動を、土田氏は、「天與の品種か祖先の加護かと不思議に思うほどであった」と記している。前出の塚本実氏は、「祖父発見の大桑大粒と健吉氏作出の岐阜一号とが交雑し、両者の長所のみをとったようなもので」としている。早速、山林一・四ヘクタールに接ぎ木増殖し、昭和二二年（一九四七）に県に報告し、「利平ぐり」と命名発表、二三年（一九四八）には農産種苗法による登録申請し、昭和二五年（一九五〇）には登録第六号「利平ぐり」として名称登録された。なお、「利平ぐり」の名称は「利平治」という家名によるものである。

さて、「利平ぐり」で忘れてはならないのがクリタマバチ抵抗性を持っていたということである。クリタマバチに関しては別稿で詳しく述べるが、果樹園としてのクリの面積は大正時代末から増加してきたが、昭和一六年（一九四一）頃発生したクリタマバチの大きな被害を受け、生産は減退することとなった。この中で、土田氏が選抜したチュウゴクグリ「岐阜一号」、「岐阜二号」、「岐阜三号」も壊滅的な被害を受けた。

その後、クリタマバチ抵抗性品種が育成され、普及することによってクリの栽培面積は増加することとなった。予想だにしない被害を被ったクリ栽培を復興する上で、「利平ぐり」はクリタマバチ抵抗性品種育成の取り組みの中で作出された新品種とともに重要な役割を果たした。これは「利平ぐり」が『果樹園芸大事典（第五版）』では、クリタマバチ抵抗性品種育成の過程で作出された品種とされていることからもわかる。

なお、土田氏は前出の『山村副業叢書第二編・栗栽培法』が刊行された昭和九年（一九三四）には、前項で記した技術補導員に嘱託するという辞令[62]により県下のクリ栽培技術の指導を引き受け、同書には接ぎ木技術などを紹介することで貢献した。「利平ぐり」を始めとする多くの品種の育成、栽培技術の研究にとどまらず、地域のクリ栽培技術の普及においても重要な役割を果たしたことを銘記しておきたい。

④　昭和初期のクリ栽培の広がりに貢献した高接ぎ苗の開発

全国的にクリ栽培が盛んになったのは大正時代に京都府農事試験場、昭和初期に農林省園芸試験場において優良品種が選抜され、それらが普及に移されてからであることは先述した。志村勲氏はこの時代にクリ栽培を盛んにした大きな要因として、「昭和初期にクリ樹の枯損原因の一つである凍害の防止対策として高接ぎ苗が開発され普及に移されたこと」をあげている。クリの高接ぎ苗は、現在では、『果樹園芸大百科7・クリ』（農文協、二〇〇〇年）に、「クリ栽培は高接ぎ苗を使うことが常識になっている[63]」とあるように一般的なものとなっている。一九九四年開催の第二四回国際園芸学会議を機会に出版された『日本の園芸』（園芸学会監修）のクリの項では、「特徴的な技術」として、現在もクリの栽培技術では重要課題である「低樹高栽培」とともに、「高接ぎ育苗による凍害回避[64]」があげられている。低樹高栽培は栽培管理の省力化と高品質果実の安定的多収を目的としたもので、最近では超低樹高栽培技術も開発されている。このように、高接ぎ苗はクリ栽培における重要な技術であるが、その開発、普及に至る経緯についてはあまり知られていないので触れておくことにする。

『果樹づくりの技術と経営5　カキ・クリ』（梶浦実編著、一九五八年）では、「凍害はクリの病害で最も恐れられている胴枯れ病を誘発する大きな原因とも考えられていることからその対策を十分に立てる必要がある」[65]とし、その防止法の項で、「高接ぎ苗を使う方がよい」と記している。そして、「ふつうの低接ぎ苗は地上五～六センチのところに穂を接ぐが、地上三〇センチ以上のところに接いだいわゆる高接ぎ苗が効果があり、茨城県の兵藤直彦氏はこの方法で成功している」と説明している。ちなみに、果樹の種類によって異なる場合があるが、地表五センチ程度のところで穂木が接がれるのが一般的である。

このような高接ぎ苗を開発した兵藤直彦氏に関わって、『茨城のくり栽培と問題点』（茨城県・茨城園芸協会、一九六六年）では次のように記されている。

「大正八年茨城県新治郡志筑村下志筑（現千代田村）の兵藤直彦が、一三haの開墾地に安行産の中生丹波、盆栗および京都から導入した、銀寄、今北、長兵衛などの接ぎ木苗を植え、大面積の栗園経営を始めた。しかし翌九年に苗は異常に伸長し、次年には、うち、四〇%、さらに一一年には、実に八〇%が胴枯れ病によって枯損した。大正一〇年から一二年にわたり、原因を究明したところ、凍害がその主因であることを突き止め、高接ぎ苗の作出により、洪積地帯における被害対策を確立するにいたった。また、高接ぎ苗を販売して、凍害対策に貢献した」[66]。

壊滅的な打撃を受けたにもかかわらず、わずか三年ほどの間に凍害に起因する胴枯れ病であることを突き止め、現在では一般的にまでなっている高接ぎ苗を開発したことは驚くべきことである。

また、同書の「茨城ぐりの沿革」の項では、明治三一年（一八九八）、兵藤氏と同じ村の長谷川茂造氏に始まるとし、兵藤氏のほかに、先に述べた大正二年（一九一三）「栗品種名称調査会」開催に先導的な役割を果たした八木岡新右衛門氏を「茨城ぐり」育成振興に寄与した人物として挙げている[67]。八木岡氏については、「大正一三年に兵藤氏とともに農会幹事となった。大正一五年にはクリ指導園が県下一一か所に設けられ、改良伝習会が開催されてクリ栽培が全県下に普及したが、八木岡氏の手腕に負うところが大きい[67]」と高くその功績を讃えている。また、兵藤氏がクリ園を開いた千代田村（現・かすみがうら市）について、『茨城県大百科事典』（茨城新聞社、一九八一年）には、「筑波山と霞ケ浦の中間に位置し、本県で最も果樹栽培が盛んな村で、とくにクリは東京市場の八〇％を占めている」[68]としている。これらのことから、全国に名だたる「茨城ぐり」栽培の礎の構築において果たした兵藤氏の高接ぎ苗の開発の重要な意味と、八木岡新右衛門氏とともに「茨城ぐり」育成振興に果たした功績を窺い知ることができる。

なお、兵藤氏と同じ頃に、栃木県木村（現・野木町）の舘野英氏も高接ぎ苗を開発した。舘野氏は明治末に五ヘクタールのクリ園を造成し園地栽培を始めたが、凍害で枯死するなど全滅に近い被害を受けた。そこで高接ぎ苗の育成を研究して、大正六、七年頃、高接ぎ苗の実用化に成功し、凍害による枯死を大幅に減少させ、栃木県におけるクリ栽培の安定化に寄与したとされている[66]。

当時、茨城県のみならず近県でも、凍害はクリ栽培において極めて大きな障害となっており、高接ぎ苗が凍害回避に大きく寄与したことがわかる。

さて、高接ぎ苗と凍害回避に関わるまとまった調査研究は一九六〇年代後半に行われ、茨城県園芸試験場の檜山博也氏らは接ぎ木の高さと凍害発生との関係について次のような結果を報告している[63]。「接ぐ位置が高いほど凍害発生が少なく、四年間の枯死率は地際で接ぎ木したものが七二％、地上五cmでは六二％、二五cmでは三六％を示したのに対して、五〇cmでは六％、七五cmではわずか二％にすぎない。また、低接ぎ苗の凍害が多いのは、「耐凍性が最も弱い接ぎ木部が地際にあって、最も厳しい低温と激しい温度変化とにさらされるためである」[63]とされている。兵藤直彦氏らにより凍害回避の方法として高接ぎ苗の開発がなされてから半世紀ほどを経て、その科学的な裏付けがなされたことは意義深い。そして、現在、「クリは凍害、胴枯れ病、疫病などの被害を回避するため、台木の地上部五〇～七〇センチの高い位置で接ぎ木する[69]」として、高接ぎ苗の利用は一般的なものとなっている。

第四章　昭和・戦後期の暮らしと栗

一　クリタマバチの発生と全国的な被害の蔓延

先にも述べたが、全国的にクリの栽培が盛んになったのは大正時代以降である。その後、第二次世界大戦のため著しく生産が減退したが、戦後しばらくは回復傾向を示した。しかし、昭和一六年（一九四一）頃岡山県下で発生し全国に蔓延したクリタマバチの被害によって、クリ栽培は大きな危機に立たされることになった。元農林水産省果樹試験場長の梅谷献二氏は、「明治時代になり、リンゴを始め新しい果樹が海外から導入され、日本の果樹産業は新しい展開を見せたが、海外の害虫も侵入することになった。効果的な農薬も皆無だったので深刻な問題を提起した」[1]とし、このクリタマバチの登場は、「まるで、明治の侵入害虫事件の再現だ」とまでいっている。

（1）　クリタマバチについて

クリタマバチはタマバチ科のハチで、雌だけで繁殖（単為生殖）し、新梢の芽に産卵し、翌春、幼虫が発育を始めるとその芽は肥大して虫こぶ（ゴール）となる。虫こぶとなった芽は葉の展開が妨げられるので、多数寄生された場合はクリの生産に影響し、さらに樹全体が枯死することにもなる（図13）(2)。虫こぶにひそむ幼虫には当時新登場の万能殺虫剤とされたＤＤＴも効果がなく、後述のクリタマバチ抵抗性品種に託されることになる。なお、クリタマバチの起源については諸説があったが、今日では中国からの侵入害虫とするのが定説となっている。これについては後で触れる。

（2）　クリタマバチの発生と被害の蔓延

クリタマバチは昭和一六年（一九四一）に岡山県で発見され、昭和三〇年（一九五五）には津軽海峡を渡って北海道に侵入し、全国の産地に分布を広めた。全国に蔓延して、栽培グリの主要品種のみならず、野生のシバグリにも著しい被害を与えた(3)（図14）(4)、（図15）(5)。しかし、この過程で、品種間に被害程度の差があることが認められ、既存品種の中から「銀寄」を始めとする幾つかの品種がクリタマバチ抵抗性であることが確認された。なお、図14、図15に見られるように、クリタマバチの蔓延は刻々と進み、恐れられたことがわかる。このようなことを考慮し、被害の蔓延の状況を時系列に従い記すことにした。また、図15中のクリタマバチ侵入年度と以下記述の侵入年度と若干異なる場合があるが、依拠する資料の違いによるものである。

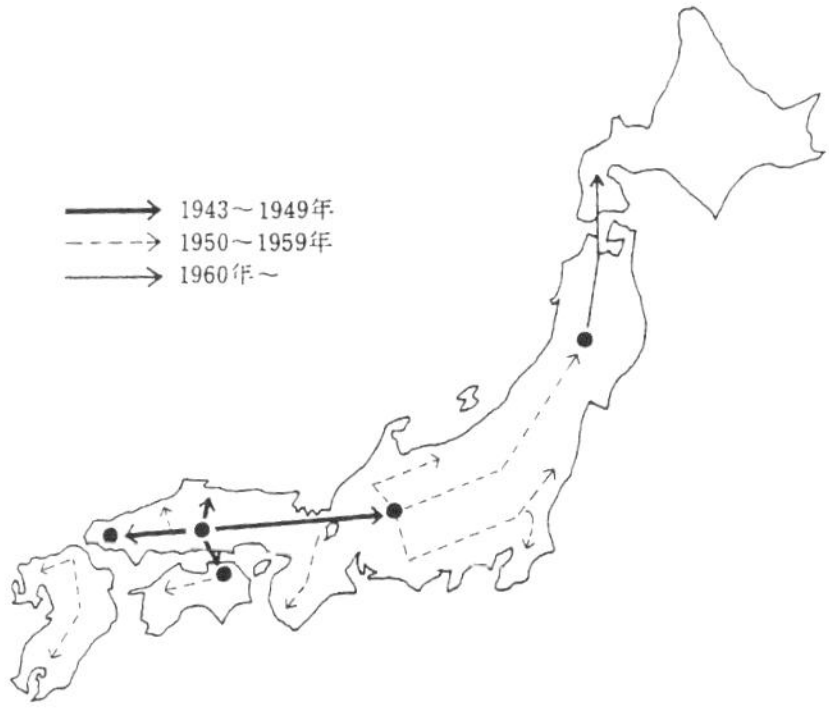

図14　クリタマバチの侵入経路
(『原色樹木病害虫図鑑』保育社)

図13　クリタマバチと虫こぶ
(『国民百科事典』1961年)

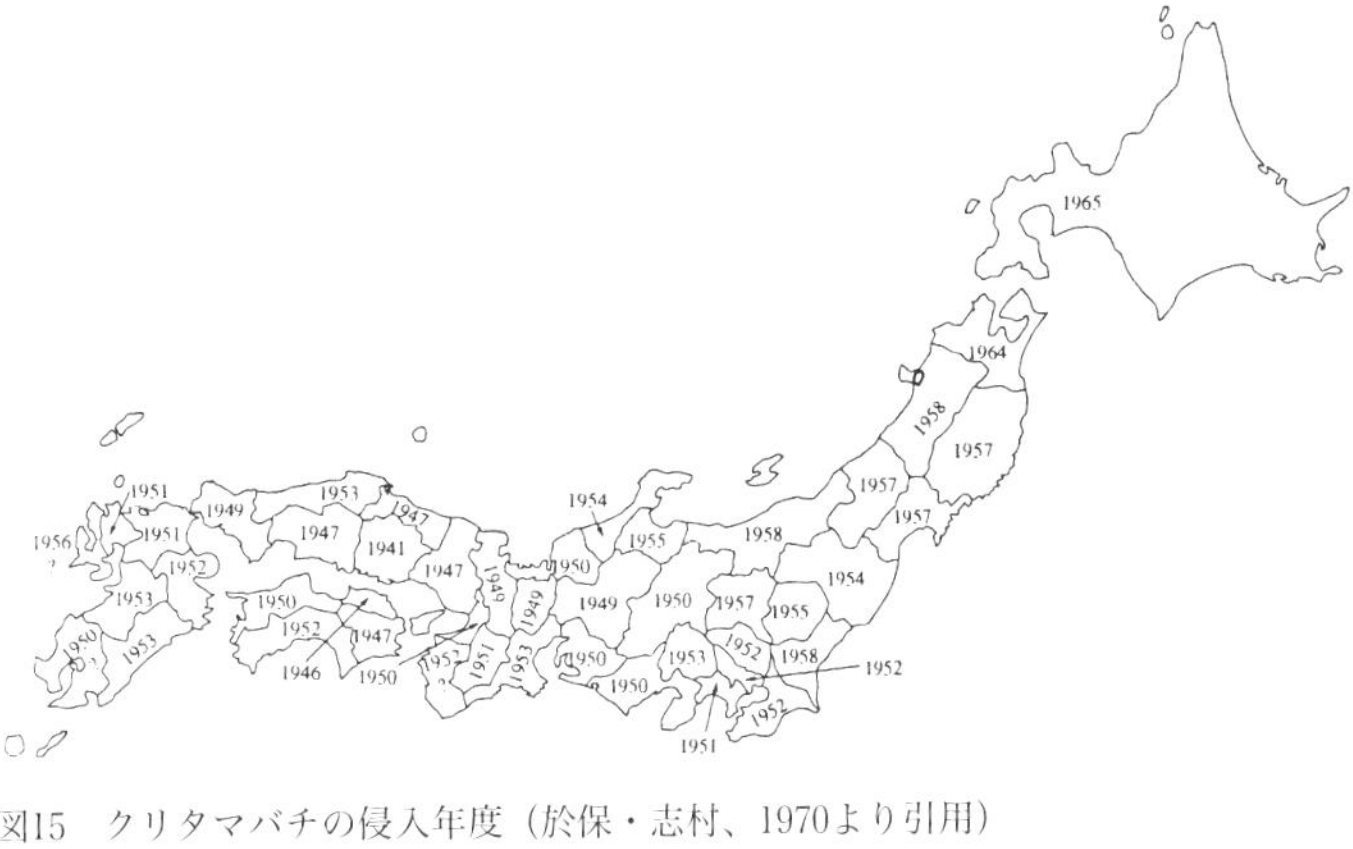

図15　クリタマバチの侵入年度（於保・志村、1970より引用）
(『クリタマバチの天敵』)

① 栽培グリへの被害

ここでは、主に『果樹農業発達史』（農林統計協会、一九七二年）[6]、および各県単位で編まれた百科事典類をもとに蔓延の経過の概略を見ることにする。なお、資料は各県の果樹園芸関連機関だけではなく、林業関連機関によるものもあり、それぞれ把握対象の範囲が異なっているので、たとえば、この資料中の被害面積をもって他県との比較をすることは難しいことを断っておく。

昭和一六年（一九四一）にクリタマバチが岡山県下で発見された。[3] この根拠とされているのは岡山県立農事試験場の白神虎雄氏の「栗の虫癭《ちゅうえい》に関する調査」（岡山県立農事試験場、一九四八年）中の次の内容である。

「昭和一九年（一九四四）の岡山県立農事試験場質疑応答録の久米郡弓削町農業会からの照会文に、新害虫は赤磐郡から侵入したものらしく、一九四一年ごろから散見され一九四四年に至って激甚になったとの記述がある[5]」。

なお、白神氏の調査報告書のテーマでは、「クリタマバチ」はみられず「栗の虫癭《ちゅうえい》」となっているが、次のような経過がある。岡山県立農事試験場で長年果樹の害虫の研究に従事してきた白神氏のもとに、今まで見たこともないクリの芽にできた虫癭（虫こぶ）が届けられたのは一九四六年のことであった。そこで、農林省農事試験場を介して、寄生蜂の著名な分類学者で東京農林専門学校教授の石井悌氏に同定を依頼し、一九四九年に「クリタマバチ」という和名がつけられた。[5] クリタマバチという名称が用いられるのはこれ以降ということになる。そして、その後に行われた形態的な特徴の詳細な検討の結果から、一九五一年、九州大学の安松京三氏により *Dryocosmus kuriphilus* という学名が与えられ、新種として記載された。(5)

昭和一七～一八年頃(一九四二～一九四三)〈京都府〉――乙訓郡大江村でクリタマバチの被害により栗園が絶滅。(6)

昭和二〇年(一九四五)――この頃から、関西地方の生産地で猛威を振っていたクリタマバチが次第に東上開始。(7)

昭和二四年(一九四九)〈兵庫県〉――県下の栗園でクリタマバチの被害甚大。農林省東海近畿農業試験場園芸部が兵庫県と共同で防除試験と被害園の調査を開始。薬剤による防除効果は認められなかったが、クリタマバチの被害は品種によって著しい差があることが確認された。そして、「銀寄《ぎんよせ》」、「岸根《がんね》」、「今北《いまきた》」、「豊多摩早生《とよたまわせ》」、「長兵衛《ちょうべえ》」、「金赤《きんせき》」、「鹿ノ爪《かのつめ》」等は本虫に対して抵抗性のあることが判明した。(6)

なお、当時の全国的な著名品種は、上記の品種の他に、「大正早生《たいしょうわせ》」、「笠原早生《かさはらわせ》」、「乙宗《おとむね》」、「赤中《あかちゅう》」、「中生丹波《なかてたんば》」、「霜被《しもかつぎ》」等があった。(8)

『日本の園芸』(園芸学会監修)のクリの項では、「一九五〇年頃には、抵抗性品種の存在が明らかになり、クリタマバチ抵抗性育種が開始された」(9)とされている。この兵庫のクリ園でクリタマバチに抵抗性のある品種が確認されたことは、クリタマバチ抵抗性品種育成につながる重要な「発見」ともいえるものであろう。

昭和二五年（一九五〇）〈愛媛県〉――越智郡大西町、弓削町に侵入し、二、三年で全県に広がる。(10)

昭和二六年（一九五一）〈神奈川県〉――足柄下郡、横浜市、川崎市を中心にクリタマバチが発見された。(6)

昭和二六年（一九五一）頃〈熊本県〉――県下においてクリタマバチの被害が発生。(11)

昭和二六年（一九五一）〈岐阜県〉――「利平ぐり」の作出者である土田健吉氏が戦後開園した「報徳農園」発行の「利平ぐり・説明書」(12)中で、土田氏が「利平ぐり」の試験栽培で関わった岐阜市雄総の農場でのクリタマバチの被害について次のように記している。

「昭和二六年四月末から五月にかけてクリタマバチの被害が最も甚だしく、柴栗、栽培栗を通じ殆ど全滅する程の被害を受けた。笠原早生、銀寄、傍士甘栗、利平ぐり、豊多摩早生其の他多数種のものが栽培されていたが此の中罹虫せぬものは利平ぐりと銀寄のみ」。

また、「利平ぐり」について、東京大学演習林（愛知県瀬戸市）とクリタマバチの被害の最も多い岡山県ですら無被害であるとの報告を受けているとしている。この後、「利平ぐり」はクリタマバチに強いクリとして全国に広がっていくことになるのである。

昭和二七年（一九五二）〈福岡県〉――県下の栗園でクリタマバチが大発生。(6)

昭和二八、二九年（一九五三、五四）〈熊本県〉――昭和二六年頃発生したクリタマバチの異常発生により栽培グリの大部分が壊滅的被害を受けた。(11)

昭和二八年（一九五三）〈愛媛県〉――県下で昭和二五年に発生したクリタマバチ被害ピークとなる。[10]
昭和一六年のクリ栽培面積（集団栽培地）は茨城県が一五九二町歩、愛媛県が一五三六町歩、兵庫県は六五二町歩で、[13] 全国のクリ産業という点からみても愛媛県おけるクリタマバチ被害は大きなものであったことが推測できる。
昭和二九年（一九五四）〈栃木県〉――この頃、県下でクリタマバチが発生。近県に比し遅かったのは、本県の栽培品種が「銀寄」主体であったため。[6]
これに関して、『栃木県大百科事典』（下野新聞社、一九八〇年）では、「クリタマバチは昭和三〇年頃、足利・安蘇地方から本県に侵入した。栗園ではこの頃までにこの蜂に抵抗性の品種である〈銀寄〉、〈岸根〉などに植え替えていて被害は少なかった[14]」としている。この頃には、「銀寄」、「岸根」などのクリタマバチ抵抗性品種への植え替えが積極的に行われていたことが推察できる。
昭和二九年（一九五四）〈茨城県〉――北相馬郡守谷町にクリタマバチ発生し、昭和三〇年には県下くり主産地で大発生。本県の主要品種「大正早生」、「中生丹波」は全滅の惨状を呈し、くり栽培は全くの危機に陥った。[6]
これに関わって、『樹木大図説Ⅰ』（上原敬二、一九六一年）のクリの項では以下のように記している。
「昭和二五年頃以後、クリタマバチによる被害が著しく、石岡市、新治郡千代田村等の栽培地では極度の減収となっている。昭和三一年度は、三四〇町歩の栽培面積がある千代田村では、常年の反当四〇貫が半減以下となっている。被害の著しい樹木は伐採して抵抗性の強い品種に更新するほかに途がない。茨城県当局はそのため生産グリ石当り二五円の補助金を出している」[15]。

昭和三一年（一九五六）のクリ栽培面積（集団栽培地および散在栽培地の両方を含む）は茨城県が一七九三町歩、次が兵庫県の五五九町歩で[13]茨城県における打撃の大きさが推し測れる。同時に、県当局の被害への手当の仕方も頷ける。

さて、『昭和農業技術発達史』第七巻（農林水産技術情報協会、一九九八年）によれば、「昭和三〇年頃までにクリタマバチの被害は全国に広がり、被害激甚[16]」とある。

このクリタマバチの猛烈な勢いでの分布の拡大について、当時、在野の著名なタマバチ類研究家であった山梨県牧丘町在住の枡田長氏は、一九五〇年ごろ知人から送られてきた徳島県産のクリタマバチゴールを用いて飼育実験を企てたが、牧丘を第二の発生地にしたくなかったのでその実験を断念したという[5]。クリタマバチの分布の拡大がいかに驚異的なものであったかを物語るものである。

最後に、岐阜県におけるクリタマバチ被害発生に関わる貴重な資料があるので見ておきたい。

『岐阜県林業試験場試験報告』第一号（昭和三一年）によれば、「本県におけるクリタマバチの被害面積は昭和二六年一八八四町歩、二七年一五七九四町歩、二八年一二五六三町歩、二九年一七〇〇二町歩に達し、従来耐虫性優良品種として奨励栽培されていた品種も次々とこの被害を被り、ついにクリ栽培は再出発を余儀なくされるに到った[17]」としている。先述の昭和三一年のクリ栽培面積の資料では岐阜県は四〇〇町歩となっており、ここでの被害面積とは大きく異なるが、それは山野のシバグリも含まれていることによるものと思われる。いずれにしても昭和二六年から二七年にかけて、一気に被害面積は八倍以上にもなっていることから、クリタマバチ被害の急激な進行拡大の様子がわかる。また、あえて「再出発」という用語を使わざるを得ないことから、その被害の甚大さも推測できる。

大正三年（一九一四）の『岐阜県林産物一班』の「飛驒の鉄道枕木」において、当時の飛驒地方では、材木としてのクリの重要性とともに食糧としても重要な役割をしていたことが記されていることについては前に触れた。これに関わって、『岐阜県林業史』の「特用林産物」の「栗の栽培」における次の記述は興味深い。

「昭和二四年から、一〇か年計画で県が増殖運動に乗り出した[18]」とし、粗放経営、集約経営に適する品種をいくつかあげて奨励したと記している。そして、「この経営は戦後の食糧不足を補う意味もあって、毎年八〇〇ヘクタールの山すそ地帯に、二〇万本ずつの植栽・接木を実行していく予定になっていた。しかし、昭和二六年から栗の木を加害するクリタマバチが発生を始め、（中略）大被害を被り、一〇か年計画は計画通り進めることができなかった[18]」としている。

終戦直後に計画された十か年にわたるクリの増殖運動という県のプロジェクトの目的として、「戦後の食糧不足を補う」ことが入れられている。当時のクリの利用形態の詳細は分からないが、岐阜県では、昭和二〇年代において、クリが食糧としての役割を担う状況にあったことは推察できる。この資料から、岐阜県の少なくとも農山村の人々の生活との関わりにおいては、クリタマバチの被害は見過ごすことができない問題となっていたと考えられよう。

以上により、昭和一六年（一九四一）に岡山県で発見されたクリタマバチが全国に蔓延していく経過とその被害を概観することができたと考える。

また、この中で「銀寄」を始めとする幾つかのクリタマバチ抵抗性品種が確認されていることは重要なことである。

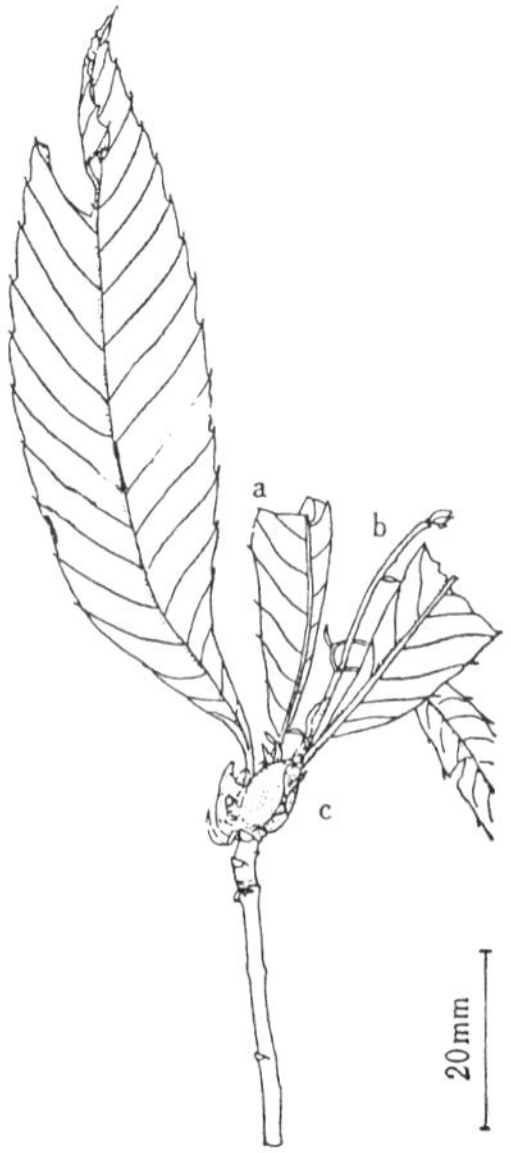

図16　クリ（ヤマグリ）
a：枯れ葉　b：枯れた一年生枝
c：ゴール（盛岡市下厨川、林試東北支場内、1978. 2)（『フィールド版落葉広葉樹図譜』〈一部改変〉）

② 「シバグリ」への被害（図16）[19]

この項の冒頭でも述べたように、クリタマバチの被害は野生のシバグリにも著しい被害を与えた。シバグリは古い時代から農山村では重要な食糧資源の一つであったことは先述した。クリタマバチが発生し被害が広がる前の時期にあたる昭和一八年の栽培グリとシバグリの生産量は、それぞれ、五一〇万二一二五貫、一四二万八二二貫[20]で、シバグリの生産量は栽培グリの三割弱にあたり、近代から現代にかけても大量のシバグリの生産があったことがわかる。

ここで、シバグリに及ぼしたクリタマバチの被害を全国レベルでみておくことにする。ただ、シバグリは栽培グリではないので、府県の農林関係諸機関のクリタマバチの被害の調査対象とはなりにくく、その実情の把握は難しい。限られた資料であるが、幾つかの県の百科事典類と『果樹農業発達史』などをもとにみておきたい。先述の栽培品種への被害の記述と重複したり、若干食い違うところがあるが、貴重な資料と考え、記すことにした。

なお、前述の「シバグリの生産量」は、必ずしも厳密に栽培種の原生種であるシバグリを指すものではなく、栽培グリ以外のものといった意味で「シバグリ」が用いられていると考えられる。本項の以下資料中でも同様であり、筆者が本項で用いているシバグリはそれに準ずるものであることを断わっておく。

昭和二八年（一九五三）〈宮崎県〉――西臼杵郡三ヶ所村でクリタマバチの侵入を確認。西臼杵郡の被害は一万四四七一町、三五万九三二五本に達した。当年直ちに地域住民ぐるみの駆除体制をしき、町村長を先頭に老若男女のみならず学童まで動員し、延べ二万九九人に及ぶ人々で一万七九七九貫の虫癭《ちゅうえい》を採取焼却し、二〇万二〇〇〇本を伐採した。その後、昭和三六年（一九六一）まで被害樹の倒伐を続け、その数八一万九〇〇〇本に達したが、クリタマバチの猛威には逆らうべくもなく、本県のくりは壊滅的被害を受けた(6)。

先述の昭和三一年のクリ栽培面積の資料では、宮崎県は第一〇位にも入っておらず、かつ一〇位の岩手県は三五〇町歩であることから、ここで記されている被害面積のほとんどは山野のシバグリを指していると考えられる。先の報告資料は宮崎県林務部によるものであるが、当時のクリタマバチの被害の蔓延に対して、県としても為すすべがない状況であったことがわかる。特に、クリタマバチが発生してから八年にわたって大量の被害樹の倒伐を続けなければならなかったことには驚く。これに関わって、果樹園芸学者の小林章氏は自著『果物と日本人』（日本放送出版協会、一九八六年）の栗の項で、「クリタマバチの被害は急速に全国的に広まり、昭和三〇年頃までの間に抵抗性品種を除く栽培品種の多くが侵され、山野に自生する芝栗を人為的に伐採し、被害の蔓延を防ぐといった程度の対策しかなかった(21)」と記している。当時、山野のシバグリはクリタマバチによる枯損という被害とともに、倒伐により大きな打撃を受けたことが推測できる。

さて、この西臼杵郡の資料では、クリタマバチの被害の甚大さもさることながら、被害概況が被害面積と被害本数だけでなく、虫癭（虫こぶ）の重さまで記録されていることは注意しておきたい。採集された虫癭は六万七〇〇〇キログラムに達する量で、しかも、学童まで動員されたというところから、当時、西臼杵郡地方の人々の生活においてクリがいかに重要なものであったかがわかる。

なお、地域挙げての虫癭採取に関わっては、前章で述べた「利平ぐり」の作出者のご子息で、クリの飛騨・美濃特産名人でもある土田利信氏によれば、次のようである。

「クリタマバチの大きな被害が出た昭和二〇年代後半には、森林組合からクリタマバチのゴール採取に対して補助金が出され、現金収入となったこともあり、村挙げてゴール採取が行われた時期がある。集めたゴールは小学校の校庭にうずたかく積まれた」。

宮崎県と同様なことが岐阜県でも行われていることがわかる。これに関わる他府県の資料は把握できてはいないが、この二つの事例が自治体や森林組合が主導的な関わり方をしているところからすれば、特殊なものではなく、他でも行われていた可能性が考えられる。

さて、民俗学者野本寛一氏は前述の三ヶ所村（現・五ヶ瀬町）の南に隣接する東臼杵郡椎葉村で、

「クリタマバチにやられるまではシバグリを毎年、五、六俵拾い、カチグリにし、①小豆と混ぜて煮る。②碾《ひき》割りトウキビ（トウモロコシ）・小豆・クリを混ぜて煮、丸めてイロリで焼く、といった方法でともに十時・三時の茶うけにした。焼き畑地跡の一部にヤマグリを植える習慣があった(22)」という聞き取り調査結果を得ている。五、六俵というと大まかにコメに換算すると、三〇〇～三六〇キログラムに相当し、「椎葉村のクリは主食の一角にくいこんでいた(22)」とされているのは頷けることである。このようなことを考えると、この地域におけるクリタマバチのシバグリへの被害は軽視できないものであったと思われる。

また、椎葉村で伝統的な焼き畑を長年にわたって営んでこられた椎葉クニ子さん（大正一三年生）からの筆者の聞き取りによれば、「昭和三〇年ごろまで、ヤマグリは産業組合（今でいう農協）で買ってくれ、現金収入になったので助かった」といわれる。食糧的な役割とともに、換金作物的な役割も持っていたことがわかる。

昭和二八年〈長野県〉――この頃、西筑摩郡山口村・読書村、下伊那郡遠山地方等に相前後してクリタマバチが侵入し、柴グリ等に大被害を与えた(7)。

野本寛一氏の『栃と餅』（岩波書店、二〇〇五年）の「救荒食物あれこれ」では、「褻《け》の食、主食としての栗」の小項を設け、長野県下伊那郡大鹿村の事例をあげている。

「戦前から昭和二〇年代までの松下家の飯は、麦七：米三の飯（五升）に対して栗粉三合を入れたものだった。栗粉は貯蔵した栗の実を水車で搗《つ》き、よく簸《はい》て粉化したもの(23)」。

同県大鹿村は前述の遠山地方の北に隣接する地域にあたり、同様なクリタマバチの被害を被ったことが推測できる。主食の一端を担ったクリの入手において大きな痛手となったことは想像に難くない。同県遠山地方というのは、遠山郷ともよばれ、県南部を流れる遠山川流域一帯の村々の総称で、遠山川の谷は中世より大正頃まで遠近《とおとうみ》（現在の静岡県西部）に出る最短路として賑わったところである。

この下伊那郡大鹿村と遠山地方が含まれる長野県南東部の「山栗」について、地理学者で、長野県立博物館長を務めた市川建夫氏は自著『日本の風土食探訪』（白水社、二〇〇三年）の「日本史の中の栗」の章で次のように記している。

「明治時代までわが国の山村では山栗の天然林が広く存在していた。特に南アルプスの中央構造線に沿った山村は山栗の宝庫で、秋になると朝飯前に一家総出で栗を拾った。その量は何斗というほど拾うことができ、自家用にするばかりか、浜松など東海地方の都市で商品化されていた(24)」。

「山栗」を自家用の食料として利用するほかに、前出の椎葉村でも見られたように商品として出荷もしていたことがわかる。また、市川氏は、『長野県百科大事典』（信濃毎日新聞社、一九七四年）の栗の項で、「赤石山脈と伊那山地とに挟まれた赤石谷はかつては山栗が多く自生しており、収集され大量に移出されていたが、鉄道枕木用材として伐採され、またクリタマバチの被害で、その多くは消滅してしまった(25)」とも記している。

これもほぼ同じ地域について記されたもので、まず、この地域の「山栗」は「消滅」という言葉で表わされるほどの被害を受けたことがわかる。そして、収穫された「山栗」が大量に移出されたとあることから、この地域にもたらされたクリタマバチの被害は食料の入手のみならず、各家々の現金収入の獲得、ひいては山村の経済にも一定の打撃を与えることになったのではないかと思われる。

昭和二八、二九年（一九五三、五四）〈熊本県〉——県下で、昭和二六年頃発生したクリタマバチの異常発生により、山野にあった芝グリが壊滅的被害を受けた。[11]

昭和三〇年（一九五五）頃〈愛媛県〉——県下で昭和二五年に発生したクリタマバチにより、同県のシバグリ（野生グリ）がほぼ全滅した。[10]

昭和三〇年（一九五五）〈栃木県〉——この頃、クリタマバチが本県に侵入した。栗園ではこの頃までにこの蜂に抵抗性のある品種に植え替えていて被害は少なかったが、山に自生する柴栗は多くが枯れた。[14]

以上、限られた資料ではあるが、クリタマバチが及ぼした山野のシバグリへの被害についてみてきた。その被害の甚大さもさることながら、戦中から戦後にかけての時代において山間地の人々の生活を支えたクリの姿の一端もみることができる。

(3) クリタマバチの起源と日本への侵入

以上のように、クリタマバチは昭和四〇年（一九六五）までには、わが国でクリが栽培されたり、あるいは自生しているすべての地域に分布を広げるようになった。一方、昭和三六年（一九六一）までには朝鮮半島での生息が確認され、昭和四九年（一九七四）にはアメリカへの侵入が確認されている。

さて、このクリタマバチの起源については諸説があったが、昭和五〇年（一九七五）になって中国原産の侵入害虫と結論づけられた。昭和五〇年に果樹害虫の天敵調査団が中国に派遣されることになり、事前の文献調査の中で、クリタマバチの記述が「発見」されたことに始まる。それは中国の栽培者向け普及書『栗棗柿栽培』（一九六四年）における「癭蜂」の記事で、日本で命名された学名（*Dryocosmus kuriphilus* Yasumatsu）を付して、成虫や被害図とともに紹介されていたのである。はたして、調査団は中国陝西省のクリ園でゴールを確認することとなった。

この結論を導く上で大きな貢献をした当時農林省果樹試験場の於保信彦氏と梅谷献二氏は、中国原産のクリタマバチは植物検疫が機能していなかった戦時中に中国から侵入したものであろうと推定した。

なお、天敵昆虫学が専門の九州大学の村上陽三氏は『クリタマバチの天敵』（九州大学出版会、一九九七年）の中で、「最初の発生から三〇年以上謎に包まれていたクリタマバチの起源について決着をつけたのは於保信彦・梅谷献二両博士である(5)」と両氏の偉大な業績を讃えている。クリタマバチの出生をめぐっては三〇年の間「謎」であり、「神話」とさえ言われていたので、起源の解明がなされたことは偉大な業績といえる。これとともに、クリタマバチの同定をし、学名をつけることに尽力した先述の石井悌氏と安松京三氏の存在も忘れてはならないであろう。

二　クリタマバチ抵抗性品種選抜と育成の取り組み

前項でも述べたように、全国的に猛威をふるったクリタマバチであるが、一九五〇年頃には幾つかの品種にクリタマバチ抵抗性があることが確認された。一方、クリタマバチ抵抗性品種の育成が緊急の課題であった農業技術研究所園芸部では大規模な育種に取組み、一九五九年に「丹沢《たんざわ》」、「伊吹《いぶき》」、「筑波《つくば》」を発表、民間育種家からは「森早生《もりわせ》」、「有磨《ありま》」などが発表された。

このようにして、クリタマバチの被害は抵抗性品種の選抜と新品種の育成によって軽減されることになった。現在植栽されている品種はすべてが抵抗性をもったものである。クリタマバチの被害が蔓延するまでの栽培品種は一五〇以上（二〇〇品種という説もある）[26]で、その後は二〇品種内外になったとされている。前出の志村勲氏の言に従えば、「クリタマバチの発生は栽培グリの品種に一大変革をもたらした」[3]ということになる。

(1)　クリタマバチ抵抗性品種選抜について

クリタマバチ蔓延初期には各種の薬剤防除試験が行われたが、効果が少ないため抵抗性品種以外に確実な防除法が見出せず、クリタマバチに抵抗性のない品種を淘汰し、栽培品種を整理することとなった。クリタマバチに対する品種の抵抗性は、クリ樹に着生する虫癭の程度によって結実量が影響されるか否かという実用的な見地から判定されている。

①　抵抗性が確認された主な品種について

既存品種の中から抵抗性が確認され、選抜された主な品種としては「豊多摩早生《とよたまわせ》」、「乙宗《おとむね》」、「銀《ぎん》寄《よせ》」、「岸根《がんね》」などがある。(3) それぞれの概要は次のようである。

「豊多摩早生」は東京都原産の八月中・下旬成熟の早生品種で、先述の「伊吹」と「森早生」の交雑親となっている。「乙宗」は九月中旬から一〇月上旬成熟の中生品種で、「丹沢」の親品種である。「銀寄」は大阪府豊能郡原産で、九月中・下旬成熟の中生品種で先述の「伊吹」の交雑親となっている。「岸根」は山口県原産の晩生品種で、「筑波」の交雑親である。

このようなことから、当時行われた抵抗性品種の選抜の成果は、クリタマバチの被害の軽減のみならず、クリタマバチに抵抗性を有する新品種の育成において重要な役割を果たしたことがわかる。

②　抵抗性品種と非抵抗性品種の違い

クリタマバチ抵抗性品種の抵抗性が、非抵抗性品種との間におけるクリタマバチの産卵の選択性によるものではないことは、一九五〇年前後の岡山県立農事試験場の白神虎雄氏、農林省東海近畿農業試験場の奥代重敬氏らの研究により、明らかにされている。そして、抵抗性の仕組みについて、抵抗性品種は孵化した幼虫が芽の植物組織内において生存する上で不利な物質を持つのではないかということが考えられている[27]。

これに関わる詳細な研究が一九六〇年代後半から一九七〇年頃にかけて名古屋大学の鳥潟博高氏と松井鋳一郎氏により行われている。クリの樹皮に含まれるポリフェノール性物質について分析し、「抵抗性品種は相対的にカテコールタンニンやロイコアントシアニジンが多く、ピロガロールタンニンが少ない。とくにカテコールタンニン含量と抵抗性指数の間には高い正の相関（+0.782）がある[28]」とした。なお、『資源植物事典（七版）』によれば、「タンニンを様々な方法で分解するとカテコール、ピロガロール、フロログルシン等のフェノール類や没食子酸、エラーグ酸等を生ずる[29]」とある。

また、両氏は野生のシバグリについて、無被害樹（抵抗性）と被害樹（非抵抗性）のタンニン含量とその季節的変化を調べた結果、「シバグリにおいても栽培グリと同様にカテコールタンニン、ロイコアントシアニジンは無被害樹に多いが、ピロガロールタンニンは少ない。季節的にはクリタマバチのふ化、芽の組織へ侵入時期前後の六月下旬から八月上旬に最も急激な増加を示す[30]」とし、「カテコールタンニンはクリのクリタマバチ抵抗性発現要因の一つと思われる」と結論づけている。

『新編・農学大事典』（養賢堂、二〇〇四年）の「害虫防除」の「抵抗性品種の利用」の項ではクリタマバチ抵抗性品種があげられ、「枝の樹皮に含まれるカテコールタンニンが多い品種ほど抵抗性が強いといわれている[31]」という説明が付されている。

ただ、前出の村上陽三氏は『クリタマバチの天敵』（九州大学出版会、一九九七年）の中で、両氏の業績を高く評価しつつも、「この物質がクリタマバチ幼虫に致死的な効果を持つ発育阻害物質または有毒物質そのものであるか否かについては、今のところ不明である」[27]としている点を付記しておく。

(2) クリタマバチ抵抗性品種の育成

① 国の試験研究機関による育種の取り組み

a. 一九五九年に農業技術研究所園芸部から発表された三品種の「育成経過の概要及び命名発表の由来」[32]について

前述の一九五九年に農業技術研究所園芸部から発表された「丹沢」、「伊吹」、「筑波」に関わる「育成経過の概要及び命名発表の由来」から、国の試験研究機関としてクリの交雑育種の取り組みの黎明期の様子が窺われる。また、ここで発表された中で、「丹沢」、「筑波」は現在の栽培グリにおいて極めて重要な位置を占めており、その育成過程の概要を知る上でも同文書は貴重かつ重要な資料と思われるので見ておくことにする。

「栗の品種の改良については、従来は僅かに偶発実生による優良品種の出現が待たれていた状況にあった。一方栽培においては粗放にすぎ果実の生産量は他の果樹に比較して甚だ低かった。しかしわが国での栗果の需要量は相当大きく、戦前は米国への輸出も行われていたのである。優良な品種の出現は生産量の増加は勿論のこと、輸出量の増加も可能であると考えられ、昭和二二年に優良品種の育成を目的として栗の品種改良を開始したが、たまたま昭和一六年頃岡山県において発生を認めた栗タマバチの被害が全国的に拡大し、栗生産に壊滅的な打撃を及ぼした。そのために優良な栗タマバチ抵抗性品種の出現が業界から強く要望されるに到った。当部においては初期の目的であった品質優良で生産力の高い品種であると共に栗タマバチに対する抵抗性を有することの二つの観点より実生の育成選抜を行ってきたが、昭和三〇年に至って当時迄に調査し得た交配組合一一一、実生二千四百七十七本中より将来性があると思われる一三個体を選抜して、各府県の農業試験場及び林業試験場（四〇ヶ所）に苗木を配布し、特性並びに生産力の調査を行っているが、昨今の栗栽培業界からは当部育成品種の一般への普及が強く要望され、その為に前記一三個体のうち最も将来性があると考えられる次の

表5 選果用篩の種類[33]

網目の寸法	内地向名称	輸出向名称	一封度粒数
一寸五厘目上	特大	AAA	一五粒以内
一寸五厘目上	特大	AA	二〇粒以内
九分五厘目上	大	A	二八粒以内
八分五厘目上	中	B	三七粒以内
七分五厘目上	小	C	
七分五厘目下	選下		

写真22　篩を使っての選果の様子
（『桃・柿・栗』1941年）

三個体を選び命名発表し、普及に移そうとするのである」。

まず、戦前は米国への輸出も行われていたとあるが、これについて少し触れておく。

『桃・柿・栗』（明文堂、一九四一年）の「栗」の「選果及び荷造」の項では、「輸出向栗」と「内地向栗」に分けて選果用篩の網目の標準が示されている（表5、写真22）[33]。また、輸出向栗の荷造の方法について詳しく記され[33]、この項の半分ほどが割かれ、輸出先は「米国」と記されている。輸出量の記載はないが、昭和一〇年代においてはクリの輸出は当時のクリ産業にとってはある程度重要な位置を占めていたことが窺われる。なお、アメリカグリはミシシッピ川以東の北アメリカ大西洋岸に分布していたが、一九〇四年に発生した胴枯病で壊滅的打撃を受け現在も回復していない[34]というから、当時、ニホングリの輸出先となったことは頷ける。

また、『戦後農業技術発達史・果樹編』（日本農業研究所、一九六九年）では、「農林省園芸試験場本場（静岡県清水市興津）の落葉果樹研究部門が昭和二二年（一九四七）に神奈川県平塚市へ移転するとともに、加工用や輸出用の品質改良を目的として新品種の育成が本格的に開始された[35]」としている。

昭和二二年（一九四七）にクリの品種改良を開始された背景には、前掲文とあわせ考えると、「輸出用クリ」も相当重要なものであったことが推察される。

前掲文中の「当部」というのは昭和二五年（一九五〇）に園芸試験場本場から名称変更された農業技術研究所園芸部で、『昭和農業技術発達史』第七巻（農林水産技術情報協会[16]）によれば、昭和二六年、同部において「クリタマバチ抵抗性育種開始」とある。

また、「昨今の栗栽培業界からは当部育成品種の一般への普及が強く要望され」とあるが、クリの大産地である茨城県にクリタマバチが侵入したのは、昭和三三年（一九五八）とされ、大打撃を受けることになることからも頷ける。

そして、前掲文から、クリタマバチによる大きな被害を被ったクリ栽培業界の意向を一身に受け抵抗性品種の作出に取り組む必死な様子が読み取れる。なお、選抜された一三個体の適応試験は、各府県の農業・園芸試験場だけではなく、林業試験場でも行われている。これに関わっては、後で触れる昭和三〇年代初めの岐阜県農業試験場からのクリタマバチ抵抗性育成に関わる研究報告は林野庁名で出されており、当時のクリの試験研究の状況の一端が窺い知れる。

b．一九五九年に発表された三品種の概要

ここで、一九五九年に農業技術研究所から発表された三品種の育成に関わる文書[32]をもとに三品種の概要をみておきたい。

三品種の交配年次は、「伊吹」が昭和二二年（一九四七）で、「丹沢」と「筑波」は昭和二四年（一九四九）である。

【「丹沢」について】

「丹沢」は九月上・中旬に成熟する早生種で、果実は二〇〜二五グラムで、早生品種としては品質がよく、現在の栽培面積は「筑波」に次いで第二位である。交配組合せは、「乙宗」×「大正早生」である。「乙宗」は前出の『桃・柿・栗』（一九四一年）によれば、大阪府と兵庫県に多く栽培されており、果実の大きさは「四、五匁（一五〜一九グラム弱：筆者）」で、早生種の優良品種としてあげられている[13]（写真23[36]）。これは先述したようにクリタマバチ抵抗性を有する品種である。また、「大正早生」は神奈川県原産で、『桃・柿・栗』で、「豊多摩早生」とともに早生種の筆頭にあたる品種としてあげられ、「果形大なると美麗なるにより市場向けとして有望である[8]」としている。「豊多摩早生」が「三、四匁」であるのに対し（写真24[36]）、「大正早生」は五匁であることから、クリタマバチ発生以前は早生品種の筆頭的位置にあった。しかし、残念ながら前述したように、「大正早生」にはクリタマ

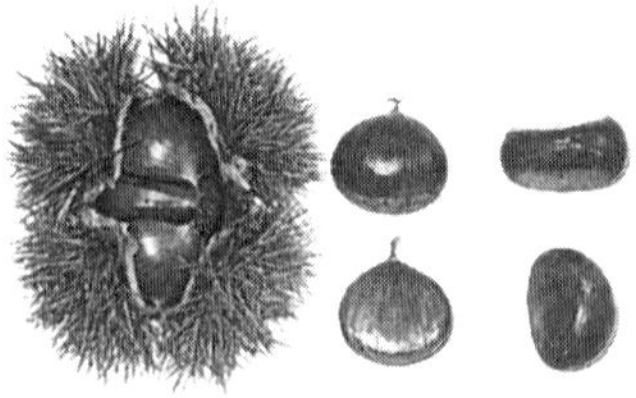

写真23 「乙宗」

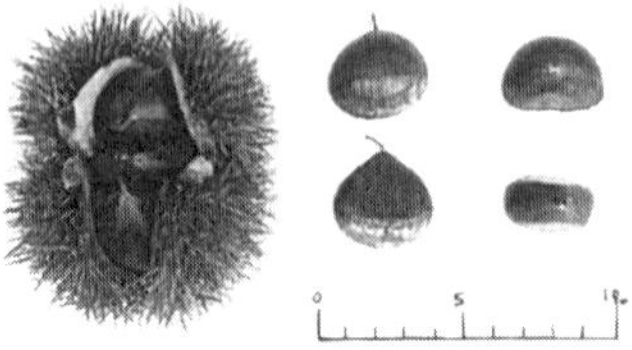

写真24 「豊多摩早生」

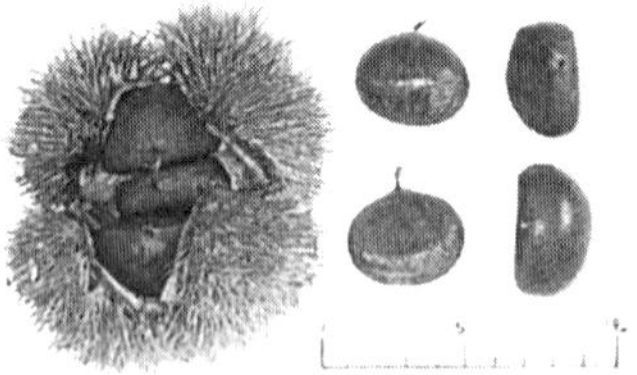

写真25 「銀寄」

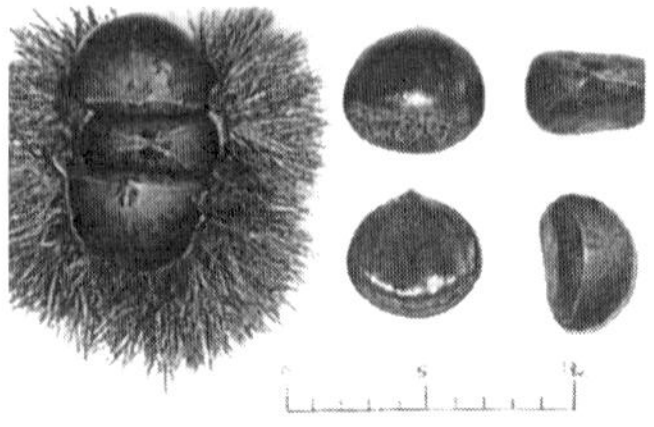

写真26 「岸根」
（『特産シリーズ・クリ』竹田功、農山漁村文化協会）

バチ抵抗性がなく、大きな被害を被ることとなった。

「丹沢」は「育成経過の概要及び命名発表の由来」では、「栗タマバチに対しては抵抗性を有する。熟期からみて、従来の〈大正早生〉と同時期のものであり、果実の形状、大きさ、品質及び特性から見て「大正早生」に代わり得るものである[32]」とし、「栗タマバチの問題がなくても〈大正早生〉に代わるものであろう[32]」と絶賛している。「丹沢」は単にこの「大正早生」の代替ではなく、これを上回る品種として評価されているが、半世紀を経た現在でも、早生種のみならずクリの代表的品種として、確固たる位置を占めていることはその品種の優秀さを物語っている。

【「伊吹」について】

「伊吹」は発表当初は「クリタマバチ抵抗性を持ち、熟期は九月中旬の中生品種で、前記の早生種「丹沢」に引き続き収穫できるもの」として期待されたが、モモノゴマダラメイガなどの害虫の被害が多いことから現在では主要品種とはなっていない。

「伊吹」の交配組合せは「銀寄」×「豊多摩早生」である。交雑親である「銀寄」と「豊多摩早生」はともに著名な在来品種で、ともに強いクリタマバチ抵抗性を有することは前述した。「銀寄」は九月中・下旬成熟の中生種で、『日本の園芸』（園芸学会監修、一九九四年）では、「品質はニホングリ栽培品種の中で最も優れる[9]」と高い評価がなされている[36]（写真25）。現在、「筑波」に次ぐ中生種の代表的品種であるのみならず、「筑波」、「丹沢」に次ぐ栽培面積を持つわが国を代表する品種である。

また、『桃・柿・栗』（一九四一年）の「銀寄」の説明では「中生種の代表的品種であって、外観、品質共に優れ、最も有望と認められている(8)」とある。半世紀を経ても折り紙つきの品種といえる。「銀寄」は江戸時代中期に遡ってみることができる著名な品種であることは先述した。大正から昭和にかけて選抜され普及に移された多くの優秀な在来品種が存在したが、クリタマバチの発生という苦難の大波が打ち寄せ、これらの多くが淘汰される中で、その大波を乗り越え、現在もわが国のクリ産業の旗手的役割を果たしていることを考えると感慨深いものがある。

【「筑波」について】

「筑波」は九月中・下旬成熟の中生種で、生産高第一位、栽培面積は約三割を占めるわが国のクリを代表する品種である。発表時の「育成経過の概要及び命名発表の由来」では、「栗タマバチに対しては抵抗性があり、頗る豊産性であるが、樹勢旺盛であるので、栽培適地はかなり広いものと推定される」とある。前出の『日本の園芸』では、「クリタマバチの被害が目立つが、樹勢が強く豊産性で盛果期が長い(9)」とあり、クリタマバチ抵抗性については、問題が生じてきているものの、それを上回るだけの優れた特性によって確固たる地位を保っている。

「筑波」の交配組合せは「岸根《がんね》」×「芳養玉《はやだま》」である。交雑親の「岸根」は山口県原産で、前述の大正二年の「栗品種名称調査会」において正式名称として認められた在来品種である。『桃・柿・栗』（一九四一年）では、晩生種の代表的品種として挙げられている。

「岸根」はクリタマバチ抵抗性を有し、果実は大果（三〇グラム内外）で、加工に適し、貯蔵性も高く、現在、栽培面積では、「筑波」、「丹沢」、「銀寄」に次ぐグループに位置している（写真26）[36]。後述するが、後になって現れたクリタマバチ抵抗性品種の抵抗性崩壊現象に対して育成され、一九六八年に発表された中生種「石鎚《いしづち》」の交雑親でもある。最近、長年のわが国のクリ育種の念願であった渋皮剝皮性をもった大粒ニホングリ「ぽろたん」が登場し話題を呼んでいるが、この「ぽろたん」にも僅かではあるが「岸根」の形質が受け継がれている。「岸根」は「銀寄」のように、代表的品種ではないが、わが国トップの位置を占める「筑波」を生み出し、最新かつ今後の有望品種として期待される「ぽろたん」誕生にも関わる名脇役ともいえる。

写真27　「岸根栗」の原木（広島県農林総合技術センター　安永真氏提供）

写真28　「岸根栗原木林」の案内板（安永真氏提供）

原産地である山口県岩国市美和町には「岸根」の原木林がある（写真27、28）。昭和四〇年代前半まで「岸根」の原木林は約一〇ヘクタールで、巨大な古木があり、当時、樹齢四〇〇年以上と推定されたというから、「岸根」の歴史の古さが窺い知れる。平成三年（一九九一）完成の弥栄ダム建設に伴い伐採されることになったが、町（当時）が建設省に嘆願し数本ほどが水没から免れた。現在は地元美和町くり生産組合を中心に関係諸機関の手により保存管理されている。皆伐という危機を辛うじて回避できた背景については、玖北地区農業改良普及協議会発行の『岸根くり』の「岸根クリ原木林の保存」[37]の項から知ることができる。

「岸根くりは非常に古く長い歴史の中で、先代から我々に引き継がれ、最も密着した特産物である。その歴史、生活の流れ、世の移り変わりをつぶさに知っているのは、この岸根クリ原木林そのものである」とし、「みんなで先代からの偉大で貴重な財産を守り続ける義務があると思う」と結んでいる。

【農林省（農林水産省）で育成された品種の名称について】

前述の農林省の試験研究機関で育成された「丹沢」、「伊吹」、「筑波」、「石鎚」はそれぞれクリの主産地県の名峰にちなんで付けられている。「丹沢」が由来する丹沢山がある神奈川県はクリの主産地といえないが、これを作出した園芸試験場の所在した平塚市が神奈川県であったことによる[27]。他の三品種については、岐阜県の伊吹山、茨城県の筑波山、愛媛県の石鎚山に由来する。ちなみに、「石鎚」は、前者に次いで果樹試験場で育成された抵抗性品種「国見」（一九八三年）、「紫峰」（一九九二年）は、は熊本県の国見岳に由来し、後者は特定の山名ではないが、「峰」が用いられている。クリと山との深い関わりを窺い知ることができ、興味深い。

なお、「丹沢」、「伊吹」、「筑波」、「石鎚」、「国見」、「紫峰」は種苗法に基づく品種登録であるが、これとは別に、農林水産省は農業試験研究独立行政法人などが育成した品種のうち優秀な特性を示すものを農作物新品種として命名登録する制度を持っている。

登録整理番号として、それぞれ、「くり農林一号」、「くり農林二号」、「くり農林三号」、「くり農林四号」、「くり農林五号」、「くり農林六号」という名称がつけられている。ちなみに、最近の注目品種「ぽろたん」は「くり農林八号」である。

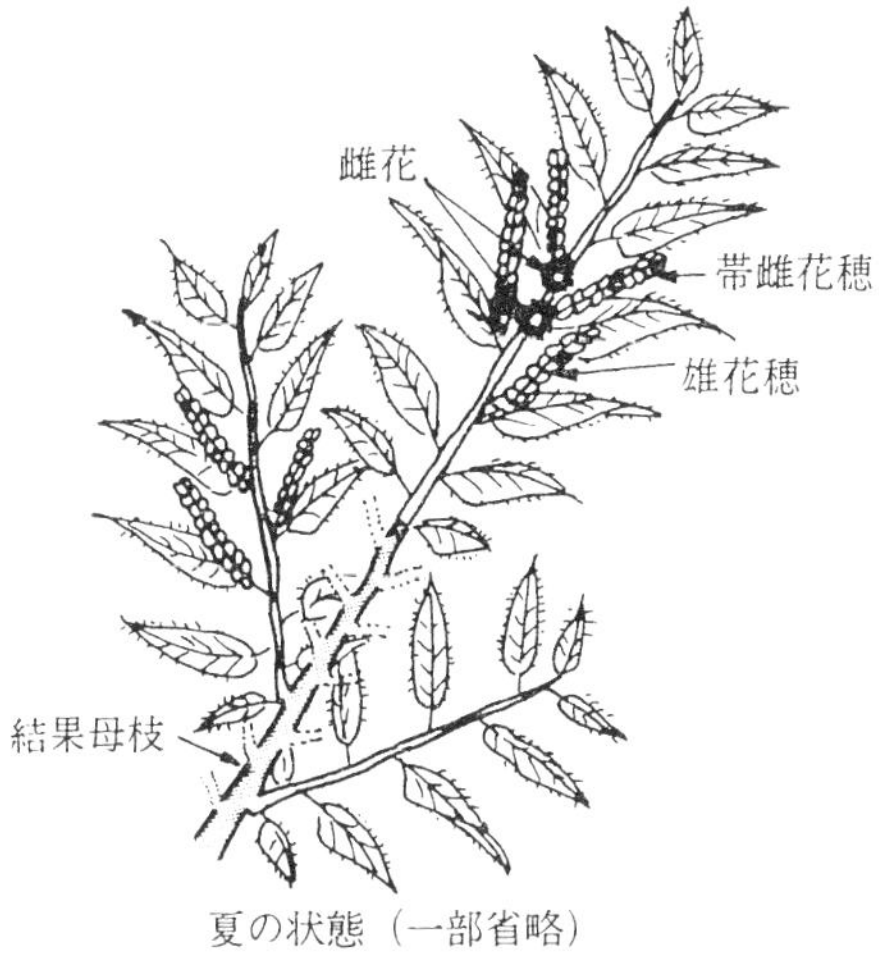

図17　クリの結果習性
(『新版　図集果樹栽培の基礎知識』)

②　地方の試験場における育種の取り組み――
岐阜県農業試験場の場合

丹波には及ばないが古くからの産地であった岐阜県の事例が岐阜県中山間地農業試験場特産科長であった塚本実氏が『果樹品種名雑考』（一九八六年）のクリ（一）[38]で詳しく記している。実際に試験業務に当った当事者によるもので、当時の品種育成の状況を知る上でも貴重な資料となると思われる。また、幸いにも、最近、ご本人から当時のことについて、お話しをお聞きすることができた。これも合わせ、記しておくことにする。

昭和二六年（一九五一）、農林省委託によるクリタマバチ抵抗性品種の育成に着手した。場内の「豊多摩早生」、「大正早生」、「林一号」、「笠原早生」、「利平」、「銀寄」、「鹿の爪」、「岸根」、「恵那錦」などの品種のほか、当場になかった「傍士」、「金赤」、「片山」「盆グリ」の花粉を農林省園芸試験場（神奈川県平塚市）から貰い、昭和二六年、二七年、二八年の三年間で八八の交配組み合わせにより四一三六の交配種子を確保した。現在のように新幹線はない時で、当場から名古屋まで二・五時間、名古屋から平塚までの五時間を鈍行で日帰りを繰り返して交配した。花粉の輸送容器もない時代で、ガラスビンに水を入れ、コルク栓の中央に孔を開け、雄花穂の基部を水に浸して乾燥を防ぎ、花粉が散らないように硫酸紙袋を覆って持ち帰り、交配した。交配する前には、雄花穂を除去し、帯雌花穂を袋で覆い、他の花粉がかからないようにし、授粉後また袋で覆う必要があった（図17）[39]。一ヘクタールの育種畑に種子を播き、昭和二九年には三二二二個体の実生を育成した。昭和三〇年から三三年にかけて、クリタマバチの被害個体を除き、二七五七個体の実生中より一六の優良系統を選出し、その個体に寒冷紗《かんれいしゃ》袋をかけ、中にクリタマバチの虫えい（虫こぶ）三〇個を入れて産卵させ、翌年の虫えいの形成状況により抵抗性個体を選抜した。さらに、果実調査等をして早生・中生の優良系統「東濃一号」、「東濃二号」、「東濃三号」を選抜した。昭和三六年から農林省のクリ系統適応試験の対象となり、全国の主要試験場で比較検討がなされた。この結果、「東濃三号」は県品種とすることになり、後に「金華」と命名された。「金華」は交雑親である「金赤」と鵜飼で名高い長良川河畔にそびえる岐阜の象徴金華山の「華」からとり、経済性の高いことなどから命名したものである。

これに関わる仔細は岐阜県農業試験場名で、「クリタマバチ抵抗性品種の育成に関する研究（2）」[40]として報告されている。

その中の昭和二六年（一九五一）度交配分の結果から、「銀寄を両性何れかに使用したものは被害を殆ど認めず」としている。「銀寄」の交雑親としての優秀さは先述の「伊吹」（くり農林二号）の交雑親として「銀寄」が用いられているところからも明々白々のことであるが、ここでは、強いクリタマバチ抵抗性という点でその優秀さを示している。

岐阜県で育成された「東濃一号」、「東濃二号」、「東濃三号」については、『昭和農業技術発達史』第五巻のクリの「公立場所の育種」の項で、兵庫県のチュウゴクグリの形質をもつ品種育成とともに挙げられている[41]。岐阜県が公立試験研究機関でのクリタマバチ抵抗性品種の育成においては先進的な役割を果たしたことがわかる。

岐阜県の農業試験場で行われた抵抗性品種育成の結果は全国的品種を生み出すには至らなかったが、農林省のクリ系統適応試験の対象となる幾つかの品種を生み出し、その中で「金華」は現在の岐阜県のクリ栽培において、全国的品種とともに地方品種として重要な役割をはたしている。

塚本氏は『果樹品種名雑考』の「クリ〔一〕」の締め括りで、「クリの育種はクリタマバチの発生により従来の自然交雑利用育種から人工交配育種に進んだ。農林省育成の丹沢、伊吹、筑波、石鎚等をはじめ、幾多の民間育成品種の出現はクリタマバチの残した功績とも言えよう[38]」と述べている。

クリタマバチの発生は日本のクリ栽培史において極めて重要な出来事であったこととともに、この未曾有の難題に対して、公的試験研究機関と民間育種家の総力を挙げた粘り強い努力があったことは銘記しておきたい。

三　抵抗性品種にも被害を与えるクリタマバチの出現と天敵の利用

(1)　新しいタイプのクリタマバチの出現

前に述べたように、クリタマバチ抵抗性品種の育成と普及によって、クリタマバチの被害は一時完全に抑えられたが、一九六〇年前後から各地で抵抗性品種にも被害が認められるようになった。このような現象は、当初、クリ樹の老齢化に伴う耐性の低下によるものと考えられていたが、一九六〇年代から一九七〇年代にかけての宮城県立農業試験場と農林省園芸試験場（当時）の実験結果から、クリタマバチ自体の遺伝的変異によるものであることが明らかにされた[42]。村上陽三氏は『クリタマバチの天敵』の中で、「中国からクリタマバチが侵入して一〇年ほど経過し、全国で抵抗性品種が栽培されるようになった頃から、抵抗性品種にも寄生可能な新しいバイオタイプが各地でそれぞれ独立的に生ずるようになったと判断される」[42]としている。新しいバイオタイプというのは、形態的には従来のものと差がないが、明らかに生理的な性質が異なる新しいタイプで、突然変異系統であるとされる。

(2) クリタマバチ防除における天敵の利用

このような中で、より確実な新たな防除手段が求められるようになり、天敵利用による防除に期待がかけられることになった。そこで、中国からクリタマバチの天敵寄生蜂であるチュウゴクオナガコバチが導入され、一九八二年に野外放飼された。寄生蜂の効果は高く、被害は激減することになった。これより以前のクリタマバチの天敵による防除に遡ってみておくことにする。

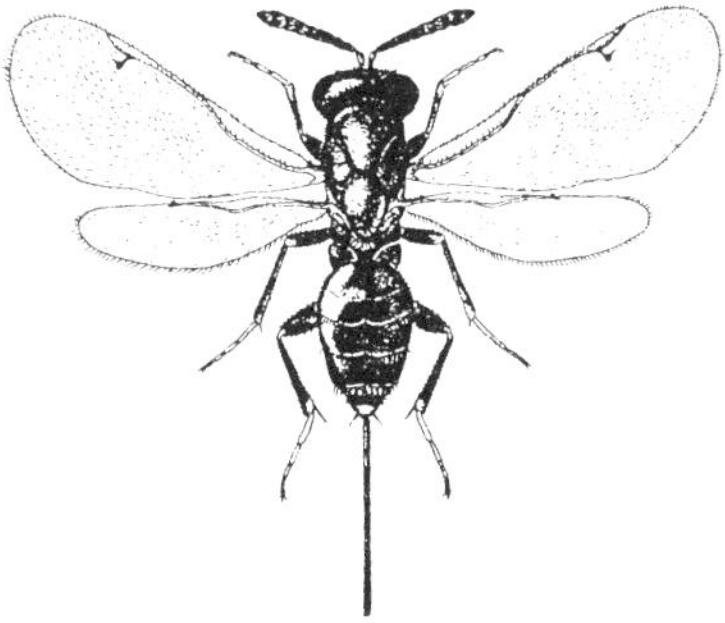
図18　クリマモリオナガコバチ〈雌〉(村上原図)(『クリタマバチの天敵』)

① クリタマバチ蔓延期における天敵による防除の試み

クリタマバチが昭和一六年（一九四一）に日本に侵入して、分布を拡大していき森林の被害も顕著になり、被害樹伐採とゴール（虫こぶ）採取以外に打つ手がなかった状況下で、林野庁は天敵利用の可能性の検討をした経緯がある[43]。

林野庁の依頼を受けた九州大学の安松京三氏は一九五二年に土着天敵の調査を開始している。その中で、クリタマバチの寄生蜂を二〇数種発見、特に、クリマモリオナガコバチは最も重要だとして、これの分布しない地域への移入放飼の必要性を強調した。そして、安松氏らはクリマモリオナガコバチを *Torymus beneficus* Yasumatsu et Kamijo と命名している。なお、クリマモリオナガコバチの本来の寄主は *Quercus* 属（クヌギやコナラの仲間）に寄生するタマバチで、雌成虫の体長は一・一〜二・六ミリである（図18）[43]。

一九五五年にはクリマモリオナガコバチとその他の寄生蜂が数回にわたって長野県下に放飼され、ある地区では顕著な効果が認められたと報告されている。しかし、その後、山林のクリは鉄道枕木の需要が激減し、果樹栽培でのクリタマバチの被害はクリタマバチ抵抗性品種の育成と普及により解決されたため、天敵利用は一般的に普及されるには至らなかったとされている[44]。

一九八三年刊行の『最新園芸大辞典』のクリの項のクリタマバチの防除法についての説明では、抵抗性品種の高接ぎ、薬剤防除のほかに、天敵利用として、「クリマモリオナガコバチの放飼が効果的であることが確かめられた[45]」との記載がみられる。この記載内容は先述のように二〇年ほど前にすでに確かめられたことであり、クリタマバチの天敵防除においてクリマモリオナガコバチに一縷の望みがかけられていたことが窺われる。ちなみに、同書が発刊された時期は、後述する中国からクリタマバチの天敵である寄生蜂が導入され、放飼が開始された時期でもある。

なお、果樹試験場虫害研究室長を務めた大竹昭郎氏は、自著『日本にきた虫・くる虫』（一九八八年）の中で、「チュウゴクオナガコバチの輸入前に、クリタマバチに天敵がいなかったわけではない」とクリマモリオナガコバチを含む土着天敵に触れながら、「彼らは、通常、あまり高い寄生率に達せず、生物的防除の担い手としては頼れそうにない[46]」としている。

② 中国からのクリタマバチの天敵導入の経緯とその特性

a．クリタマバチの天敵導入の経緯

一九七二年には中国との国交回復がなされ、以来、農業関連各分野における両国間の交流が盛んになり、一九七五年には、「果樹害虫防除への天敵利用技術交流団」が農林省から派遣されることになった。それに先立ち、北京の日本大使館員が中国から持ち帰った『栗棗柿栽培』（一九六四年）の中に果樹試験場の於保信彦、梅谷献二両氏がクリタマバチの記載を見つけたことは前述したが、同時に、「中国には有力な天敵（寄生蜂）がいる可能性がある[47]」と確信したとされている。ちょうど、於保氏は訪中団の一員であったので、中国側に強く要望し、天敵の輸入の足がかりを得ることになった。

於保氏は訪中団が案内された陝西省の省都西安市郊外のクリ園でクリタマバチのゴール（虫こぶ）を見つけ、六〇個ほどを果樹試験場へ持ち帰ることができた。翌春、これらのゴールから羽化し得られた寄生蜂を飼育し予備的放飼実験をしたが、個体数が少なく絶えてしまうことになった。結局、本格的な放飼実験には至らなかったが、村上陽三氏は、「この寄生蜂がクリタマバチによく同調した生活環を示す寄生蜂であり、日本でも定着が可能であることが実証され、将来再び大量に輸入する価値のある天敵であることがわかった[47]」と高く評価している。一回目の導入の重要な成果と言えよう。

このような成果を踏まえ、この後の二回の調査団によって多数のゴールが輸入された。一九七九年に河北省から約二六〇〇個が、一九八一年には同じく河北省から約二七〇〇個のゴールが輸入された(48)。これについて、一九七九年の輸入の際、中心的な役割を果たした村上陽三氏は、「幸いなことに、農林水産省の努力と中国側の多大な協力によって、前回を上回る数の大量のゴールを輸入することができた(48)」としている。いかに、ゴールの輸入が待ち望まれていたかがわかる。

なお、チュウゴクオナガコバチの和名は、一九七五年に於保氏らによってもたらされたゴールから羽化した寄生蜂を見て、クリタマバチの天敵として最重要であると確信した村上陽三氏によってつけられた。また、チュウゴクオナガコバチの学名については、先述のクリマモリオナガコバチの学名の命名者の一人でもある北海道林業試験場の上條一昭氏により新種として記載され、*Torymus sinensis* Kamijo と命名されたのは一九八一年になってからのことである(48)。チュウゴクオナガコバチは中国におけるクリ栽培では重要な役割を担っていた一寄生蜂ではあるが、日本に導入される過程で、世界的に知られることになったことは感慨深い。

天敵の探索、導入が首尾よく進められたのは、研究者を始めとする関係者の粘り強い努力は言うまでもない。ただ、一九七二年の「戦争状態の終結と日中国交の正常化」を前文とする「日中共同声明」によりもたらされた日中国交回復という大きな背景があったことは、忘れてはならないところであろう。

b．導入天敵の特性

チュウゴクオナガコバチはクリマモリオナガコバチと同じく、オナガコバチ科の *Torymus* 属に分類される小型のハチである。チュウゴクオナガコバチの雌の体長は一・九～二・七ミリで、クリマモリオナガコバチと形態は極めて類似しているが、その三倍以上の産卵数があり、産卵管も長く寄主探索能力も高い。しかし、クリタマバチと同様に年一世代で、増殖力はそれほど大きくないので、放飼後に効果が表れるまでにかなりの年数を要する。放飼する場合、チュウゴクオナガコバチは大量増殖が困難なため、寄生地のクリタマバチのゴールを採取し放飼する必要がある。

放飼園においては次のような点に注意する必要がある。剪定枝に付着したクリタマバチのゴールがチュウゴクオナガコバチの越冬場所なので、剪定枝をすぐ焼却せず、羽化が終了する時期まで園内に残す。なお、羽化時期はおおむね四月下旬から五月上旬で、クリタマバチの成虫羽化脱出時期は七月上旬である。

③　導入天敵によるクリタマバチの防除

a．農林水産省果樹試験場などにおける取り組み

導入されたチュウゴクオナガコバチは、まず、一九八一年四月、福岡市にあった福岡県園芸試験場に隣接する山林で小規模な野外放飼が行われた。翌年の一九八二年春、茨城県谷田部町（現・つくば

市）にある農林水産省果樹試験場と熊本県大津町で本格的な野外放飼が実施された。放飼後のクリタマバチの被害は、つくば市では五年目で、熊本県大津町では一八年目でその被害芽率が一〇％以下に低下した。この成果は生物的防除法の成功例として世界的に知られている(49)。

ここでは、劇的な成功を収めたつくば市の野外放飼について触れる。

放飼に先立ち、ガラス管に羽化した直後の雌と雄を一緒に入れ、飼育し、交尾が確認された。この中から雌二六〇頭が選ばれ、試験場内の松林内に自生する一一本の自生グリに放飼された。翌一九八三年三月、前年放飼した自生グリだけでなく、隣接する栽培グリ園やそれよりさらに離れた場所の自生グリから約一万六〇〇〇個のゴールが採取され、保管された。果たして、四月にはこれらのゴールから雌五〇二頭の羽化が確認された。当時この放飼実験に関わっていた守屋成一氏は、その時の感想を「期待と不安が交錯する中で天敵の羽化調査が開始された。結果は不安を払拭し、期待を驚きに変えるに充分であった(48)」と述べている。なお、一九八一年に福岡市で行われた野外放飼は、翌一九八二年に採取したゴールからのチュウゴクオナガコバチの羽化は一頭も確認されなかった。こういう中で行われた放飼実験で、多数のチュウゴクオナガコバチの羽化が確認できた時の関係者の歓喜に満ちた様子が伝わってくるようである。

b．チュウゴクオナガコバチの分布拡大と天敵としての効果

果樹試験場に寄生蜂を放飼したのは一九八二年のみであるが、その後、果樹試験場内の寄生率は

表6　チュウゴクオナガコバチの野外放飼状況[51]
（年次別、放飼数は省略）

年	放飼地点数（放飼道府県）
1981	1（福岡）
1982	2（茨城，熊本）
1983	1（茨城）
1984	1（茨城）
1985	1（茨城）
1986	1（熊本）
1987	1（石川）
1988	0
1989	2（栃木，長崎）
1990	6（静岡，愛媛，長崎）
1991	6（大阪，兵庫，鳥取，熊本，鹿児島）
1992	4（長野，愛媛，宮崎）
1993	9（北海道，山口，愛媛，熊本，鹿児島）
1994	15（北海道，新潟，静岡，京都，徳島，愛媛，熊本）
1995	7（大阪，愛媛，熊本）
1996	6（大阪，愛媛，熊本）
1997	6（北海道，大阪）
1998	3（北海道，京都）

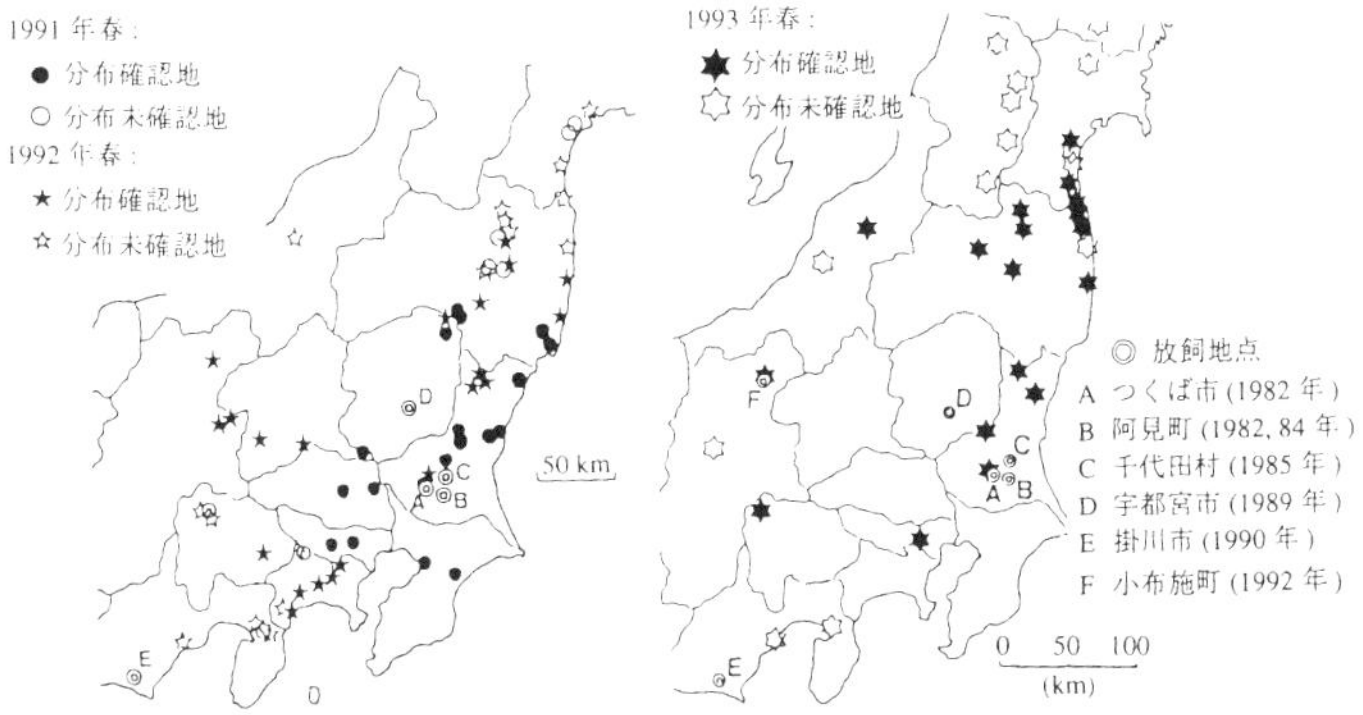

図19　本州中部以北におけるチュウゴクオナガコバチの分布拡大（志賀、1994より引用）（『クリタマバチの天敵』）

徐々に上がり、クリの被害芽率は年とともに低下し、画期的な効果を上げている[50]。

その後のチュウゴクオナガコバチの分布拡大について、一九八一年の中国からの輸入の際に中心的な役割を果たした果樹試験場の志賀正和氏は、長期間にわたる詳細な研究をし、茨城県の果樹試験場で放飼一〇年後の一九九二年には、「放飼地点から一七五km隔たった福島県富岡町、同県二本松市、長野県小布施町まで広がった[48]」としている。そして、翌一九九三年には、「放飼地点から二〇〇km隔たった新潟県村松町とつくば市の北方二五〇kmの仙台市まで広がった[48]」ことを明らかにしている（図19[48]）。

一方、この間に、関東・信越地方では、茨城県をはじめ、栃木県、静岡県、長野県の五か所でチュウゴクオナガコバチの放飼が行われている。志賀氏は、これと、前記の分布拡大との関わりを詳細に検討した結果、分布拡大は一九八二年につくば市で放飼された個体の子孫が分散した結果であるとし、放飼八年後の一九九〇年以降は分布の拡大速度は一定となり、一年間に約六四キロメートルの速度で分布を広げて行ったと推定されるとしている[48]。

このつくば市における放飼実験の劇的な成功を受けて、一九九〇年以降、全国各地でチュウゴクオナガコバチの放飼を試みる地域が増加し、一九九九年三月では、放飼地は北海道から鹿児島まで一九道府県六〇か所であったとされている（表6[51]）。

さて、中央農業総合研究センターの守屋成一氏は、一九八二年に放飼されてから二〇〇五年までについて、「クリタマバチとチュウゴクオナガコバチの二三年間」の中で、最近の状況を総括的に次のように述べている。

「一九八二年に茨城県つくば市と熊本県大津町で野外に放飼された。大津町でのチュウゴクオナガコバチの密度の上昇は九〇年代後半になってから確認された。一方、つくば市ではチュウゴクオナガコバチの放飼個体群が増殖を続け、分布域は同心円状に加速度的に拡大した。九〇年代にはクリタマバチの密度はチュウゴクオナガコバチ放飼前の数十分の一以下になった[52]」。

チュウゴクオナガコバチの天敵防除効果が先述の志賀氏の調査した一九九〇年代前半期以降も保たれ、確固たるものであることがわかる。

ちなみに、チュウゴクオナガコバチによるクリタマバチの防除については、応用昆虫学の教科書にも記載されている。『最新応用昆虫学』（二〇〇九年）の「生物的防除」の「天敵導入の成功例」の項で、カンキツのイセリアカイガラムシの天敵であるベダリアテントウムシなどとともにあげられ、最も多くのスペースを割いて記されている[53]。

さて、農林省果樹試験場で中国からクリタマバチの天敵導入で先駆け的な役割を果たし、果樹試験場長もつとめた梅谷献二氏は、『果物はどうして創られたか』（一九九四年）の中で、「寄生バチがクリの救世主になることができたら、クリタマバチ防除だけでなく、この害虫への耐性がないだけで日の目を見なかった優秀な品種を晴れて世に出すことができることになる。それはクリの栽培者や育種家にとっては夢に見た時代の到来を意味している[1]」と記している。その後のチュウゴクオナガコバチによる目を見張るばかりの防除の成果は、著者にとってさぞかし感慨深いものであろう。

前出の村上陽三氏は、『季刊中国』（二〇〇八年）の「クリタマバチをめぐる日中学術交流[54]」の中で、「長年クリタマバチの被害に悩まされてきたクリ栽培農家の人たちは、中国から輸入された天敵のおかげで防除する必要がなくなった」とし、「今後も日中の研究者間で、学術交流がますます盛んになれば、双方にとって極めて有益な結果が得られると考える」と結んでいる。チュウゴクオナガコバチの輸入において中国の研究者との学術交流のみならず、粘り強い折衝にもあたって来られた方ならではの示唆に富んだ言葉として受け止めておきたい。

なお、『最新農業技術事典』（二〇〇六年）のクリタマバチの項では、「現在各地で被害が激減している」としながら、「ただし、まれに虫癭《ちゅうえい》が多発することがあり、クリタマバチが再発する可能性は潜在している[55]」としている。

四　栗の生産量と輸入量の推移（図20[34]、図21[34]）

クリの生産について、全国的な統計が現れる明治末年まで遡ってみておく。

総務庁統計局の『日本長期統計総覧』第二巻[56]（一九八八年）によると、収穫量については明治四二年（一九〇九）から大正一〇年（一九二一）から大正四年（一九一五）から大正一〇年（一九二一）までの記載があり、その後、記載がなく、昭和一六年（一九四一）以降、両方の記載がされている。ただし、同書の注によると、大正一四年（一九二五）までの面積は一本当り四九・七平方メートルと機械的に計算されたもので、大正一〇年（一九二一）の約二万二二〇〇ヘクタールが昭和一六年（一九四一）には一万一〇〇〇ヘクタールと半減しているが、実態を反映したものかどうかはわからない。また収穫量についても、栽培面積の記載がない明治四三年（一九一〇）では約一一九万トン、栽培面積の記載がある大正四年（一九一五）から大正一〇年（一九二一）までの年平均収穫量は二二万四〇〇〇トンで、著しく異なっている。統計の不斉一さと共に、山野の散在樹も含まれていると思われ、昭和一六年（一九四一）以降とは比較はできないが、当時、山野に散在するクリ樹から相当の

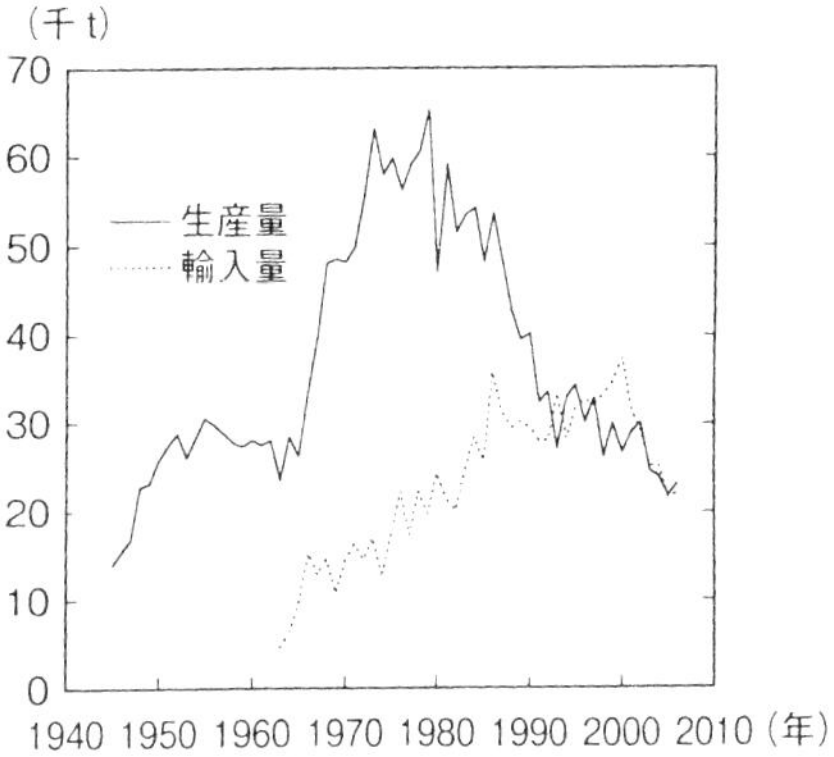

図20　クリの生産量と輸入量の推移
（『果実の事典』朝倉書店）

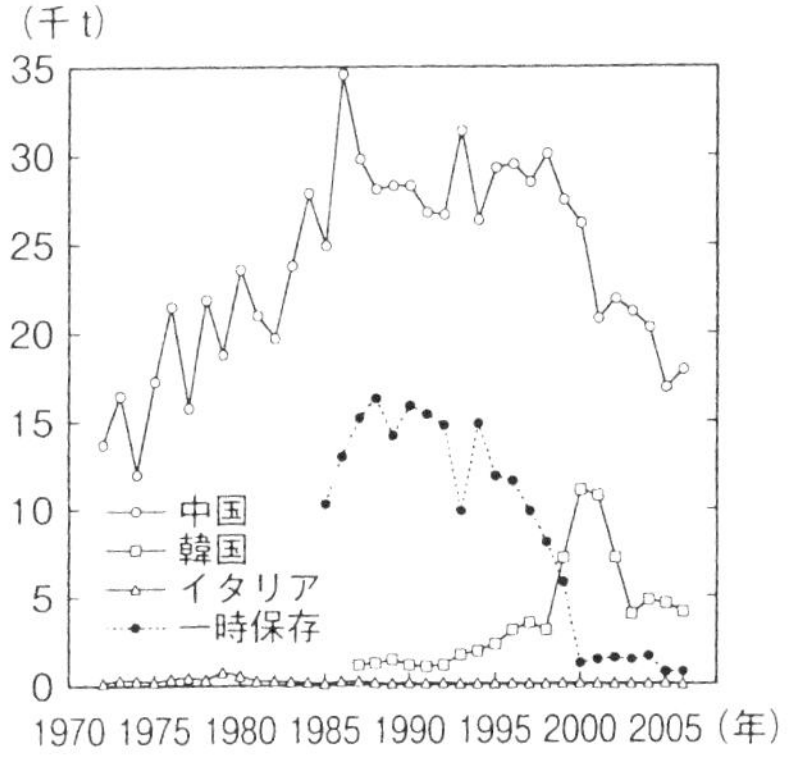

図21　クリの国別輸入量の推移
（『果実の事典』朝倉書店）

量のクリが得られていたことが推察できる。
昭和一六年以降についてみると、まず、終戦まででは昭和一七年(一九四二)の二万三〇〇〇トンをピークに、その後は戦争の影響を受けて、昭和二〇年(一九四五)には一万四〇〇〇トンと急減したが、一九四八年には戦前とほぼ同じ約二万三〇〇〇トンとなり、戦後しばらくは回復傾向を示した。しかし、一九四一年岡山県で発生したクリタマバチの蔓延で、一九五〇年代から六五年頃まで、生産の減少、停滞が続くことになった。その後、育成されたクリタマバチ抵抗性品種の普及や一九六一年制定の果樹農業振興特別措置法の実施に伴う大規模園地造成により、一九六五年ごろから生産が急増し、一九七九年には六万五〇〇〇トンに達した。しかしその後は価格の低迷や輸入果実との競合もあって減少傾向が続き、二〇〇六年には二万三〇〇〇トンと、一九五〇年代の水準を下回っている。[34]
さて、クリの輸入自由化は一九六一年に始まる。外国からの輸入量は一九六〇年代前半から二〇〇〇年まで増加傾向で進展し、国内生産の減少とも相まって、一九九〇年代前半には、国内生産量と肩を並べることになった。輸入量は二〇〇〇年以降減少傾向に転じているが、国内生産も減少傾向にあり、同程度で推移している。
一九七九年以降、国内生産の減少傾向が続いている原因の一つとして、中国や韓国からの輸入の増加があげられる。中国からはチュウゴクグリが輸入され、焼き栗の「天津甘栗」として戦前から知られている。一九六四年に六〇〇〇トン余りであったが、一九七六年には二万トンを超え、ピーク時の一九八〇年代半ばには三万五〇〇〇トンほどになったことがあるが、最近は減少傾向にある。中国はど多くはないが、韓国からは、一九八〇年代後半から一〇〇〇トンレベルから始まり、ピーク時の二〇〇〇年頃には一万トンのクリが輸入されている。

また、「一時保存」という種別で、一九八五年から一〇年ほどにわたって一万トンのニホングリが輸入されている。「一時保存」というのは剥《む》きグリの水漬け状態のものを指し、その大部分が韓国からのものであるとされており、韓国から一九八五年頃から一九九五年頃まで、一万トンのニホングリが輸入されてきたことになる。ちなみに、剥きグリの水漬け状態のものは栗甘露煮などの缶・びん詰用や菓子原料などに利用されている。栗甘露煮はわが国のクリ加工品の主体であり、とりわけ、この時期のわが国のクリ加工品の原材料は韓国に依存していたといってもよい。昭和五〇年（一九七五）代初め、韓国からの剥皮クリの輸入が始まったのは、昭和四〇年（一九六五）代初めに新植されたニホングリが結果樹となったことと、わが国におけるクリ剥皮の人手不足と原料供給にあったとされる。(57)

輸入量は極めて少ないが、イタリアからヨーロッパグリがマロングラッセ等の菓子材料として古くから輸入されている。ニホングリはマロングラッセ用には好適ではないため、限られてはいるが幾つかの製菓会社でヨーロッパグリが用いられている。ちなみに、東京のフランス菓子の老舗では一九四七年にマロングラッセの製造が開始されている。この老舗に長年勤務され、古い歴史を知っておられる方からは「イタリアグリ」という名称をお聞きした。ヨーロッパグリがイタリアから輸入されていることを表すものと思われ、興味深い。

五　戦前から知られ、古い歴史をもつ「天津甘栗」

1　「天津甘栗」

『果実の事典』(朝倉書店、二〇〇八年)によれば、「中国からは一九八〇年代以降二〇〇四年までは二万トン以上のチュウゴクグリが輸入され、〈天津甘栗〉として消費されてきたが、最近は減少傾向にある」(34)とある。確かに近年の減少傾向は否めないが、国内生産量の半分あるいは多い時にはそれに匹敵するチュウゴクグリが輸入され、「天津甘栗」に加工、消費されたことになる。日本人とクリとの関わりを考える上で、「天津甘栗」は見過ごすことができない位置を占めているものと思われる。

しかし、その具体的状況についてはほとんど知られておらず、ここでは、貴重な文献といえる『甘栗読本』(青年出版、一九八七年)(58)と、名古屋で古くから甘栗商を営んでこられた方からの聞き取り調査などをもとに記すことにする。『甘栗読本』の著者である中田慶雄氏は、長年、中国甘栗(中国産チュウゴクグリを指す)貿易の促進に尽力され、日本中国甘栗輸入協議会顧問を務められた方である。国会図書館にも架蔵されていない『甘栗読本』の閲覧については、日本甘栗商業協同組合の事務局長を歴任された高野吾朗氏のご厚意で可能となったことを付記しておく。なお、中国産チュウゴクグリは天津甘栗と呼ばれることもあり、焼きグリ加工されたものは「天津甘栗」と表記している。

「天津甘栗」は、チュウゴクグリを鉄鍋の中で、砂と一緒に炒《い》り、火がよく通った時に、砂と分離し、砂糖とゴマ油を加えて仕上げる、焼きグリの一種である。中国では、糖炒栗子と呼ばれている(59)。ちなみに、『中国食物事典（三版）』（柴田書店、一九七一年）の、「糖炒栗子（甘栗）」の説明でも、「日本の甘栗の製法と同じように」とし、同様な説明があり、「中国内でも最も普遍的で喜ばれるクリの加工法である(60)」と記している。「天津甘栗」用に輸入されているチュウゴクグリの主産地は河北省の燕山山脈を縦走する万里の長城に沿った地域であり、中国では板栗と呼ばれる。この地域産のクリは中国北部の農作物の大集散地であった天津に集荷されて輸出されたため、天津甘栗や天津栗の呼び名がつけられた。

なお、チュウゴクグリは中国の東北地区南部から華北、華中、華南および辺境地方の甘粛省など広大な地域に分布し、栽培されている。果実は南下するにつれて大きくなるが、品質と貯蔵性は華北産が最も優れているとされている。

以下、貴重な参考文献として引用することになる『甘栗読本』では、チュウゴクグリ（*Castanea mollissima* Bl.）を「中国甘栗」としている。ちなみに、菊池秋雄氏の『果樹園芸学・上巻』（一九四八年）では、世界の主要なクリ属植物の一つとしてあげた *Castanea mollissima* Bl. の説明で、和名をアマグリ、シナアマグリと記し、大きな節のテーマでは「中国甘栗」が用いられている(61)。これに準じたものと思われるが、「天津甘栗」と紛らわしいので付記しておく。本稿では、『甘栗読本』を主要な参考文献としており、それに準じて中国産のチュウゴクグリを「中国甘栗」あるいは「中国産甘栗」と記していることを断わっておく。

2　中国における「糖炒栗子」

中国北部の重要な間食で、古い歴史がある。千年ほど前の遼の時代の『析津日記』に「糖炒栗子」の記載がみられるが、商品として出回ったのは元の時代で、清の時代になると北京（燕京）の街では、かなりの「糖炒栗子」が売られていたという(62)。

清末の『燕京歳時記』（敦崇、一九〇六年、小野勝年訳）の十月の項で、「栗子のでるとき、これを黒い砂で炒焼にするとひじょうに美味である。灯火の下で書物を読む余暇に皮を剥いて食べると、はなはだとびきりの味がある(63)」と記されている。

『甘栗読本』では、「古来の焼栗は、麦芽糖を栗に混ぜ、小粒の砂を用いて釜で焼くのが普通の方法で、元朝末から明朝初期に遡る(62)」としている。そして、「麦芽糖を用いたのは、皮に甘味を付着させて食べやすくするため、夾雑物を糖蜜により固め、栗と夾雑物を分離し、商品栗に光沢をつけ見栄えを良くするためであった。小粒の砂で栗を焼いたのは、焼熱の効果を上げ、加熱を均等化させるためでもあった(62)」と詳しい説明がなされている。

先の「天津甘栗」の説明では、砂糖とされているが、ここでは、麦芽糖とされている。麦芽糖はデンプンを麦芽などに含まれるアミラーゼで分解して得られるもので、わが国でも、砂糖が貴重な時代には身近な素材からつくられた。中国のこの時代でもそのような背景があったことが考えられる。

3　日本における「天津甘栗」のあゆみ

(1)　日本最初の甘栗屋の開業をめぐって

日本最初の甘栗屋については、『中国伝来物語』（河出書房新社、一九八二年）によれば、「明治四三年（一九一〇）に来日した中国山東の人、李金章が十一月三日の天長節（明治天皇の誕生日）に東京の浅草で、金升屋という店を開いたのが初め。原料のクリは山東、天津、大連などから取り寄せ、天津のものが最も多かった」[64]としている。

詳しい資料としては昭和二年（一九二七）刊行の『世相百態・明治秘話』（石田龍蔵著）[65]がある。「明治映画物語」、「東京の貧民窟」を始めとして五〇の秘話の一つとして「支那名産甘栗物語」が記されており、「甘栗」が当時の風物として特徴的な存在であったことが窺える。同文では前述の甘栗屋が始められた経緯の他に、その製法、当時の「甘栗」をめぐる人々の様子についても記されている。貴重な文献と思われるので、少し立ち入ってみることにする。なお、同書の著者である石田龍蔵についての資料は見当たらないが、濱本高明氏の『紙魚から見た人々――四十人の群像』（演劇出版社、二〇〇二年）には、宮武外骨と並べて明治風俗史家とされている。[66]

まず始めに、「明治四十三四年頃、浅草仲店《なかみせ》（原文ママ）に新しい看板を出した焼栗屋があった」とし、「尤も焼栗屋といへば、〈丹波名産〉〈浅草奥山名産〉などの名を付けて売っている店は各地の縁日などでよく見受けるが、この金升《かねます》屋の焼栗は此等の焼栗とは全然違って居るから面白い」として

図22　京都の遊廓にみられた焼栗屋
（『風俗画報』明治39年11月）

いる。当時、いわゆるニホングリを使った焼栗屋は縁日などではよく見かけられ、焼栗が当時の人々に好んで食べられていたことがわかる。これについては、明治三九年（一九〇六）一一月一〇日発行の『風俗画報』三五二号の「人事門」に掲載された「京都の物売」の中で、飴屋や八百屋などとともに、焼栗屋があげられ、その図も付されている(67)（図22）(68)。その説明の始めに、「これは夜店、祭日などに出店する焼栗屋と事かはり、各遊郭を回って売り歩くなり(67)」とある。ここで取り上げられているのは、特殊な販売形態の焼栗屋であるが、前出の「支那名産甘栗物語」でもあったように、当時、焼栗屋は縁日などでごく普通に見られるものであったことがわかる。

さて、李金章は山東省登州府（現・煙台市）出身の二〇歳前後の青年で、日露戦争当時には日本軍に使役されたが、戦後、日本が租借権を得た大連へ出て甘栗屋を始めた。ただ、思うようには行かず結局店を閉じて失意の日を送っていた時、出会ったのが、前記金升屋の主人九鬼国次郎であった。国次郎に誘われた金章は明治四三年（一九一〇）九月二八日に大連を出帆し、一〇月上旬横浜へ上陸し、すぐ甘栗屋の準備にとりかかった(65)。そして、「一一月三日の天長節を卜《ぼく》して浅草仲店にて日本唯一の甘栗店を開業した(65)」のである。

『世相百態・明治秘話』の著者である龍蔵は、「ワザワザ牛込か浅草まで十銭の甘栗を買いに行った」(65)とし、その甘栗のもつ魅力の秘密について、実際に、金升屋で、金章からの聞き取りをしている。ちなみに、少し後の大正三年（一九一四）の米一〇キロが二円ほどであった。

甘栗の製造法は、直径三尺ばかりの鉄の丸いかまどに深さ八寸の釜が掛けられ、その中には真っ黒に光った小豆大の小石が山形に盛りあげられている。「この小石が製造の種《たね》」と金さんは言う(65)。なお、金章は仲間うちでは金さんと呼ばれていた。さて、この小石五升の所へ適当に砂糖を入れて熱を加えながら混ぜると、砂糖は溶けて小石に着くから、そこへクリを入れて小一時間もかき混ぜながら煎る。そうすると小石に着いた砂糖はさらに栗の外皮に着き、中に滲み込んで行く。この那智黒のような小石は日本の石ではなく、「支那芝罘《ちーふー》の田舎から来る」という(65)。現在では、よく知られた方法であるが、当時の日本では画期的な焼きグリ製造法であったと思われる。また、金さんが「製造の種」といった小石をわざわざ中国から輸入していることからも、小石に対するこだわりが窺われる。なお、芝罘は現在の山東省煙台市に属し、彼の出身地に近いところである。

次に、高い甘栗の値段について触れ、焼き方が手数で、砂糖を使うことを挙げ、クリは「日本物」を使わず中国から輸入した栗を使っており、その時の関税が大きく影響しているとしている(65)。そして、なぜニホングリを使わないかについて、「支那栗は恰度《ちょうど》柴栗の様に小さい上に粒が不揃いで、日本栗の様な大きな物はないとの事、そして、その味に於いては、甘栗に焼かなくても日本栗よりは確かに味は良い。そして外皮を剝くのが容易である事も支那栗の誇りである(65)」と記している。チュウゴクグリの特性が的確に示されている。渋皮ではなく外皮とされているのは、ニホングリの場合、鬼皮をむいても、渋皮が剝きにくい状態があるが、チュウゴクグリの場合は渋皮も鬼皮と一緒に容易に剝くことができるため、このような表現になっていると思われる。このことは、当時の金升屋の広告の次の文句からもわかる。

「かはをむくには、ちょっとかるく栗のまんなかに爪形を入れて、おやゆびと人差指で上下につまめば、口があいて渋皮がつかずにきれいにむけます(65)」。

なお、当時輸入されたクリについて、「此栗は主に大連から輸出されてくるのであるが、実際の産地は天津と芝罘である、そして天津産の方が実が締つて居るだけに上等とされて居る(65)」としている。最後に、著者龍蔵は「味は流石《さすが》に金さんの自慢だけあって甘く喰わしたものだ(65)」と絶賛している。確かに、甘栗の味の素晴らしかったことはわかるが、当時の中国と日本の関係を考える時、若干二〇歳前後の中国青年の話に耳を傾け、褒めるだけでなく温かい目で見守っている著者龍蔵の姿には印象深いものがある。ちなみに、この「支那名産甘栗物語」の最後は、龍蔵に甘栗について語り終わった時の金さんの様子を、「こういって金さんはにっこり笑った」と記して締め括られている。

(2) 甘栗屋開業時頃の甘栗を食べた高村光太郎

当時、日本人にこの甘栗がどのように受け止められたかを窺い知れる一つの資料がある。高村光太郎は、明治四四年(一九一一)二月一日発行の『昴《すばる》』第二号に、「哀歌断片」として五編の詩を書いているが、その中に、「甘栗」という詩がある。[69] 前述したように、わが国初めての甘栗屋の開業は、明治四三年（一九一〇）一一月三日とされているから、高村光太郎が食べた甘栗は開業初年度のものであったと考えられる。そういう意味では貴重な資料となると思われるので、前半部分ではあるが引用しておきたい。ちなみに、この詩は、大正三年（一九一四）刊の処女詩集『道程』に、「道程」とともに掲載されている。[70]

釜から揚げた、／清国名産甘栗の／やはらかい皮をむけば、／琥珀のような栗の實が、／ころころところげたり。／─味醂くさい湯気がちる─／ワニラの酒《リキュウル》に似た、／舌つたるい甘さが鬼の息の様に體をつつんだ。（一月十九日）（後半部分は略、句読点は原文のママ、斜線は筆者）

この詩は習作として扱われている場合もあるようだが、「本邦初公開」の甘栗の味のみならず、その醸し出す雰囲気も伝わってくる。

(3) 黎明期の甘栗屋と甘栗をめぐる情景

大正時代初期には、毛利、千疋屋などが東京で甘栗の販売を開始し、大正三年（一九一四）に、現在の甘栗太郎本舗の創業者となる北沢重蔵氏が甘栗専業で販売を開始した。大正七年（一九一八）には、小林洋行が販売を開始し、大正九年（一九二〇）に、東京の池の端で世界万博が開かれた時、甘栗太郎が実演販売を行い好評を博した。これを契機に鈴一と楽天軒も甘栗の販売を始めた。この頃までには、北沢重蔵氏を始めとする甘栗専業者の第一世代によって、中国産甘栗が「天津甘栗」として、商品化されていたと考えられている。[71]

大正期の甘栗事情について、二十代の頃、果樹調査のため、馬で河北省のクリ産地を回った経験をもつ草川俊氏は、『くだもの歳時記』(一九八八年、読売新聞社)の中で、「甘栗が盛んに売れ出したのは大正九年頃からで、大正の末には東京だけで百店以上あった」[72]と記している。なお、先述したように、『甘栗読本』では、甘栗太郎の実演販売の実施期を「大正九年の世界万博の時」としているが、大正年間に世界万博は行われておらず、著者が、当時、上野公園で毎年のように開催され海外からの集客もあった博覧会と混同したものと思われる。いずれにしても、大正前期には数えるほどであった甘栗屋が大正末には一〇〇軒というから驚く。それほど、東京の人たちに好まれ、急速に受け入れられたことがわかる。

同じ時期の大阪の甘栗事情の一端を、大正九年刊の雑誌『道頓堀』にみることができる。この雑誌には道頓堀と宗右衛門町の町並みのイラストが絵巻物のように描かれており、道頓堀の法善寺横丁から堺筋までのイラストの中に、来々軒と天津号(図23)[73]という甘栗屋がみられる。天津号の屋号からは天津からのクリを使っていることが窺える。

昭和期に入ると、大阪の西川商店も「天津甘栗」の販売を開始した。[71]

昭和初期の甘栗と庶民の生活との関わりの一端を『北国新聞』の昭和六年(一九三一)一一月八日号掲載の詩に見ることができる。日野春助作「甘栗を焼くにほひ」である。[74]

「夕暮れが迫ると/甘栗を焼くにほひが/この屋根裏の私の部屋を/なつかしく占領する/そこで

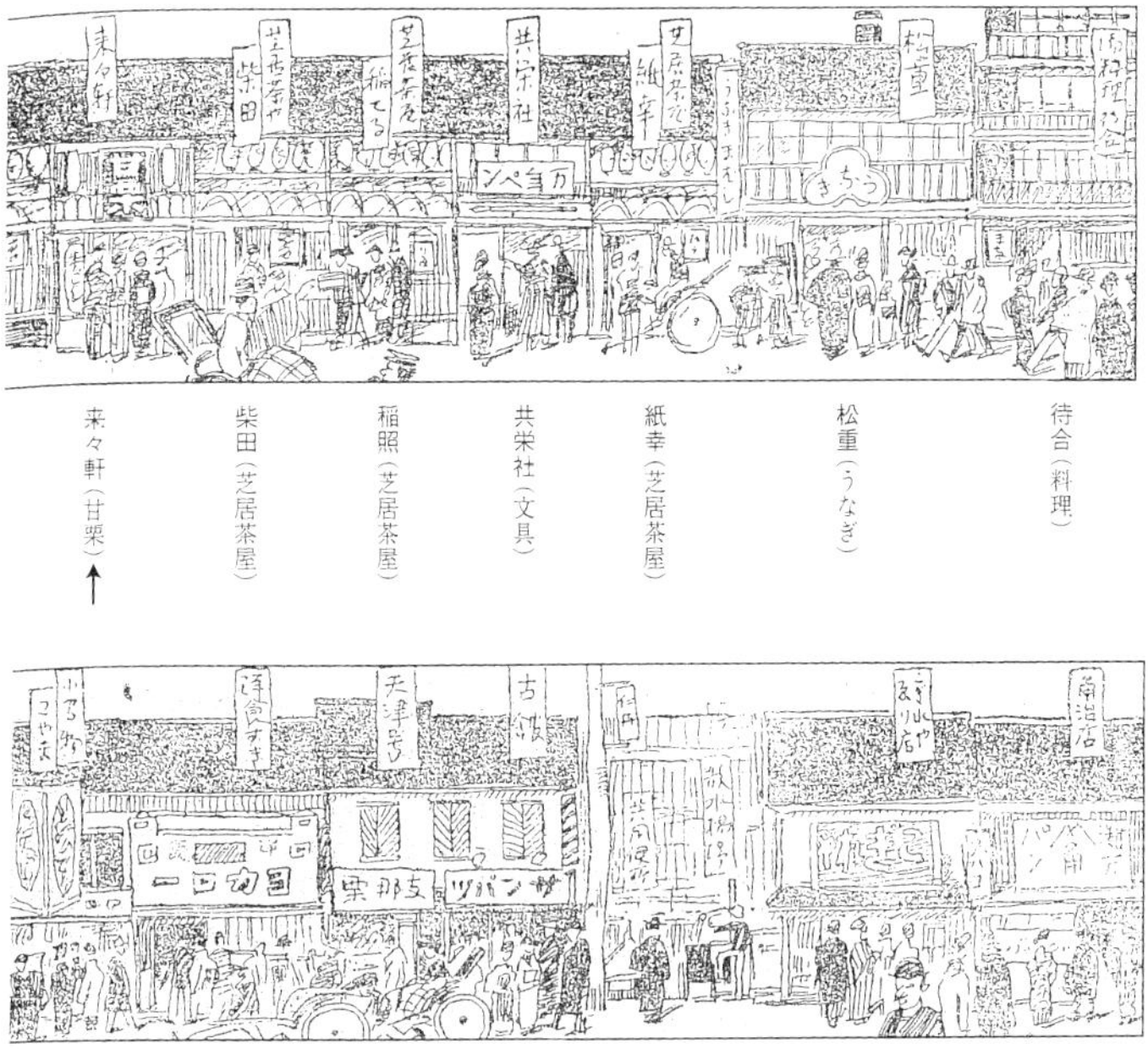

図23　大正９年の雑誌『道頓堀』の町並みイラストにみられる甘栗屋（矢印）
上段に「来々軒」、下段に「天津号」の看板が見える。（『モダン道頓堀探検』）

私は窓を明ける……／外は一面に蕊の赤い花園だ／街に灯がついたのだ」（斜線は筆者）

街一帯に灯がつく様子は、当時の電灯の普及状況から、東京などの大都市の情景と推察される。また、「なつかしいにほひ」というから、この頃には、かなり一般的に街中では売られていたものと思われるし、懐かしさを感じさせる存在であったことも窺える。

⑷　チュウゴクグリ輸入の変遷

以上みてきたように、明治末に開業された「甘栗屋」は早いスピードで受け入れられ、広まっていった。ここでは、その甘栗屋で必須のチュウゴクグリの輸入の変遷を概観したい。ここでは、『甘栗読本』の他に、後述する名古屋の甘栗専業業者今井康幸氏からお聞きしたことも参考にしている。

なお、甘栗屋で用いられたのは中国産甘栗だけでなく、平壌栗と称せられる朝鮮産のクリも用いられていた。平壌栗は平壌周辺で栽培されたチュウゴクグリの名称で、平壌が集散地であったことから、平壌栗と称せられた。ちなみに、朝鮮在来種は朝鮮栗といわれ、日本の栽培品種と同じ種類（*Castanea crenata* Sieb. et Zucc.）である。(75)

【戦前まで】

『甘栗読本』では、一九二一年から一九三五年頃までは、年間約三〇〇トンから四〇〇トンの天津甘栗が輸入されたとされている。(71)

昭和七年（一九三二）刊の『大百科事典』第七巻（平凡社）のクリの項ではチュウゴクグリは「支那栗」（咸従栗、平壌栗）と表記され、「支那中部原産で、古より朝鮮に入り平壌付近が主産地である」[76]と記されている。「咸従栗」、「平壌栗」については、菊池秋雄氏の『果樹園芸学・上巻』の「中国甘栗」（現在のチュウゴクグリにあたる）の説明で、「朝鮮の平壌栗又は咸従栗と称するものは、河北省より渡来せるものであり、小果にして甘味に富み、渋皮の剥離し易き特性は全然前者と同様である」[61]としている。また、前述の『大百科事典』では、「甘栗として有名な支那栗が朝鮮、支那から多量に移輸入される。朝鮮からの移入額四五七万斤、価格七〇万円、支那からの輸入額一四八万斤、価格二〇万円に上る」[76]とされている。当時の「内地クリ」の生産額は二八五万円とされており、甘栗用のチュウゴクグリの輸入額は九〇万円となり、「内地」のクリ生産額の約三分の一である。また、一斤を六〇〇グラムとして換算すると、「朝鮮からの移入」、「支那からの輸入」は、それぞれ、約二七〇〇トン、九〇〇トンで、合わせると三六〇〇トンとなり、多量のチュウゴクグリが移・輸入されている。ちなみに、また、明治末の甘栗屋開業時はすべて中国から輸入されたチュウゴクグリにより賄われ、それ以降天津栗という名称もつけられていたのであるが、昭和七年（一九三二）頃においては、当時、日本の統治下におかれた朝鮮から、平壌栗が従前の天津栗をはるかに上回って移入されていることにも注意しておきたい。この天津栗の輸入減は、本事典刊行の前年にあたる昭和六年（一九三一年）に起きた満州事変による中国との緊迫した状況も反映されているものと思われる。

なお、『果樹園芸学・上巻』によれば、昭和一〇年頃の天津栗と平壌栗の移・輸入額を一〇〇万円としている。[61]

一九三七年（昭和一二年）には、盧溝橋事件を契機とする日中戦争に突入し、中国産甘栗の輸入は厳しい局面を迎えることになる。この当時の中国産甘栗の輸入の状況について、『甘栗読本』では、「一九四〇年代は不幸な戦争により、日中の甘栗貿易もままならず、数量は減り、かわって平壌栗が輸入（原文ママ）販売されていた」と記している。

さて、一九三九年（昭和一四年）には、当時、日本の統治下に置かれていた朝鮮半島北西部の平安南道から、『平壌栗に就て』[77]という出版物が刊行されている。平安南道は平壌の北に位置し、平壌栗の栽培で古い歴史を有する産地である。同書の前書きでは、平壌栗を「本道林業副産物中の白眉」と絶賛し、大正から昭和にかけての増殖奨励によって、「内地」はもちろん台湾方面にまで移出できるまでになったとしている。そして同書発行の意図を、さらに天津栗に伍するべく良品質の平壌栗の増産に資するためとしている。内容は、平壌栗の由来に始まり、生産状況、栽培、経営から、天津栗との品質、嗜好の比較の検討にまで及ぶ一二〇頁近くのクリの専門書といってもよいものである。また、「平壌栗銘柄別生産分布状況竝純系分離用指定母樹林位置図」も付けられ、全道一三九箇面（面は概ね日本の村に相当）の産出量が記され、母樹林については、位置、面積だけではなく、本数まで記されており、当時の平壌栗の栽培概況を知る上での貴重な文献といえる。

なお、一九四二年（昭和一七年）には日本甘栗卸商業組合が設立されている。

【戦後から昭和六〇年頃まで】

チュウゴクグリの輸入の変遷については、先述したように『甘栗読本』以外にまとまった資料がない。同書での記述は昭和六〇年までであること、これ以降の輸入状況については、既に触れているので、ここでは、昭和六〇年頃までを中心に述べる。

戦後、中国産甘栗の輸入が再開されたのは昭和二四年（一九四九）に新中国（中華人民共和国）が成立した年のことで、八六トン入荷した。[71] この時期からは中国との貿易の促進を願う有識者によって、日中貿易促進会（一九四九年）、日中貿易促進会議（一九五二年）、日本国際貿易促進協会（一九五四年）が設立され、甘栗輸入商社、甘栗専業者も続々これらの促進団体に加入した。[71] なお、アメリカの占領下から脱した後の昭和二七年（一九五二）には、日本政府は台湾に成立した中華民国とのみ国交を結んだため、大陸との公的な外交ルートは存在しなかった。

この時期の中国産甘栗の輸入状況は、昭和二七年（一九五二）、昭和二八年（一九五三）には一一七トン、昭和二九年（一九五四）からは急増し、「長崎国旗事件」が起きた昭和三三年（一九五八）までは、一四〇〇トンから一五〇〇トンが輸入されている。[71]「長崎国旗事件」というのは、長崎で開かれた日中友好協会主催の中国切手展で、一青年が中国国旗を引きずり降ろした事件である。

昭和二九年（一九五四）には日本甘栗加工商業協同組合が農林省より認可されている。同組合東京支部は昭和三三年（一九五八）に、『くりの統計』[78]という出版物を林野庁の協力を得て刊行している。三〇頁ほどの冊子であるが、わが国の戦後のクリの生産、加工、輸出入の概要のみならず、当時全国的に蔓延していたクリタマバチ発生分布図、クリタマバチ被害面積、被害額まで記されており、当時のわが国のクリ産業を概観できる内容である。当時、日本甘栗加工商業協同組合は単にチュウゴクグリだけでなく、国内のクリについても深い関心を寄せていたこと、このような刊行物を出版するだけの力量を有していたことが窺える。内容の詳細については後述する。

さて、「長崎国旗事件」により、日中貿易が中断となり、一九五八年度の輸入は全面ストップという危機に遭遇した。日中政府間に国交がないという厳しい政治状況があったが、甘栗組合の粘り強い努力の結果、当時の総評事務局長岩井章が訪中する折に、貿易再開の嘆願を周恩来首相にしてもらうように依託することができた。そして、翌年の一九五九年には輸入再開が実現し、一〇〇〇トンが輸入されることになった(71)。『甘栗読本』では、この間の事を、「こうして天津甘栗は日中民間友好貿易の象徴商品となった(71)」と記している。そして、昭和四〇年(一九六五)になると、五〇〇〇トン、昭和四一年(一九六六)には一万トンを突破している(71)。一九六五年、そして翌年の一九六六年の著しい伸びには驚く。これについて『甘栗読本』では、「中国特産で、しかも原形のまま日本の消費者に売り届けることのできる甘栗商品は、その風味と自然の香りが消費者から好評を博して、市場を急速に拡大していった(71)」としている。また、先述の日本甘栗加工商業協同組合の事務局長を務められた高野吾朗氏は、「高度経済成長とともに甘栗の消費が拡大していったともいえる」と述べている。

一九七二年には、日中共同声明が発表され、ようやく国交が回復した。『甘栗読本』では、「〈平等互恵〉、〈有無相通じる〉という日中貿易の原則が、民間のみならず、両政府間においても確認され、日中甘栗貿易も、今一つの政治的保障を得ることができることになった[71]」としている。甘栗業界が渇望し、その促進を自らも推し進めてきたことであるから、喜びもひとしおであったと思われる。一九八〇年代半ばまでは増減を繰り返しながらも増加し続け、輸入量は三万五〇〇〇トンほどにまでなっている。

ちなみに、『世界大百科事典』（平凡社）のクリに関する記述をみると、昭和三一年（一九五六）刊行、昭和四七年（一九七二）刊行のものでは、クリの項で、「天津グリまたは甘グリと称し、店頭に販売されている[79][80]」と説明があるだけであるが、昭和六三年（一九八八）刊行のものでは、この他に、「甘栗」の項が設けられて詳細な説明が記されている[81]。

しかし、二〇〇〇年頃からは減少傾向が続き、現在の輸入量は約八〇〇〇トンとなっている[82]。

甘栗商をめぐる変化について、今井康幸氏は、「一九八〇年頃から甘栗専門業者以外のクリ加工業者の製品がスーパーで販売し始められた。低価格の甘栗製品が大量に流通することになり、甘栗専門業者の経営は逼迫し転換期をもたらし、専門業者の減少を生ずることとなった」と言われる。また、一九九〇年代末頃には、レトルトパウチ（レトルト食品を封入した袋）に入れられた皮を剝いた甘栗が登場し、食べ易さが消費者に受け入れられ、好評を博した。現在は当時のような剝き甘栗に対する支持は見受けられないが、このような要因もあり、従前の皮をむいて食べる甘栗の消費は減少傾向にあることは否めない。

くりの種類(府県別)
(林野庁　伊藤清三氏調査)
Ⓐ 銀寄
Ⓑ 中生丹後
Ⓒ 奥多摩早生
Ⓓ 利平
Ⓔ 日の春
Ⓕ 岸根
Ⓖ 大正早生
Ⓗ 赤中
Ⓘ 霜被
Ⓙ 笠原
Ⓚ 傍士
Ⓛ 筬屋
Ⓜ 小布施
Ⓝ 長兵衛
Ⓞ 鹿瓜
Ⓟ 今北
Ⓠ 長光寺
Ⓡ 豊玉
Ⓢ 田尻銀寄
Ⓣ 乙宗
(昭和30年～31年の調査によるものであり、
記号なき県は未調査地域である。)

図24　昭和33年（1958）刊の『くりの統計』にみられる府県別「くりの種類」

【昭和三三年刊行の『くりの統計』[78]について】

まず、本書刊行の経緯と意義について触れておきたい。これについては、統計資料の蒐集において全面的に協力をした林野庁研究普及課長（当時）の伊藤清三氏は同書の「序にかえて」で次のように記している。

「日本甘栗加工商業協同組合から、日本におけるクリの木の分布状態、生産量およびその推移を統計的に表し、『くりの統計』という一冊にまとめ、これを広く関係方面に配布したいという企画を聞いた。この企画が有意義であり、役立つものであると非常に嬉しく思うとともに、感謝した次第」としている。意義あるものという評価にとどまらず、「感謝した」とあるから、単に委託を受けての仕事ではなく、林野庁としても待ち望んだ、時宜を得た企画であったことが窺える。

さて、前項で少し触れたように、同書からは、昭和三〇年（一九五五）頃のわが国のクリ栽培を概観することができる。当時は、クリタマバチが東北地方、北海道を残し全国に蔓延しつつあった時期である。少し立ち入ってみておくことにする。

同書には、「品種別栽培調」（府県別、昭和三〇〜三一年調査）があり、「銀寄」を始めとして三〇品種ほどについて各府県別に調査された結果が記されている（図24）[78]。クリタマバチ非抵抗性品種とされるクリタマバチ発生以前の主要品種の「中生丹波」や「大正早生」が、それぞれ二一県、一三県でみられ、まだ、クリタマバチ抵抗性品種に置き換わっていないと思われる。

つまり、この調査結果は、クリタマバチ発生以前のクリ品種の府県別の栽培状況が表わされており、クリタマバチによってクリタマバチ非抵抗性品種が淘汰される以前のわが国のクリ品種の栽培状況を知る上でも貴重な資料といえる。

調査回答がない県が数県あるが、北海道をはじめほとんどの県で「銀寄」の記載がある。次に「利平」が二四県、「中生丹波」が二一県、「大正早生」が一三県、「豊多摩早生」が一二県でみられる。栽培がみられる県数は少ないが、特徴的なものとしては、「甘栗」、「傍士」がそれぞれ、二県、四県で記載がみられる。また、「柴栗」の記載が七県であるのも興味深い。

いずれにしても、同書の最後に日本甘栗加工商業協同組合の組合員名簿があるものの、当時の農林省の刊行物かと見まがうようなものである。当時のクリ産業全体を概観できるものであり、クリ栽培関係者にとっても、大いに役立つものであったと考えられる。

4 名古屋で古くから甘栗商を営んでこられた今井総本家社長に聞く

甘栗製造で全国的に知られていたのは東京の甘栗太郎と大阪の楽天軒であるが、ここでは、全国的ではないが、両老舗に匹敵するほどの歴史を有し、中部地方を代表する今井総本家三代目社長の今井康幸氏（昭和二四年生）に、長年甘栗商を営んでこられた経験から、その変遷、製造、販売などに関わってお聞きしたことをもとに記すことにする。ちなみに、初代今井多次郎氏は、前出の『くりの統計』の日本甘栗加工商業協同組合の昭和三一年組合員名簿に、理事としての記載がみられる(78)。初代の時代には、「利平ぐり」の作出者である岐阜の土田健吉氏のクリの出荷先であったと同時に、中国甘栗の種子を提供し、わが国の風土に適合したチュウゴクグリ品種、「岐阜一号」、「岐阜二号」、「岐阜三号」の育成に貢献している。これらについては「ぽろたん」の育成についての項で述べているので割愛する。なお、お聞きした内容は、前述したことと重複あるいは、若干の年代の誤差などもあるが、長年甘栗商を営んでこられた方からの貴重な聞き取り資料としてそのまま記すことにした。

【今井総本家の黎明期について】

「一九二〇年（大正九年）、従来の木の実の販売に併せ、甘栗の販売も始めた。扱っていた木の実の種類は、クリを始め、クルミ、カヤ、マツの実、ヒシの実などで、甘栗の販売を開始する以前もクリは焼き栗にして売っていた。戦後は店の表で、各種の木の実を籠にいれて並べて小売し、裏で甘栗を焼いて売るという形態をとっていた。クリを始めとする木の実の入手は岐阜県、長野県などの近辺の産地からで、それに、甘栗を加えて営業し、その後、徐々に甘栗の扱い量を増やしながら甘栗専業に発展して行った」。この「木の実」商を起源として、甘栗専業に発展していったという歩みは、東京や大阪の甘栗専業業者の発祥とは異なっており、興味深い。

【中国甘栗の入手と関わって】

同社が原料としている中国甘栗の主たる産地は河北省遷西県の梁陽村と漢児荘郷楊家峪村で、燕山山脈の南麓で、万里の長城付近にあたる。わが国の「天津甘栗」の原料として輸入されているチュウゴクグリの大半が河北省産で、その最大の産地が遷西県であり、良質の中国甘栗の産地として知られている。

遷西県の概要について、『遷西板栗』（遷西県板栗経営管理事務所、二〇〇一年）[83]をもとに触れておく。遷西県は燕山山脈南面に位置し、県の南北には高地が広がり、中間部はやや低い平原となっており、至るところ多くの河川が流れ、多くは低い山々で河川の浸食によってできている。気候は、季節風地帯に属し、四季があり、冬は寒冷で少雪、春は乾燥し風があり、夏は暑くて多雨で、秋はからっとした晴天で、昼暖かく夜涼しい。年平均気温は一〇・一℃で、最高気温は三九・九℃まで上がり、最低気温はマイナス二五℃まで下がるという。そして、「遷西板栗」の産地は昼夜の温度差が大きく、クリ果実の生長に好影響を与えて、光合成産物の蓄積に有利な条件となっている。このことは品質優良なチュウゴクグリを産出する産地の条件を備えていることを意味している。

なお、「天津甘栗」の原料とされる天津栗の糖分について、真部孝明氏は自著『クリ果実』の中で、ニホングリに比べ、全糖が乾物当り二～二・五倍で、生果では三～四倍の含量である。天津栗が〈甘栗〉として市販され、甘みが強いのは、このことに依拠するものであるとしている[84]。ニホングリに比べ天津栗が甘いことが頷ける。

さて、この地方で多く栽培されている品種は、燕山早豊、燕山魁栗、燕山短枝の三品種である。今井氏によれば、「隣の県へ行くと異なる品種がみられ、各県が独自で、クリ品種の育成にあたっていると思われる」と言われる。ちなみに、『甘栗読本』の「天津甘栗の故郷」の章の「遷西県」では、

「河北省政府の決定により、遷西県は輸出栗の基地となった。(中略)良品種接ぎ木を行い、一九八五年には一四万本接ぎ木した。また、優良品種苗木の栽培を行い、品種改良を進めている」[85]とあり、遷西県が現在の「天津甘栗」原料の最大の生産地となっていることは頷ける。ちなみに、遷西県では、二〇〇〇年に良品質生産と拡販促進を目的とした板栗経営管理事務所が設けられ、翌年には先述の『遷西板栗』が刊行されている。なお、同書の「遷西県」の代表的産地として漢児郷楊家峪村があげられ、「栗専業村」と記されている[85]。

【製造法について】

当社での製造工程と、特に注意しておられる点について挙げてもらった。

一、鍋に金魚鉢の底に敷くような大きさの小石を入れ、かき混ぜながら加熱する。小石を使うのは温度を間接的に上げていくためで、小石を加熱すると小石から遠赤外線が出て、クリの芯まで温まり、甘くておいしい「天津甘栗」ができる。なお、小石は、クリに傷をつけないため川石を用いる。

二、そこへクリを入れる。

三、そして水飴を加える。時折、水飴を加えながら焼きあげる。大体、三五分から四〇分ぐらいだが、甘栗業者によって異なる。

水飴は小石の温度が上がり過ぎて、烈果しないようにするために大切で、水飴を加えることによって香ばしい匂いがし、美しいツヤが出る。生栗を加熱すると、栗の実のデンプンが糖分に変わり甘くなる。七〇~八〇℃位が最も糖分が多くなるといわれている。クリの色の変化を見て温度を調節していく。「初めちょろちょろ、中ぱっぱ」という米の炊き方と同じである。露店で甘栗を焼く場合は、水飴ではなく、ザラメを入れるのが普通であるが、水飴を使うと水分による気化熱で鍋の温度が急激に下がり、これを防ぐためである。水飴でも鍋の温度をコントロールするために水飴の濃度を変える場合もある。なお、水飴を加えることによってその甘みがクリの実の中に浸透するわけではない。

以上のことから、クリを焼くときの鍋の温度調節にいかに注意が払われているかがわかる。また、今井氏からお聞きした製造法の概要と他の「天津甘栗」の老舗における製法(86)とは基本的なところでは相違なく、現在の日本においては一般的に用いられている方法と思われる。

【話を聞き終えて】

師走も半ばの忙しい時期に長時間にわたりお話しをお聞きすることになったわけであるが、終わる間際に、「一九八〇年頃のことだが、苦い思い出がある」と切り出された。甘栗原料調達のため遷西県へ行き、現地の人に案内をしてもらっていた時のこと、辺りのクリの木を見て、「それほど大きくないですね」と言った途端、相手の表情が急に険しくなり、厳しい言葉で問い詰められることとなったという。「この辺りのクリの木は〈満鉄〉による鉄道敷設のため、否応なく枕木用材として伐採されてしまった。戦後になって植え付けられたため大きくはない」ということであった。ちなみに、「満鉄」は、満州を半植民地化する足掛かりとして作られた半官半民の南満州鉄道株式会社の略称で、日露戦争後の一九〇六年（明治三九年）に設立され、第二次世界大戦終結の一九四五年（昭和二〇年）まで存在した。クリ材の鉄道枕木への利用については、既に述べたところであるが、戦前、中国において行われた日本によるクリの木の伐採が現代の中国の人々の心にも深い傷跡として残っていることが窺い知れる。

最後に、自社製品である「天津甘栗」をいただいた時、販売に関わって話されたことも印象に残っている。

「現在は卸売りはせずに、店頭を中心に一部デパートでも販売している。親子連れの小さな子には数粒の甘栗を小袋に入れて渡すことにしている。当初、裸で渡したところ、お母さんに叱られたことがあるから。このようにしておくと、しっかり覚えておいてくれる子がいるもので、高校生ぐらいになって近くまで来たということで、買いに寄ってくれる子もいる」と言われる。本当に嬉しそうに話される今井氏の姿から、おいしい甘栗を子供から大人までたくさんの人に食べてほしいという温かい思いと、甘栗商としての矜持というものを垣間見させてもらうことができた。

第五章　現代の栗栽培技術と利用・加工

一　低樹高栽培について

(1)　果樹栽培全般における「低樹高栽培」について

まず始めに、「低樹高栽培」は果樹栽培全般においても重要な課題であるので、その概要について触れておく。『最新・果樹園芸技術ハンドブック』（一九九一年）では「低樹高栽培」[1]という項が設けられ、「オウトウ、カキ、クリなどは、樹高が六メートル以上で栽培されていることが多い。しかし、樹高が高いほど摘果、収穫などの作業能率が低下するだけでなく、下枝への日当たりが低下し果実の品質が劣る傾向がある。また、薬剤散布の徹底における困難性も伴う。このようなことから、リンゴ、モモ、カンキツなどでは、樹高を四メートル程度に制限する努力がこれまでも行われてきた。四メートルという高さは、二メートルの脚立の上に人が乗って手を伸ばした時、手が届く高さである」とし、

「低樹高栽培は四メートル以下に樹を低く仕立てて、作業能率を高める栽培法である」と記している。そして、「わが国において、低樹高栽培の重要性が強く認識されるようになったのは一九七〇年代になって矮性台を用いたリンゴ栽培が導入されてからである」ともしている。矮性台は、樹を小さくする効果を有する接ぎ木で用いられる台木である。ちなみに、『最新農業技術事典』（二〇〇六年）の「低樹高栽培」[2]の項では、具体的な慣行の低樹高化技術として、リンゴの矮性台木の利用が第一番目にあげられている。

(2) クリの低樹高栽培について

ニホングリはチュウゴクグリ、ヨーロッパグリなどの栽培グリの中では最も樹形がコンパクトであるが、放任すれば樹高が一〇メートル[3]に達することも珍しくない。従来、クリの整枝・剪定法としては、変則主幹形が奨励されてきた（図25）。この場合、ほとんどの木は樹冠が大きくなり、結果部位も高くなりがちであった。樹高が高いと栽培管理が難しく、大果の生産を阻むことにもなる。一方、経済栽培を進める上では、大果の生産はもっとも重要なことで、この問題の解決を目的として、一九七〇年代から整枝・剪定による樹高制限技術の開発に着手された。[4]これが、低樹高栽培といわれるもので、先述したわが国の果樹栽培において低樹高栽培の重要性が強

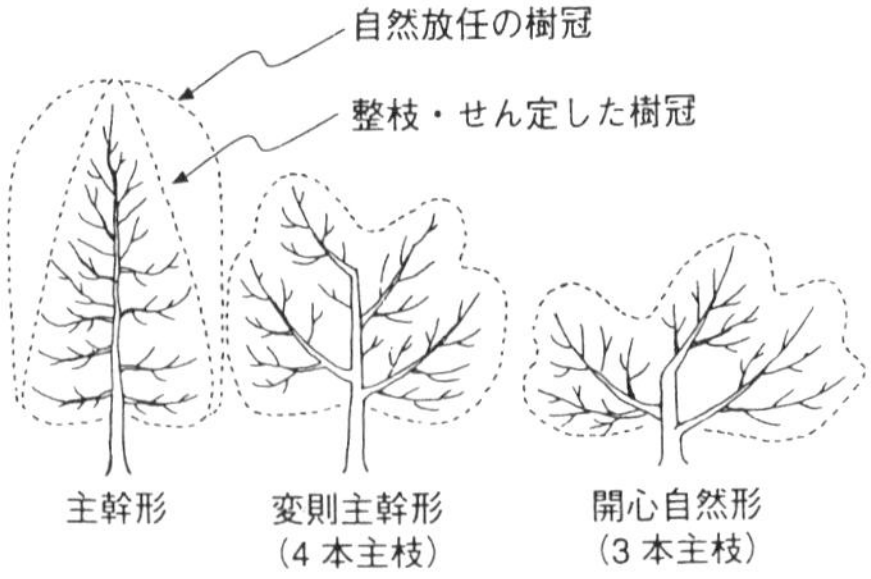

図25　立ち木の代表的な整枝樹形の骨格（側面図）（『最新果樹園芸学』）

く認識されることになったことと軌を一にするものである。

『最新・果樹園芸技術ハンドブック』によれば、「クリの低樹高仕立ては樹高三・五メートルと低く、樹冠が小さくなる[1]」とあり、従来の三分の一ほどの高さになり、整枝・剪定、防除、収穫を含む栽培管理全般の徹底が容易になることがわかる。また、「果実は大きくて、高品質のものができる」とされている。これは、優良な結果母枝（果実をつける枝を出す枝）を選んで残すために、着果数は少なくなるが、大きい果実の比率が増すことによる。結果として、高価格での販売とコスト低減が可能になり、収益が増加することになる。ほかに、『日本の園芸』（一九九四年）において、寄生性の変異したクリタマバチによる抵抗性品種への加害は、まだ楽観できないが、低樹高栽培では、その分布密度が低下し、被害が減少するということも利点としてあげられている[4]。これらのことからも、低樹高栽培のメリットが総合的なものであることがわかる。

（3）　岐阜県における低樹高栽培技術開発への取り組み

岐阜県における低樹高栽培に関わる技術の進展について、岐阜県の農業試験場でのクリタマバチ抵抗性品種育成試験において重要な役割を果たした塚本実氏は、『最新農業技術・果樹　第三巻』（二〇一〇年）の「超低樹高栽培[5]」中で、その経緯を詳しく記している。また、この研究業務に直接関わられた塚本氏ご本人からもお話しをお聞きすることができたので、これも合わせ記すことにする。

岐阜県でのクリの低樹高栽培試験は、一九五五年（昭和三〇年）、岐阜県農事試験場東濃分場（現・

中山間地農業研究所中津川支所）で、慣行栽培の八〜一〇メートル樹高を、低樹高五メートルにすることを目標に始まった。その後の試験結果から、六年生で心抜きをする変則主幹形整技法が確立され、昭和四〇年代には低樹高五メートルの栽培法が産地に普及した。そして、一九七五年（昭和五〇年）に県中山間地農業試験場（現・中山間地農業研究所中津川支所）で開催された第八回全国クリ研究大会で、この栽培体系は低樹高栽培の初期段階として紹介された。

昭和五〇年代に入ると、大果で多収・高品質果実とともに、管理作業の軽労働・省力化を目ざして今まで以上に栽培管理がしやすいように樹高をさらに低くすることが望まれた。

そこで、一九七九年、県中山間地農業試験場で、農林水産省果樹試験場の協力を得て、変則主幹形をさらに低くする低樹高栽培確立試験を全国に先駆けて着手した。[5] その結果、一九八三年には、樹高三・五メートルの短幹変則主幹形を開発し全国に紹介した（図26）。この方法は樹高が低いため剪定をはじめとする栽培管理が容易で、しかも、大果、高品質、多収であることから各産地に急速に普及することとなった。同時期に刊行された『果樹園芸大事典（第五版）』（一九八四年）のクリの「整枝と剪定」の項では、「自然状態でのクリ樹は主幹の直立した円筒形の樹冠をもつ大木となる。（中略）クリの樹形は原則的には変則主幹形が適当[6]」としている。同書では「低樹高栽培」という文言は見られず、この段階では、低樹高栽培はまだ限られた地域ものであることがわかるが、同時に、岐阜県における低樹高栽培に関わる研究の先進性も窺い知ることができる。なお、低樹高栽培についての研究は岐阜県の他に、兵庫県、茨城県などでも行われ、それぞれ独自の整枝・剪定の方法が確立されてい

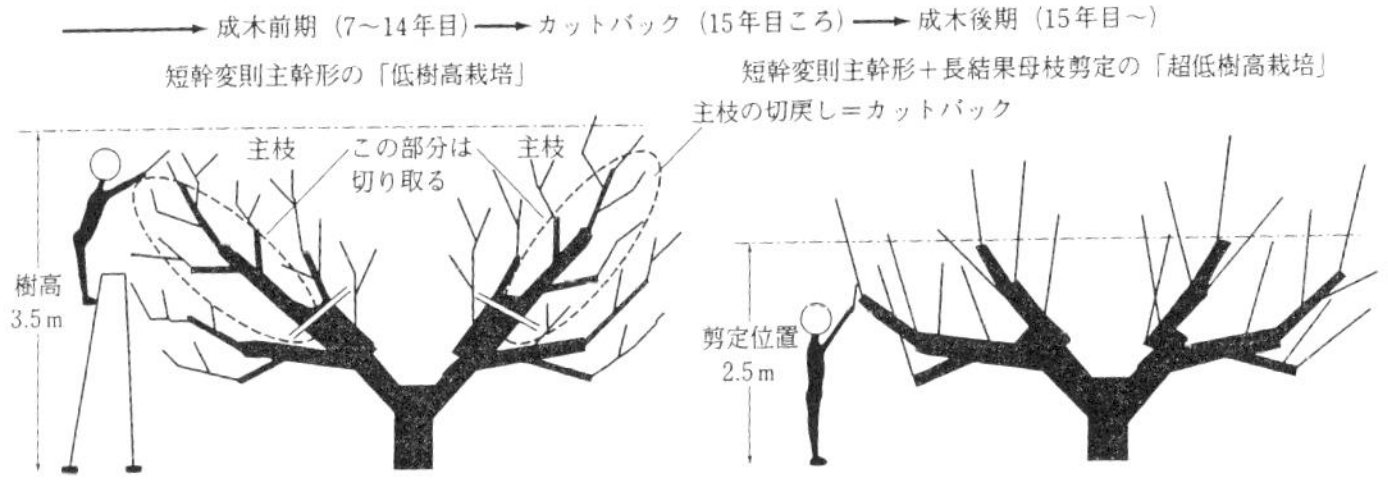

図26　樹齢別の樹形（剪定後）の推移（『最新農業技術・果樹３』）

表７　整枝・剪定の方法[4]

特　性	岐阜方式	兵庫方式	茨城方式
栽植距離（m）	5×5	4×8	5×5
栽植密度（本/10a）	40	31	40
幹　高（cm）	70	80	—
樹冠高（m）	3.5	3.5	3.0
主枝数（本）	3	2	2～3
結果枝数（本/m²）	6～8	6～8	5
収　量（kg/10a）	500	700	—
特　徴	3 L-15%，2 L-50%	— 並木植えの変形	3 L+2 L>70% 主枝を引き下げる

る（表7）[4]。

岐阜県の低樹高栽培の研究に当初から関わってきた塚本実氏は退職後、自分のクリ園で、さらに、樹高を低くすべく研究を続けられ、一九八八年、一九八九年の二か年の検討の結果、低樹高二・五メートルの整枝法の成果を確認し、新しい超低樹高栽培技術として確立した[5]（図26）。この成果は、一九九七年に県中山間地農業試験場で確かめられ、「低樹高栽培体系（岐阜方式）」と呼称され、岐阜県では試験研究機関、農業改良普及センターおよびJA生産組織が一体となってこの栽培体系による産地拡大に積極的に取り組んでいる。

塚本氏の「超低樹高栽培」の「病害虫対策」の項では、「剪定時に弱小枝を除くことでクリタマバチの発生は少ない」とある。現在では、弱小枝の切除は慣行的な作業となっているが、塚本氏が低樹高栽培技術確立に向けて試験研究に取り組んでいた一九七〇年頃においては、他県の伝統的クリ生産地の中には、葉数が減り、光合成生産物が減少するというマイナス面があるとする異論があったという。その中で、塚本氏は樹高を低くすること、優良な結果母枝を残すことの他に、弱小枝を除くことの大切さも合わせ提唱した。果たして、その結果、悩まされていたクリタマバチの被害は一〇分の一ほどに減ることになった。これには、視察に来た当時の農林省果樹試験場の保護部長も驚きを隠さなかったという。なお、弱小枝を放置しておくと、クリタマバチの産卵期の六月中旬から七月中旬には、弱小枝の伸長は普通枝に比べて早く止まり腋芽の形成が早いため、クリタマバチが容易に産卵して、クリ園内の越冬幼虫数も多くなり、羽化時期の成虫密度を高めることから、被害の増大につながることとなる。岐阜県はこのような耕種的防除（栽培環境の改善による病害虫防除）によるクリタマバチ対策を講じてきた。ちなみに、岐阜県ではクリタマバチの天敵であるチュウゴクオナガコバチの導入はしてはいないという。これについては、チュウゴクオナガコバチの自然伝播による分布が生じている可能性も考えられるが、この低樹高栽培法は、樹高を低くすることに伴うメリットのみならず、害虫防除における耕種的防除法としても大きな意味のある技術であると評価できるであろう。

半世紀ほどの間に、見上げるほどの大木を相手にしたクリ栽培が、低い脚立で栽培管理ができる低樹高栽培にまで到達していることは驚くべきことである。低樹高栽培技術の開発における岐阜県の果たした役割は大いに評価されるものである。また、低樹高栽培研究の黎明期から関わり、超低樹高栽培の技術の確立にこぎつけた塚本実氏の業績も特記しておきたい。ちなみに、塚本氏は二〇〇八年、超低樹高栽培の技術の開発により、農林水産省の「農業技術の匠」に選定され、二〇〇九年には黄綬褒章を授与されている。授賞にあたっての功績内容は次のようである（一部抜粋）。

「超低樹高栽培の技術は樹の経済寿命を従来の二倍以上延ばすこと、大果で高品質な果実を安定的に生産できること、作業部位が低くなることから、女性や高齢者にも安全かつ効率的に作業ができること、という画期的な技術です。超低樹高栽培技術で生産された高品質なクリは、地元の菓子業者のニーズをとらえ、農家の所得向上及び生産意欲の向上、新規就農者の確保など産地の活性化につながっています」。

写真29　「ひがし美濃」の栗きんとん
（『ひがし美濃発道中見聞食・栗全書』）

塚本氏が超低樹高栽培を実践し、普及されている恵那地域は「くりきんとん」で知られる全国有数の和菓子処で、クリを材料とする菓子業者が多く、地元産のクリに対する高い需要がある（写真29）[7]。また、塚本氏によれば、定年後のクリ栽培のために、定年前にクリ園の開園準備を始める人も少なからずいるという。今後の進展が期待される。

二　ニホングリの渋皮剥皮の難しさとその解決への取り組み

(1)　ニホングリの渋皮剥皮困難という特性について（図27）[8]

チュウゴクグリの渋皮は簡単に剝けるのに、ニホングリの渋皮の剝皮が極めて困難であることはよく知られている。このことがクリ利用・加工上の問題点となっている。農林水産省果樹試験場の田中敬一氏らは、果実の生育初期にはニホングリとチュウゴクグリの渋皮剝皮性には差異がなかったが、ニホングリでは生育後期から渋皮は次第に剝けにくくなり、果実の落果とともに急激に剝皮が困難となったとし、渋皮剝皮の難しさは渋皮中のポリフェノールと相関があることを明らかにした。[9][10]さらに、収穫期が近づくとポリフェノールの生合成が盛んになり渋皮に蓄積し、果実が落果すると、落果により渋皮が急速に脱水されることにより渋皮の細胞が崩壊し、細胞内に局在していたポリフェノールが渋皮と果肉との接着点に溶出し、タンパクか、あるいは多糖と結合し剝皮が困難になると考えられるとしている。[9][10]

(2)　渋皮剝皮技術の研究と変遷

①　クリの渋皮剝皮と加工

『最新・果樹園芸技術ハンドブック』（一九九一年）のクリの加工の項では、「加工する上で重要な形質にクリの渋皮剥皮性がある」とし、「日本缶詰協会によれば、渋皮剥皮工程が全体の六〇～八〇％を占めている」(11)としている。

また、『果実の事典』（二〇〇八年）のクリの加工の項で、保存を目的とした加工法として、甘露煮、シロップ漬けなどをあげ、「これらの工程の中で剥皮に最も手間がかかり、圧縮加熱後、一気に蒸気を開放して鬼皮と渋皮を剥皮する方法も開発されているが、完全剥皮にはなお問題が残り、いまだに手剥きされることが多い」(12)とされている。このように、鬼皮と渋皮を除去する方法は、現在でも栗加工の隘路で、とりわけ、渋皮剥皮は大きな課題であり、古くから剥皮に関する多くの試みがなされてきた。その変遷の概要について触れておきたい。

② 戦前における渋皮剥皮技術について

これに関わって記述のある古い文献としては、昭和四年（一九二九）刊の『農産利用缶詰壜詰加工法』があり、「栗砂糖煮缶詰」(13)の中で、第一に包丁で剥く方法をあげ、第二に、クリを金網製の豆熬《い》りに入れ、火爐にかける方法をあげている。後者の方法を同書の別項「鹽川氏栗缶詰の験談」(14)では「渋皮焼取法」として詳述している。渋皮剥皮の方法について述べるとともに、「些少にても澁の付着せるまま製造するときは、後に至り之が為に内容物紫色或いは黒色に変ずるの処あればこれに関しては周到なる注意を怠るべからず」と記している。渋皮が着いているのを見つけたら包丁またはナイフでその部分を丁寧に取らなければならないとし、「渋皮焼取法」の四割近くを割いて記述されている。「鹽川氏栗缶詰の験談[14]」が「栗缶詰製造は甚だ困難なるものなり」から始まることの意味が推測できる。

昭和一二年（一九三七）刊の『実用果実蔬菜缶詰壜詰製造法』のシラップ製品の章では、クリ缶詰の製造法について詳しく記している。[15] まず始めに、「近年は栗缶詰の利用は単に料理などに使用せられるのみならず菓子の原料にも使用せられるようになって、その利用範囲は非常に拡大するに至った」としている。そして、「栗缶詰の製造に當りては渋皮の除去が最も重大なる点である。従来、一般製造家は熟練なる女工の手によりて手剥き法を採用しているところが多い。即ち、外皮（鬼皮・筆者）を除き、次に薄刃の小刀を用いて手際よく渋皮を除去するものである」と記し、その方法の図も付している（図28）[15]。製造法の中で、渋皮剥皮について半分のスペースが割かれている。渋皮を剝く

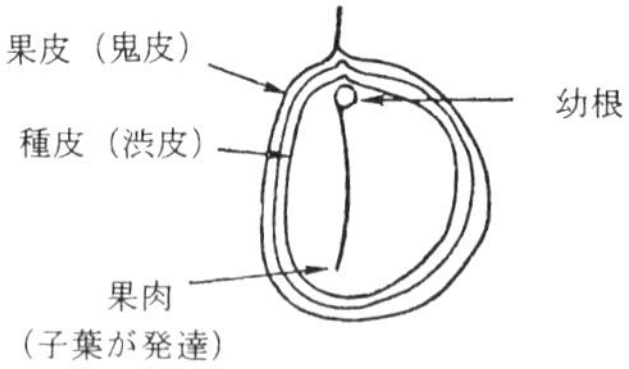

図27　クリ側果（断面図）
（『果樹園芸大事典（第五版）』養賢堂）

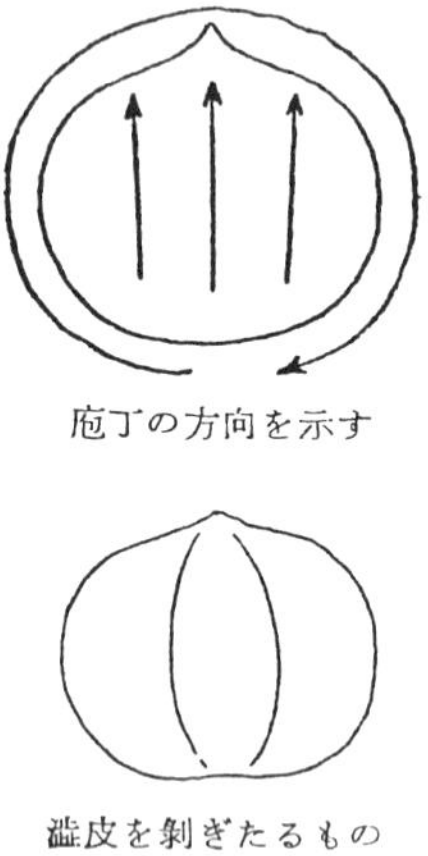

図28　栗の皮の剝き方
（『実用果実蔬菜缶詰壜詰製造法』）

スピードと、剝皮の残りがないように剝くことが求められ、熟練工に頼らざるを得なかったことがわかる。

なお、この「手剝き法」に次いで、当時、千葉高等園芸学校の岩崎康男氏により発表されたばかりの「渋皮除去別法（酸及アルカリ法）」が紹介されている。それは、「外皮を除いた栗を一〇％塩酸液に常温において六〇分内外浸漬し、しかる後、簡単に水洗いし、予め沸騰させておいた焼明礬《みょうばん》液にて、四～六分間煮沸し、取り上げたならば、別に用意した温湯中で布を用いてもみながら渋皮をとる」という方法である。ただ、「原料の品種・熟度・貯蔵方法などによりて剝皮の難易の差を生ずるのみならず果肉の色を不良ならしむる場合があるから未だ研究の域を脱しない」とのコメントが記されている。この剝皮の新しい方法の記述は他と比べて小さい活字が用いられているものの、字数にすると、手剝き法をはるかに超えるものである。当時、いかに剝皮の新しい方法の開発が待ち望まれていたかが窺い知れる。

昭和一三年（一九三八）に、農村不況下のもと、農村振興を目的として刊行された『副業及農村工業相談』では「栗缶詰製造」[16]があげられ、「栗缶詰製造業は経営よろしきを得ば相当有利な事業である」とされている。製法では、「半月以上水に浸した物を歯にて噛み外皮を剝ぎ次に包丁で渋皮を剝ぐ。この時栗は其の原形を保つよりもかなり深く包丁を入れ大凡五角形になる如く剝皮するのである。もし渋皮の残存する時は後に注加液を黒変せしむる恐れがある」と記している。当時のクリ加工における鬼皮や渋皮剝皮については極めて原初的形態であったことがわかる。ただ、このようなクリ加工形態が農村の副業として、地域はクリ生産地に限定はされるものの、一般的に営まれていたものであることが窺われる。

ちなみに、同書が刊行された前年の昭和一二年（一九三七）には、香川県の讃岐缶詰により「くり甘露煮」が創始されている。

③　戦後の渋皮剝皮技術の研究の黎明期について

昭和二五年（一九五〇）の『缶壜詰時報』には、京都大学の松本熊市、前出の岩崎康男の両氏による「栗剝皮法について」[17]がみられる。クリの剝皮法についてまとめられた最も古いものと思われ、総括的な論稿であるので立ち入ってみておく。

松本氏は、まず始めに、「栗を加工するに當っての最大の難題は、渋皮剝皮である。従って、この渋皮剝皮法については多くの人々が、種々な方面から研究を進めて居られる様である」としている。また、「戦後、貿易の一方策として、日本栗を原料とするマロングラッセの製造が喧しく唱えられるに就いて、このところにも亦剝皮の問題が台頭せざるを得ないこととなった」と記している。ニホングリを原料としたマロングラッセの輸出が渋皮剝皮の技術開発を喫緊の問題としている。そして、「従来の加工品たる甘露煮や栗きんとん等とは異なり、マロングラッセに於いては満足な剝皮結果が得られなければ製品として全く問題とならない」とし、逼迫感さえ窺える。

甘露煮については、「栗羊羹や栗きんとんの原料とするためには、剝皮後の果肉が必ずしも整形を保つ要がないが、甘露煮は栗其の物の形状を保持せしめることが必須条件であるため、従来も亦現在も殆ど総てが包丁手剝き法によって居る。農村婦女子の家庭的な副業としての熟練は相当練達の域に達し能率的に作業はされているものの猶一層安価にしかも美麗に能率的な剝皮方法をしたいことは一般の要望である」としている。

戦前より製造されてきた甘露煮については、包丁手剝き法が定着しているものの、業界からはやはり能率的な剝皮技術が求められていることには変わりない。なお、地域が限定されると思われるが、クリの渋皮剝皮の仕事が戦後の農村副業の一角を占めていたことは興味深い。

これに関わって、先述の昭和一三年(一九三八)刊の『副業及農村工業相談』の「栗缶詰製造」では、加工するには「十月下旬以後のものが良い」としながら、「栗は作業の関係上十一月中下旬頃から始められるので貯蔵の必要がある」(16)とし、一か月以上貯蔵する方法を詳しく記している。農閑期となる冬季の仕事の一つとして位置づけられていたものと思われる。

次に、これまでに、発表・記載された渋皮剝皮法についてまとめて記されている。まず始めに、昭和一二年(一九三七)刊の『実用果実蔬菜缶詰壜詰製造法』の剝皮法の記事と思われるものについて触れているが、これについては先述したものと重複するので割愛する。

昭和二二年(一九四七)、日立研究所の島史朗氏は二種類の「栗剝皮法」について特許を申請している。一つは、金属浴を用いる方法で、亜鉛等を適当な器に入れ加熱し溶解せしめ、その温度を六〇〇～七〇〇℃に保ち、その中に生栗を浮かないように入れると、表皮は数秒にして脆くなるので、取り出して鬼皮を除去する。次にこれを再び溶液中に浸漬して表面のみを炭化すると、渋皮は収縮して果肉から離脱しやすくなるというものである。もう一つは、高温炉による方法で、電熱器を用いて内部を七〇〇～一二〇〇℃に保った閉炉の中に生栗を投入すると、数秒で発火し外皮が燃焼するので、取り出して鬼皮を除去する。これを再び炉内に投入すると渋皮に亀裂を生ずるからその時速やかに取りだすと渋皮も容易に除去できるという方法である。この高温炉法の原理に基づき日立製作所で制作された高温炉剝皮機械を用いて、松本氏は試験的に剝皮を試み、マロングラッセの原料グリとするにはなお相当の改良が必要と結論づけている。

昭和二四年（一九四九）には高周波を利用したクリの剝皮法が特許取得されている。クリに高周波電界を作用させて果肉と渋皮との密着を離脱せしめ、次いで鬼皮だけを高温で瞬間的に燃焼することによって内外皮とも同時に果肉から除去する方法である。この方法については、松本氏は京都大学工学部電気工学研究室及び三菱電機製作所に試験の依頼を行い、結果として、研究次第によっては将来実用の域に達しうるものではないかと思われるとしている。

以上三種類の剝皮法についてみてきたが、いずれも、大手電機メーカーが関わっており、それだけ、価値のある技術開発課題であったとことが推察できる。

「まとめ」として、「栗剝皮の方法は種々と提唱せられ、特許も十種に垂（原文ママ）らんとしている。併し経済的使用に耐える方法は現在では結局手剝き法の他には見出せないようである」としながらも、「提唱せられている幾多の方法は実験的には十分成功を見せているので、今一層の改良で十分となるかと思われる」と今後の研究に望みを託している。ただ、「支那栗のような剥皮容易な種類の性質を日本栗の中に取り入れて、剥皮容易な加工栗の新品種育成の方向に進むのも亦一策ではないかと思考せられる」としている。戦後、十種類の特許をとるまでの技術開発がなされているにも拘らず、展望が見えてこないことに対する忸怩たる気持ちの一端が垣間見られる。

　また、岩崎康男氏は同稿では、日本農業研究所所属の肩書きで、まず始めに、「外皮と渋皮を除く方法は恐らく栗を食用とし始めた当時から考えられたことであろう。これが明治、大正、昭和の時代となって、栗の加工品が商品として販売されるようになると同時に一層色々の剥皮法が考案工夫されたであろうが、未だ能率的の方法が見出されていない。これは我々の工夫の不足と栗そのものの科学的研究の至らないためである」としている。

　確かに、商品ではなく、日常の食品として利用する上で、渋皮剥皮は必須のことで、経験的にいろいろな方法が考えられてきた。たとえば、保存食として重要な役割を果たした「搗栗《かちぐり》」の渋皮を除去する方法として、丹波地方では、「唐臼で搗いて皮と実を分離させ、唐箕にかけて皮を飛ばしたものを、空がさえた夜、筵に広げて二時間ほど夜露に当てると皮が緊張し、しわが伸びて渋皮はピンピンという音を立てながら分離する[18]」といったものがあった。また、『資源植物事典（七版）』（北隆館）の「搗栗」についての箇所では、「臼で軽く搗いて外皮と渋皮を去ったものを蓆の上に広げ、湿らせた蓆を覆う或は夜露にあてると、残った渋皮が音を立てて果肉から離れる[19]」とある。渋皮をうまく取るために渋皮を湿らせる工夫が考えられていることがわかるし、この方法がかなり一般的なものであったことが窺える。

さて、岩崎氏は、終戦直後の昭和二〇年代前半、渋皮剝皮の方法についての開発研究が行われ、いくつかの特許も取得されているにもかかわらず、能率的な方法が見出されていないことに対して、ストイックとも思われる言葉で表現している。これは、岩崎氏が昭和一〇年頃に新しい渋皮除去法として、「酸及アルカリ法」を発表し、一途に渋皮剝皮法の研究に取り組んできたこととも関わりがあろう。岩崎氏の論稿の内容は、松本氏のものと共通するところが多いが、いろいろな剝皮法の成否がクリの熟度、収穫後の日数との関係が大きいのではないかということを強調している。そして、兵庫県立農業試験場の種田善一氏の研究成果の一部を紹介し、「収穫後の日数経過が渋皮除去の難易に影響することがいかに大であるか明らかである」としている。

なお、クリの栽培分野においては、戦前から渋皮剝皮の容易な品種の育成は大きな課題であったが、松本・岩崎両氏のこの「渋皮剝皮について」の論稿が掲載された昭和二五年(一九五〇)頃は、先述したように、クリタマバチの被害が全国に蔓延し、育種目標はクリタマバチ抵抗性品種の育成に大きく舵がとられる時代となった時期であることを付記しておきたい。

また、「栗剝皮法について」が掲載された『缶壜詰時報』(二九巻一一号)には、ほかに、「栗缶詰の殺菌」[20]、「栗缶詰の変色に関する諸問題」[21]が掲載されており、缶詰業界におけるクリ缶詰に対する注目度が窺い知れる。

先述の京都大学の松本熊市氏は昭和三二年(一九五七)の『農業および園芸』で、「果実類の加工法」の連載の中で、「栗の加工」[22]を記している。先述の昭和二五年（一九五〇）の『缶壜詰時報』の「栗剝皮法について」と重なるところがあるが、「栗の加工」についての総説的記事としては最も古い部類のものと思われるのでみておくことにする。

緒言で、「本邦における栗加工製品は、栗の収量に従って漸次増加しており、昭和二三年に六二九函だったものが昭和三〇年には二三、一三八函という生産量を示している。そのほとんどが甘露煮である」としている。これに関わっては、農産加工が専門の原田昇氏は、『生活文化研究』（一五巻、一九八二年）の「クリについて」の中で、「クリの水煮及び甘露煮缶詰、瓶詰の加工は昭和に入って工業的にその加工技術は確立し、第二次世界大戦後に至ってその生産は急速に増大した[23]」としている。

戦後、クリの加工製品の製造が盛んになり、その大部分は甘露煮であったことがわかる。現在も同様な傾向がある。

さて、「栗の加工」の稿の構成は、一、原料、二、採取及びその後の処理、三、剝皮からなり、剝皮が当時のクリの加工において大きな位置を占めていたことがわかる。

「渋皮の剝皮作業が栗加工操作中最も労力を要する仕事で、これが栗加工製品の市価を高からしむる最も大きな原因となっている。従ってクリの剝皮法については早くから多くの人々が注目し、研究され、すでに特許となったものも一〜二に止まらない」とし、手剝き法、物理的方法、化学的方法の三種類に分類している。物理的方法として焙炉、高周波などを利用する方法を、化学的方法としては、岩崎氏法、ゼラチン剝皮法をあげている。

岩崎氏法は先述の岩崎康男氏による塩酸処理によるもので、ゼラチン剝皮法はゼラチン、食塩、生石灰溶液に浸漬し、煮熱し、取り出して布でこすり、渋皮を取るものである。

ただ、これらの方法を実際に工場で用いる上での問題点をあげ、「現在でも依然と手数をいとわず手剝き法が一般的に利用されている」と記している。クリ加工製品の工場生産の黎明期における渋皮剝皮技術の試行錯誤の様子が窺われる。

④ その後の渋皮剝皮技術の研究の模索

農産加工の専門家である真部孝明氏の『クリ果実——その性質と利用』（農山漁村文化協会、二〇〇一年）では、剝皮技術に関わる特許登録された主なものについて紹介されている。[24] これによると、特許登録件数は昭和二〇年代、三〇年代、四〇年代、五〇年代ともに、五から八件で、昭和五三年（一九七八）には大手食品関連メーカーによりクリ剝皮装置が開発されている。

なお、渋皮と果肉（クリ種子の子葉部分）の構造については、先述の松本氏により明らかにされている。果肉と渋皮との間には二層の薄い膜があり、それぞれの皮膜はほとんどの場合、二層の小型細胞からできている。二層中一つの皮膜は渋皮に、他は果肉に付着している。薬品による剝皮はこの両層の中間部が離脱するために起こるとされている。[24]

ただ、昭和五〇年（一九七五）刊行の『農学大事典』の農産加工の「クリ缶詰」では、「ナイフを用いない渋皮除去法として従来種々の考案がなされたが、結局手剝きにまさる方法がないので、現在でも非能率的で歩べりの多い手剝きをやっている[25]」としている。また、昭和五九年（一九八四）刊行の『果樹園芸大事典（第五版）』の「クリの甘露煮」の剝皮の項では、「手剝きによらない方法がいろいろ検討されてきているが、まだ実用化はされていないようである[26]」と記している。

ちなみに、『缶びん詰・レトルト食品事典』（一九八四年）のクリの甘露煮工程の「渋皮むき」では、むき方として、「八刀むき」という方法で行うとし、図も付している（図29）[27]。説明では、「クリの芽を切らずに、ちょうど八面の集点である頂点になるようにするのが良いとされている。この際に渋を少しでも残すと、製品にタンニンの影響が現れて品位を損なう[27]」としている。同様なことは、先述の昭和一二年（一九三七）刊の『実用果実蔬菜缶詰壜詰製造法』のクリ缶詰の製造法にも記されていたことであるが、ここでは、さらに詳しく説明されている。

二〇〇二年には、（独）農研機構果樹研究所により、「簡便・効率的なクリの渋皮剝皮法」が開発されている[28]。一九〇℃に加熱したコーンオイルに浸漬する方法で、「簡便な操作で効率よく剝皮ができるため、家庭でのクリ料理や育種研究への利用が可能と思われる」としている。とりわけ、育種研究において渋皮剝皮性の難易を判定するのに、焼きグリにしてから人手で渋皮を剝ぐ時間から判断しており、多数の個体の調査には多大の時間と労力が必要となる。しかし、この方法の開発により、このような問題は大幅に改善され

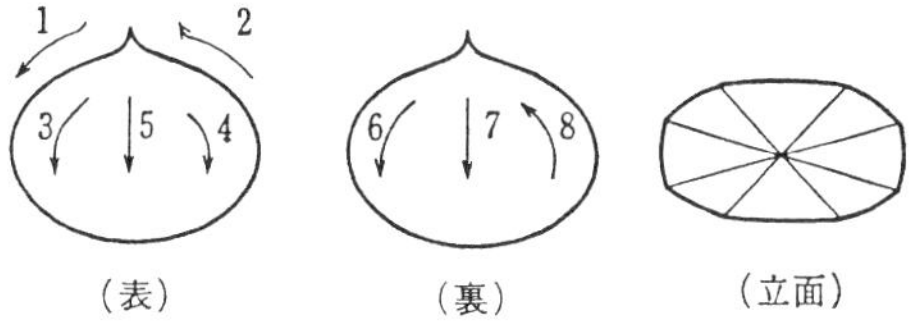

図29　クリの渋皮のむき方（八刀むき）
（『缶びん詰・レトルト食品事典』朝倉書店）

ることになると、高い評価を与えている。

とりもなおさず、この渋皮剝皮法は、現在、美味しくて渋皮の剝皮性が優れるクリとして注目を集めている「ぽろたん」育成過程の剝皮性評価において重要な役割を果たした。「ぽろたん」誕生における陰の功労者といえよう。

さて、自身も渋皮剝皮に関わる特許を取得されている真部孝明氏は、『クリ果実―その性質と利用』(二〇〇一年)の甘露煮の剝皮の項で、「鬼皮や渋皮剝皮には古くから種々の方法が考案され多数の特許もあるが、手作業に勝る方法は現在のところない(24)」と厳しい実状を記している。工場生産レベルでの渋皮剝皮の技術となるとまだ乗り超えなければならない大きな課題があることがわかる。

以上、主に戦後から現在に至る渋皮剝皮技術の研究開発の変遷について概観する中で、いかに多くの努力が払われてきたか、また、そのハードルの高さも知ることができる。ただ、長年剝皮技術について研究されてきた真部氏の「手作業に勝る方法は現在のところない」とする記述からは、今後も渋皮剝皮の技術開発を追求しようとする秘められた決意が読み取れる。

(3)「渋皮剝皮の容易さ」をめぐる栽培と品種育成の変遷

① 日本におけるチュウゴクグリの栽培の試み

チュウゴクグリが渋皮剝皮性に優れること、小果ではあるが甘味に富むことから、わが国では明治時代に各地で導入され、試作が行われた。しかし、何れも環境条件が適さなかったため失敗に終わったとされている[29]。このことについて、菊池秋雄氏は『果樹園芸学・上巻』（昭和二三年）の栗の章の「中国甘栗と本邦に於ける栽培の可能性」で、まず、「我が国で、中国甘栗、天津栗、渋皮知らず等の名称を付しているものは主として河北省の栗である」と述べている。そして、「従来、わが国に天津栗を輸入して栽培した成績をみると、発育極めて旺盛で、結実甚だしく不良に終わった。元来華北産の果樹には、わが国の風土に好適せぬものが少なくない[30]」とし、河北省産の天津栗の栽培がうまく行かなかった理由について言及している。なお、天津栗という名称は河北省産のクリが天津市に集荷され、日本に輸出されたことによる。

大正時代になると、明治期の失敗にめげず、高知県の傍士《ほうじ》駒市氏や山梨県の宮川孝吉氏らにより、天津栗の実生からの選抜が行われ、昭和初期に日本の風土に適した品種が育成された。傍士系甘栗や宮川系甘栗の諸品種などである。しかし、いずれも、クリタマバチによる被害が激しいため経済品種としては定着するに至らなかった[29]。

新たに開発されながらも、日の目を見ることがなかったこれらの品種についてみておきたい。

これらの品種については、菊池秋雄氏は前出の著書の栗の章第三節「中国甘栗と本邦に於ける栽培の可能性」の中で詳しく述べている[30]。なお、栗の章[31]は、三節で構成され、この節は、その中の一節を占めており、当時、チュウゴクグリの栽培が大きな課題であったことが窺い知れる。

この節の始めで、「中国甘栗の多数の実生個体を育成する場合には、淘汰によって、わが国の風土に適する優良品種を得ることは不可能ではない」とし、「実生甘栗の優良品種を栽培している」事例として、高知市の傍士駒市氏と山梨県北巨摩郡駒城村の宮川孝吉氏とをあげている。傍士氏に関わって、「殻果一様ならざるも、中果品の中には、山東系又は華中系と認むべきものが少なくない。従来我国では、中国栗として、河北系の実生のみを育成して、山東系または華中系の存在を度外視した傾向が多分にある」と、傍士氏の育成の考え方を評価している。

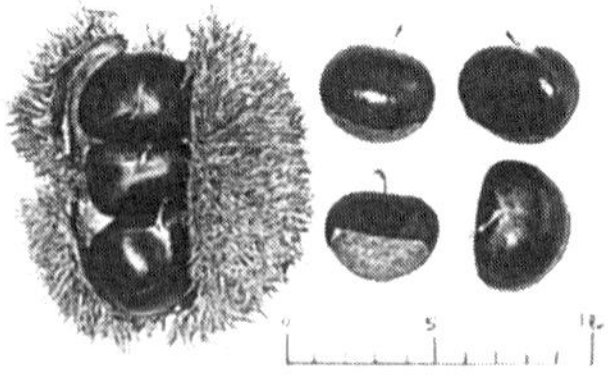

写真30　傍士甘栗
(『特産シリーズ・クリ』竹田功、農山漁村文化協会)

傍士氏によるチュウゴクグリ品種の育成について、『新特産シリーズ・クリ』（一九九六年）の著者である竹田功氏は同書の中で次のように記している。

「傍士駒市氏は神戸市の南京町で初めてみた甘栗のおいしさに驚き、甘栗用のチュウゴクグリを購入し、それを播種し、大正四年に高知県吾川郡明治村に定植した。昭和五年（一九三〇）には一〇〇樹前後が結実するようになり、その中から一〇種を選抜して世に紹介した。これが、傍士甘栗で、甘味が強く渋皮の剥皮性は極めてよく、特に〈傍士三六〇号〉は大粒（一五〜二〇グラム）で、品質優良である」[32]としている（写真30）[32]。

ちなみに、『果樹園芸大事典（第五版）』では、過去に栽培されたチュウゴクグリの著名品種として、「傍士三六〇号」、「傍士四八〇号」、「宮川一〇〇号」などがあげられている[33]。

なお、日本でチュウゴクグリを栽培する上でネックになるのが、チュウゴクグリ品種にニホングリの花粉がかかり、渋皮剝皮性が悪くなるというメタキセニアという問題だとされている。メタキセニアは、果実の種皮や果皮に、受粉した花粉の遺伝子の影響が直ちに形質として現れる現象である。これについては、昭和一六年（一九四二）に岡山県立農事試験場により、それまでは、国産のチュウゴクグリが中国産のチュウゴクグリのように渋皮が剝けないのは生産環境の影響によるとされてきたが、そうではなくて、ニホングリの花粉によるメタキセニアによることが突き止められている。[34]「メタキセニア」は、クリタマバチが蔓延する以前において、わが国で傍士系甘栗や宮川系甘栗などのチュウゴクグリ栽培が広まらなかった要因の一つとされており、重要な研究成果と考えられる。なお、奇しくもこの研究成果が発表された昭和一六年は、先述したように、クリタマバチが岡山県下のクリ園で初めて発見された年でもある。

現在、日本におけるチュウゴクグリの産地はほとんどないが、唯一、「傍士三六〇号」が岡山県新見市（旧・哲西町《てっせい》）で園地栽培されている。[35]この産地は戦前からの古い歴史をもつが、現在は一〜二トン程度の生産量に止まっている。ただ、渋皮離れや食味の良さが評判となり、「哲西栗」のブランドで、高値で販売されている。なお、新見市においては、クリタマバチによる目立った被害は認められてはいないが、[35]「傍士三六〇号」もクリタマバチの害を受けやすく、どこでも栽培できるものではないとされている。

岡山県森林研究所では一九八二年から湖南省、遼寧省、河北省産のチュウゴクグリを栽培し、育成してきた。[36]これらの中から、虫害への耐性や果実の形質等に優れた三個体を選抜し、それぞれ「岡山

写真31　「岡山甘栗」の果実の外観と渋皮剝皮の特徴
（『果樹』第64巻12号、全農岡山県本部）

一号」、「岡山二号」、「岡山三号」と名付け、二〇〇八年に農水省の品種登録を受けた[35][37]（写真31）。「岡山一号」は「哲西栗」とほぼ同サイズ、「岡山二号」は六・五グラム前後、「岡山三号」は六・〇グラム前後である[35]。これらは、全国農業協同連合会岡山県本部発行の『果樹』（二〇一〇年一二月号）で、中国栗新品種「岡山甘栗」として紹介されている。先述した日本におけるチュウゴクグリの栽培で注意すべきメタキセニアについて、栽培における注意点として丁寧に触れられている[37]。岡山県では、「岡山甘栗」の開発を、「落ち込んでいる栗の生産振興を図るため」と位置付けるとともに、期待される効果として、「耕作放棄地などを活用して産地化」ならびに、「六次産業の創出による地域活性化」をあげている[38]。六次産業については、農林水産省では農林漁業生産と加工（二次産業）・販売（三次産業）の一体化などが農山漁村の六次産業化の一環として推進されている。「岡山甘栗」について具体的には、「担い手不足で苦慮する農山村の振興作物として有望であり、渋皮離れの良さや果肉の鮮やかさを生かし、新たな加工品としたい」としている。現在、中山間地にみられる耕作放棄地の拡大という大きな問題と切り結ぶ取り組みとしても、今後の展開が期待される。

なお、「傍士三六〇号」の栽培について、志村勲氏は次のように述べておられる。「多摩丘陵の一角での栽培経験から、クリタマバチの虫癭（虫こぶ）は数年に一度見られる程度で、毎年安定した収穫がある。天敵が有効に働いているものと思われる」。貴重な示唆として付記しておきたい。

② ニホングリとチュウゴクグリを用いた品種育成の取り組み

大正時代頃からニホングリとチュウゴクグリの長所を組み合わせた品種改良が民間などで行われてきた。食味の良い個体はできたが、渋皮剝皮性に優れた大果品種の作出は十分には達成されなかった。『果樹園芸大事典（第五版）』（一九八四年）で、ニホングリとチュウゴクグリの雑種として、「利平ぐり」、「田辺ぐり」、「林甘栗」があげられている。[33] この中で、「利平ぐり」が、現在の主要品種として栽培されていることは前述したところである。

同事典の「林甘栗」の記述は「林一号」を指すもので、前出の塚本実氏は『果樹品種名雑考』のクリ（一）の中で、「林一号」は岐阜県恵那郡中津町（現・中津川市共栄）の林与八氏が育成し、昭和二五年に農林種苗法により登録番号一一号とされたものであるとしている。[39] ちなみに、同じく岐阜県で育成された「利平ぐり」も同じ昭和二五年（一九五〇）に登録番号六号として名称登録されている。

「林一号」は昭和七年（一九三二）より交配を重ね育成された品種で、当時、早生の著名品種であった岐阜県原産の「笠原早生」と「渋皮しらず」と呼ばれたチュウゴクグリとの交配により得た「笠文一号」を、さらに自然授粉によって結実させて育成した実生七〇本のうちの一つである。果実の大きさは一五グラム内外で、甘味多く、品質優良で、料理用・加工用には適さないが、焼きグリとしては優良で、渋皮はチュウゴクグリには劣るが剝けやすいとされている。塚本実氏は『果樹品種名雑考』のクリ（一）の中で、この「林一号」を岐阜県の民間育成品種として「利平ぐり」や「笠原早生」とともにあげ、「もっとも会心のものとして選出されたものである(39)」と高く評価している。しかし、その頃急速に被害をもたらしたクリタマバチによって大きな被害を被ることになった。なお、この品種の親ともいえるチュウゴクグリが当時、「渋皮しらず」という名で呼ばれていたことは、チュウゴクグリの特性を的確に表しているだけではなく、渋皮剝皮が容易な品種に対する願望もみることができる。

③　クリの体系的な交雑育種の変遷——渋皮剝皮性をめぐって

さて、クリの体系的な交雑育種が始められたのは戦後の昭和二二年（一九四七）で、農業技術研究所園芸部においてである。当初の目標は収量が多く品質が優れることであった。渋皮剝皮性については、文言としては記されてはいなかったが、「品質が優れる」という表現の中に含まれていたとされている。暫くするとクリタマバチが蔓延し全国的な被害の拡大に伴い、品種改良の目標を「クリタマ

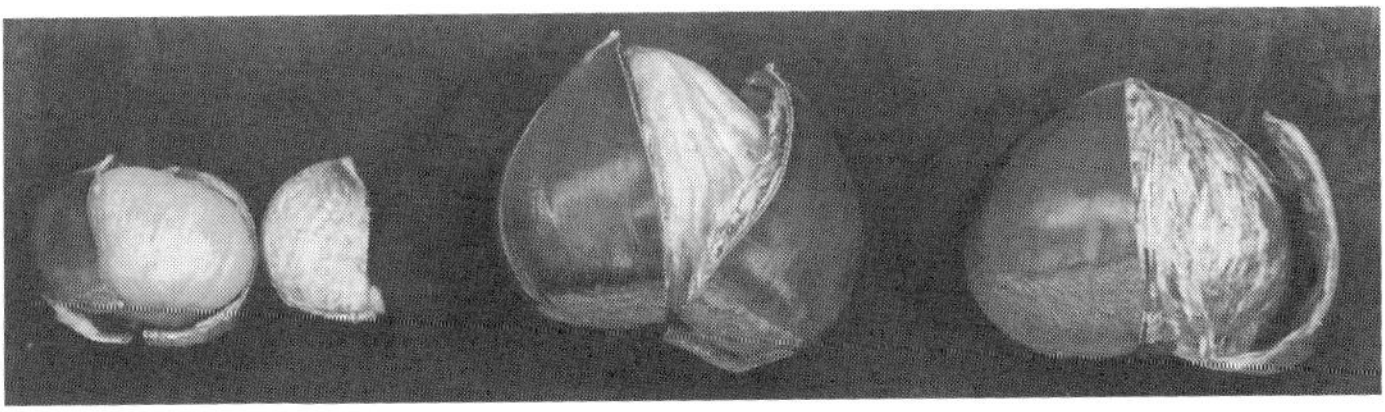

写真32　「ぽろたん」の渋皮剝皮の特徴　左：「岐阜１号」、中：「ぽろたん」、右：「筑波」
鬼皮にナイフを入れたあと、電子レンジで２分間加熱したクリ果実（農研機構果樹研究所提供）

バチ抵抗性」に変更せざるを得なくなった。

一九九〇年頃まではクリの品種改良はクリタマバチとの戦いであった。しかし、チュウゴクオナガコバチの定着によってクリタマバチから解放された一九九〇年代前半にはクリ本来の品種改良、つまり、食味や渋皮剝皮性を最重要視した品種改良に転換することができることになった。

このような中で生まれたのが、「渋皮が簡単にむける画期的なニホングリ新品種」として脚光を浴びている「ぽろたん」である。育成経過の概要は次のようである。[40]

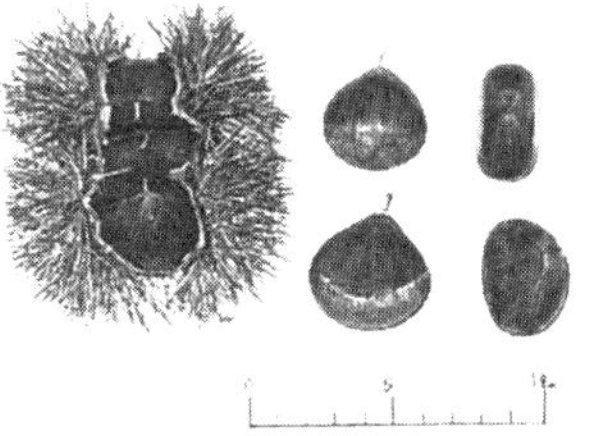

写真33　森早生
（『特産シリーズ・クリ』竹田功、農山漁村文化協会）

農林水産省果樹試験場（現・農研機構果樹研究所）で、一九九一年に行った早生系統「550-40」［「290-5」（「森早生」×「改良豊多摩」）×「国見」］と「丹沢」の交雑より得られた実生群から選抜された。一九九三年に一次選抜し、二〇〇〇年から「クリ筑波36号」の系統名で適応性検定試験に供試された。その結果、二〇〇五年度落葉果樹系統適応性・特性検定試験成績検討会において、大果で食味が良く、チュウゴクグリなみに渋皮剥皮性が良好であることが確認され、新品種にふさわしいとの結論が得られた。同年、「クリ農林八号」として農林登録され、翌二〇〇六年に「ぽろたん」と命名、二〇〇七年に品種登録された。

ナイフなどで鬼皮に傷をつけた後、電子レンジやオーブントースターで加熱すると、手で容易に渋皮をはがすことができると説明されている[41]（写真32）。なお、果肉が渋皮からポロンと剥けることから「ぽろ」、「丹沢」の子であることから「たん」、この二つをつなげ、「ぽろたん」と命名された。

ここで、写真32で渋皮剥皮が容易なチュウゴクグリとして用いられている「岐阜一号」について少し触れておく。「岐阜一号」は、ニホングリとチュウゴクグリの雑種である「利平ぐり」を作出した土田健吉氏が戦前にチュウゴクグリの中から選抜したが、クリタマバチによる壊滅的な打撃を受けたことはすでに述べたところである。その、「岐阜一号」が半世紀余りを経て、このような晴れやかな舞台に脇役ながら登場していることは感慨深いものがある。

さて、「ぽろたん」誕生に関わった品種について少しみておく。

「森早生」は神奈川県小田原市の猪原氏発見の偶発実生で、一九五九年に種苗登録された早生の主要品種である[32]（写真33）。「改良豊多摩」は東京都農業試験場で「豊多摩早生」の実生中より選抜された偶発実生である。『果樹園芸大事典（第五版）』（一九八四年）では、「現在本種の栽培はみられないが、注目してよい品種である[33]」とされている。

「国見」は、果樹試験場で、「農林一号」である「丹沢」と「農林四号」の「石鎚」から育成され、

「農林五号」として農林登録されている中生品種である。「丹沢」は、前に詳しく述べたように、一九五九年にクリタマバチ抵抗性品種として農業技術研究所から発表された早生品種で、現在の栽培面積は「筑波」に次いで第二位の代表的品種である。

このように、「ぽろたん」の誕生にあたっての「履歴」の概略をみるだけでも、いかに多くの著名あるいは伝統的品種が総動員されているかをみることができる。わが国におけるクリ栽培の長い営みの中でつくられてきた蓄積の成果であるといってもよいであろう。また、クリ育種に関わってきた公的研究機関の研究者のみならず民間育種家の研究の成果の結晶ともいえる。

なお、「ぽろたん」は渋皮剝皮性が良いにもかかわらず、チュウゴクグリとの雑種ではなく、純粋のニホングリであることは注視されているところである。この点については今のところ解明はなされていないが、今後の研究に期待される大きな課題である。

さて、「ぽろたん」は二〇〇七年から生産者向けの苗木の販売が始まったが、その数量は最近育成された品種の一〇から二〇倍で、今後の栽培普及、そして果実生産が期待されている。なお、限られた量ではあるが市場への出荷は二〇一一年より始まり、好評を博している。

わが国におけるクリの栽培と利用は極めて長い歴史をもち、日本人の生活に密接に関わってきた。とりわけ、クリは近代においても食糧的な役割をもっていたことはすでに述べたところである。しかし、現代人にとっての食糧としてのクリの存在の記憶は遥か遠い彼方のものとなり、食材としての利用も急激に減少しているのが実情である。エポックメイキングな品種ともいわれる「ぽろたん」の誕生が、クリの味覚を多くの人が知る上での契機となり、クリの消費にもエポックメイキングな影響をもたらしてくれることを願うものである。

第六章　栗の収穫と貯蔵

前章まで、縄文時代から現代までの先人とクリとの関わりについて、クリの栽培と利用の歴史を、とりわけ、技術的視点に重きを置いて述べてきた。

前章までの記述を補うかたちで、人々の生活におけるクリについて、その収穫、貯蔵などに関して二、三の事柄を記しておきたい。

一　「栗拾い」について

口絵写真の「栗拾い」の図については第一章で触れたが、ここで、もう少し詳しく見ておきたい。クリを収穫する場合、使用する用具などは工夫されたものとなったものの、農業技術が進歩した現在においても、基本は口絵の写真のように、「栗拾い」が必須の作業となっている。縄文から現代まで営々と「栗拾い」は行われており、人口に膾炙され、俳句においては秋の季語ともなっている。縄文時代から先人の生活を支え続けてきたクリの収穫作業である「栗拾い」について記された資料がいくつかあるので見ておく。単に収穫技術だけではなく、それぞれの時代の人々の生活の中における姿をも垣間見ることができる資料と思われるので、できるだけ割愛せず記したい。

1 収穫作業としての「栗拾い」

『果樹園芸大事典（第五版）』（養賢堂、一九八四年）によれば、まず、クリの収穫適期は、毬果《きゅうか》（毬《いが》と果実の総称）の刺毛が黄変して、毬が裂開し始めた頃であるとし、収穫方法として、成熟して自然に落果したものを収穫する方法、収穫の適期に達したものを竹竿で落として収穫する方法などをあげている。そして、「クリの収穫といがむき作業はクリ栽培上年間所要労働力の約半ばを占め、最も労力を必要とする」(1)としている。クリの大生産地である茨城県においては、毬《きゅう》から果実を取り出すには、皮手袋の上にゴム手袋を重ねた二重手袋をして毬を剥く方法、すぐり藁と布で編んだ「てっか」と呼ばれるものと竹ばさみで剝く方法などが用いられていることが紹介されている(1)。筆者も農業高校の実習でクリの収穫に関わったことがある。農作業用長靴で毬をこじあけ、金属製のハサミで果実を摑み収穫籠に入れる。品種によっては、樹上で毬果《きゅうか》が開裂して果実だけが地上に落果する品種もあるが、毬に入ったまま落果する品種もあるので、この収穫作業は大変手間のいるものであったことを記憶している。

先の『果樹園芸大事典（第五版）』（一九八四年）によれば、昭和四〇年代初め頃、クリの収穫労力を省力化する目的で「栗いがむき機」が試作・実用化された。ただ、その普及は期待に反する結果となっており、いがむき作業も含めたクリの収穫がクリ栽培の中でも多くの労力を要する作業であることにはかわりない。

なお、同書では、最も古くからおこなわれているのは、自然に落果したものを収穫する方法で、収穫した果実は内容が最も充実し、品質、外観ともによく、かつ長期の貯蔵に耐えるともしている。(1)

2 文献にみられる「栗拾い」

「栗拾い」の状況を把握できる資料は限られているが、時代を追ってみておく。

① 近代以前

古いものとして、平安時代後期のものとされる「栗拾い」の図があり、口絵に写真を掲載した。

『山科家礼記』の一五世紀初めの条（応永一九年〈一四一二〉九月七日）には、「新御所様修林寺御栗拾、御方様モ御参アリ」(2)とあり、「栗拾い」が当時の支配層の行楽ともされていたことが窺い知れる。

『農業全書』の栗の項では、「丹波にて栗を取て収る事ハ」(3)として、「よく熟し、自ら口をひらきたるバかりを拾ひて、一日乾しその後、かまげに入れ（後略）」とある。先述した自然落果収穫法にあたるもので、収穫後の加工・貯蔵については詳しく触れているが、収穫法についての記述はわずかである。他の近世農書でも栗の収穫法についてあえて触れているものはみあたらず、手間は要るものの、特段取り上げる必要性があるものとは考えられてはいなかったと思われる。

② 近 代

『磐城誌料歳時民俗記』（一八九二年）にみられる「栗拾い」

同書は、明治十年代前半に福島県宇多郡役所（郡役所は現・相馬市）の郡長をつとめ、その後、第二高等学校教授を歴任した大須賀履氏によるものである。磐城平地方（現・浜通り南部）の年中行事、祭礼が各月に分けて記述され、近世末から明治時代にかけての当地方の人々の暮らしぶりが描かれている。その九月二九日の条では、「栗拾い」について詳しく触れられている。なお、磐城は、明治元年、陸奥国を分割して設置された旧国名で、現在の福島県東部と宮城県南部にあたる。

「是月ハ果実ノ採拾多キ中ニ、栗拾ヒヲ第一トス。磐城山中栗樹多シ。栗毬罅折《くりのいがえみ》其子ヲ落トスヤ、村里ノ老幼男女、毎戸出デ、拾フ。深山幽谷ノ間歌唱相應ジ、談笑相聞フ。一人一日ノ拾フ所、少キモノ壹斗左右、多キモノハ、四斗前後、或ハ一把ノ團茅《こや》ヲ山中ニ仮設シ、旬日ノ間此ニ寝食シテ、措拾スルモノアリ。之ヲ貯フルニ蒸籠《せいろう》ニテ湯蒸シ、庭上ニ鋪匀シ、晴日ニ暴乾シ、藁俵ニ納メ爐上ノ屋梁ニ上ス。十數俵ヲ貯ルモノアリ、亦凶荒豫備ノ一助ナリ」（振り仮名は原文のママ）[4]。

収穫適期について、「栗毬罅折《くりのいがえみ》」と、毬に罅《ひび》が入るとしているところは、先述の『農業全書』の「自ら口をひらきたるバかり」と符合するところであるが、「えみ」とルビを付けているところは趣がある。これについては、第四章で前出の宮崎県椎葉村の椎葉クニ子さんが、「クリの収穫はクリが〈笑う〉ようになったのを見てから」と言っておられたのを思い出す。

この場合は、先述した収穫法のうち、熟期に達したものを竹竿で落として収穫する方法が用いられている。自然落果収穫法では、落ちたクリを収集するまでに動物たちの食害に遇うおそれがあり、それを避けているものと思われる。また、村の老人から子供まで村中総出で歌を歌ったりわいわい言いながら、意気高く行われている様子が想像できる。一日一人の収穫量が一五〜六〇キログラムというから相当の量である。一〇日間ほど仮設の小屋に寝泊まりしてクリ拾いを行う者もいたというから、クリ拾いがいかに重要な意味をもっていたかが窺える。収穫したクリは蒸した後、干して俵に詰めて屋根裏などに貯えておくことは、他でも見られることではあるが、十数俵つまり、七〇〇〜八〇〇キログラムのクリを貯える場合もあるというから驚く。まさに、凶荒に備えての備蓄であることがわかる。

③ 現代

『佐賀の植物方言と民俗——増補改訂版』(二〇〇七年)にみられる「栗拾い」

同書は、佐賀植物友の会の創立四〇周年記念事業として『佐賀の植物方言と民俗』(一九七六年)の増補改訂版として刊行されたものである。同書のクリの項で、富士町杉山(現・佐賀市)における「一〇月一日のささぐり拾いの解禁日」について詳しい記載がされている。旧富士町は佐賀県北部に位置し、北に背振山地が連なる山地の中にある。なお、「ささぐり」はシバグリの別名である。

「朝は一時頃に起きて部落全員で競争して採る。採るのは女性。その間男性は家事をする。腹部に籠をぶら下げ、竹で作った栗割り道具と手袋（革手袋、親指とその他四本指が入る高級手袋か男の中折れ帽のお古をくずして硬い手袋に作ったもの）で栗のいがをつかみ、もう一方の栗割り道具で果実を上手に取り出し、その時はもう次の栗の位置を確かめておく。栗割り道具は竹を折り曲げて作る。一日中採るので竹のしなり具合が採る量を左右するので前の晩に水に漬けておき、しなり具合を調節する。中剝ぎ（箸の中ほどで割る）と、さか（先）剝ぎ（箸の先端で割る）があった。採った栗は久留米などの業者に売った。一年中の生活費を稼いでいた[5]」。

茨城県の収穫用具として、皮手袋の上にゴム手袋を重ねた二重手袋、すぐり藁と布で編んだ手袋と竹ばさみについて記したが、佐賀県でも、手袋、竹ばさみともによく工夫されていることがわかる。いかに素早くクリを採るかについても記されており、「競争」して収穫している情景が伝わってくる。その収穫の成果が、特殊な場合とは思われるが、「一年中の生活費」をも賄うことができたともあり、この地方の人々にとって、クリは現金にかえられ、生活を支えるものとなっていたことが窺われる。なお、この「ささぐり拾いの解禁日」は口開け的行事としても興味深いものがある。

3　昔話にみられる「栗拾い」

クリは日本人の日常生活と深い関わりがあったことから、昔話の中にもしばしば登場し、「栗拾い」

という昔話が各地でみられる。日本昔話では「継子譚」に分類されるもので、関敬吾の『日本昔話大成』（角川書店、一九七八年）では、「本格昔話」の「継子譚」で「栗拾い」の項を設け、全国的概況を説明している。[6] 話の内容の基本型は次のようである。[7]

「継母が実子には良い籠を、継子には破れた籠を持たせ、栗（椎）を拾いにやる。実子はいっぱい拾って帰るが、継子は山で日が暮れ一軒家に泊まり宝物をもらう。実子がこれをまねて失敗する」。

同書の「栗拾い」の項では、北は青森県から、南は鹿児島県までの事例が記されており、拾いに行く対象物がクリの他に幾つかみられる。「栗拾い」は、北は青森県から南は岡山県、徳島県までみられる。次に多いのがシイで、九州、四国のほとんどは「椎拾い」となっている。具体的な記載事例のない県が十数県あり、一概には言えないが、東日本地域では「栗拾い」が多くみられ、西日本地域では、「椎拾い」となっているといえよう。また、同書の「栗拾い」の項のまとめで、「西日本では栗が椎にかわっている」としている。『資源植物事典（七版）』[8] では、シイについて、「渋味がなく、山の木の実の中では、クリ、クルミに次いで美味なものである」としており、クリ、シイの地域別の利用の頻度と関わって興味深いものがある。いずれにしても、昔話にみられる「栗拾い」の各地の事例からは、クリと人々との関わりの一端を知ることができる。

二　飛騨の人々の暮らしと栗

第三章の「栗材の鉄道枕木への利用」、「栗の建築部材としての利用」などでは、飛騨地方のクリについて述べた。ここでは、そこでは触れられなかった二、三の事例を中心に記しておきたい。

1　旧大野郡朝日村（現・高山市）の暮らしと栗

クリの民俗誌について聞き取るのが難しくなってきている状況の中で、同村史では詳しい記載がみられる。『朝日村史・第五巻』(9)を中心に、同書の編纂委員である同村在住の小林繁氏（昭和一二年生）からお聞きしたことも合せて述べることにする。同氏は同村胡桃島で、秋神温泉旅館を長らく営んでおられ、旧朝日村文化財審議会会長を歴任し、自然保護の分野にも造詣の深い方である。同氏の旅館には、筆者は少年期に何度も訪れたことがあり、乗鞍岳、御嶽山麓の自然についてご教示をいただいて以来交流のある方でもある。

旧朝日村は岐阜県北東部に位置し、飛騨山脈の中央部にあり、東に乗鞍岳、東南に御嶽山を仰ぎ、地勢は険しく、高原地帯を形成している。ちなみに、小林氏在住の胡桃島は海抜約一〇〇〇メートルで、同村の集落の中では最も海抜が高い所に位置し、お聞きした内容と引用した『朝日村史・第五巻』の内容とは必ずしも一致しないところがあることを断わっておく。

① 明治八年の「筑摩県物産取調書」にみる栗の価格

同取調書の朝日村の項には、「栗・二石五斗八升　金六円二十九銭、楢・十一石二斗八升　金二円五十八銭、栃・三十九石四斗　金三十九円四十銭」[9]とある。明治初期において、トチ、ナラ、クリの順で産出され、クリの産出量は少ないが、一斗当りの価格は、クリ、トチ、ナラの順で、それぞれ、約二四銭、一〇銭、二・三銭となり、クリの価格がトチの二倍、ナラの一〇倍と高価であったことがわかる。

② 栗の木の利用と移り変わり

「栗の木は山野に自生する。七月梅雨の終わり頃、独特の香りの細長い花（ミゾ）が咲く。蜂蜜採取の対象となるが茶褐色で匂いもあって上等とはいえない。クリの成木は腐りにくいので、建築材として家の柱や土台、屋根の榑《くれ》に使われ、特に、土台として最適で、高値で取引される。また鉄道の枕木は雑木に圧力釜でクレオソートを浸透させて使う以前はクリの木が主役であった。枕木をスリッパと呼んで、専門の買い入れ人が活躍していた。クリの木の減少の理由の一つはこのスリッパにある」[9]。

『資源植物事典（七版）』の蜜の項で、「山間地方ではクリ、シナノキ、トチノキの花が主な蜜源である」[10]とあり、この地方でも、上等ではないにしても、蜜源植物としての役割を持っていたことがわかる。小林氏によれば、「この辺りでとれるトチの蜜は香りが良いため販売できるが、クリの蜜はアクがあるから良くないので商品にはならない。ただ、養蜂家にとっては蜂の餌用として大切な蜜であるため、クリの開花期にも必ず蜂の箱を置きに来ていた」と言われる。市販の蜂蜜の蜜源としてではないが、蜜蜂を飼育するための餌用の蜜として、クリの花が重要な役割を果たしていたのである。

また、後段の枕木については、飛驒地方において枕木材利用によって、クリの木が減少をもたらすことになったことは第三章で述べたが、この記述からも、当時の枕木用材の買い入れ人が闊歩していた様子が垣間見える。

ここで、「スリッパ」について少し触れておく。飛驒地方の方言を研究する上で重要な参考文献とされてきた『飛驒のことば』(濃飛民俗の会、一九五九年)では、「すりっぱ」の項が設けられ、「枕木」と説明されている。[11] 枕木が「すりっぱ」と呼ばれた由来に関わっては、「丹波の森林に先人の暮らしがみえる」(『京都の林業』四二三号、一九九四年)のクリの項に、「専門に枕木材を山から伐出する業者がいて、〈スリッパ師〉(英語の Sleeper・枕木が語源)と呼ばれていた」[12]という記載がみられる。ちなみに、『鉄道技術用語辞典』(丸善、一九九七年)の「まくらぎ」の項に、英名として Sleeper が記されている。[13]

「クリの実はトチの実とともに穀物の補助食料で、穀類の不作に備えて山林に栗林が作られるようになった。昭和三〇年代までは山の木を伐ってもクリの木は朴の木とともに残した。炭焼きに山の木を売るときでも、〈クリは残しておいてくれよ〉といったものだった。今、山栗は少なくなった」[9]。

第三章で、大正初期の『岐阜県林産物一班』の、「飛驒国において、枕木伐採により、その栗の実の収穫量が少なくなり、食用問題となろうとしているところがある」という記載を示したが、この

『朝日村史・第五巻』の記述もクリに依存する村の人々の姿を物語っている。

なお、ホオノキは、山間地ではその葉は物を包むのに使われ、特に飛騨地方では、郷土料理である「朴葉味噌」に必須なもので、大切にされたものと思われる。「朴葉味噌」は、自家製の味噌にネギなどの薬味、シイタケなどの山菜を絡めたものをホオノキの葉にのせて焼き、ご飯にのせて食べるものである。

③ 栗の収穫

「秋になると、毬から栗が顔を出し、秋の取り入れの多忙な時期でも早朝に拾いに行った。子供も拾いにやらされた。山グリは公有の山林であれ、私有の山林であれ、どこの山でも拾いに行けた。家の近くに栽培されている〈据えグリ〉以外は拾ったもの勝ちであった。勿論草刈りや薪を取ることは別だが、キノコや山菜も同様であった。当村では今もその風習が残っているが、山菜などが商品化され、都会の企業が山林や土地を買い取り、囲い込むようになって、勝手に入れなくなってきていて、禁令の立札がよく見られるようになってきた(9)」。

前述の福島県磐城地方、佐賀県旧富士町の事例と同様に、「栗拾い」ができる場所についての規制はされてはいない。

小林氏は、「ヤマグリの中にごくわずかであるが、〈しまぐり〉と呼ばれる色がきれいで、大き目で、おいしいものがあった。自分の山林でそれを見つけて、暫くして採りに行ったら拾われてなかった。

誰が拾ったかはわかっていても、〈やられた〉で終わったものだ。ただ、一〇年ほど前のことであるが、毎年山菜を採っている自分の山林の決まった場所に行ったところ、アイスボックスを幾つも積んだ車が停まっていて、大量の山菜を根こそぎ持ちかえるところに出くわした。注意したが横柄な態度で、その後も同様なことが続くようになったので、地域で相談して、〈地主以外立ち入り禁止〉の札を建てた。本当はしたくはないけれど」と言われる。自然保護にも尽力されている立場からも苦渋の決断であったと思われる。ただ、比較的新しい時代まで、この地域の山林が人々の食料を供給する「共有」の場となっていたことには驚く。

「天然のクリは、表年と裏年があり、ほぼ隔年結果である。表年を〈今年はなり年だ〉といった。その年には早朝に、家族みんなで五升から一斗くらい拾う家もあった[9]」。

クリは年間の成長量が大きいため他の果樹に比べて整枝・剪定の影響を受けやすく、果実の収量を安定的に確保するためには整枝・剪定を行う必要がある[14]。シバグリの場合、当然そのようなことはされていないので、成り年、不成り年が生じてくる。また、小林氏によれば、「クリの成りは一年おきである。クリの花が咲く六月終わりから七月にかけて雨が多いと成りが少ないといい、その時期になると雨の様子を気にした」という。隔年に来る成り年とその年の収穫量に対する期待は大きなものであったことが想像できる。

④　栗の貯蔵と利用

「山クリは小粒なので拾うのに苦労するが、とても甘味がありうまい。粒の大きいのを選び、茹でて数珠《じゅず》クリにして保存し、報恩講や正月の菓子にした。小粒のクリは冬の炉端や炬燵《こたつ》でのコマグチとなった。冬、炉端で、鉤ヅルに掛けた大鍋に干し栗を一杯入れ、焚き火でコトコト茹でる。茹で具合を見ながら、炉端を囲む団欒《だんらん》は良かった。テレビのない時代であった。炉端から家庭の絆が作られていく面があったが、クリの煮えていく匂いがそれにふさわしかった。茹でて干し上げ、カチグリにもした。干してからからになったのを、搗屋《つきや》で搗いて皮を取り、大豆と一緒に煮たり、クリ餅にしたり、キントンにしたりした。キントンはナガイモ、ジャガイモを潰して主材にし、それに湯で柔らかくしたカチグリを入れ、味付けしたものだった。クリオコワが作られた。小豆は色づけのためであり、クリが主体のオコワであった。しかし、栗の料理で一番うまかったのはヒメグリであろう。まだ、みずみずしい大粒の栗を選び出し、皮を剝く。皮剝き具のない時代、包丁か時には歯でむいた。それを石臼に入れ、足で踏んで渋皮を取った。この石臼は餅搗き用の臼とは別で、石の内側がざらざらしていた。渋皮の取れた栗を天日で一日も干すと甘味が増す。それを鍋で茹で上げる。適量の塩をふって蒸すように仕上げるとヒメグリの出来上がりである。栗の実る十月は、運動会の季節であった。ヒメグリは運動会の御馳走に、必ずといっていいくらい作った。栗ご飯もよく作られた(9)」。

「数珠クリ」にして保存したとあるが、果頂部に糸を通して一定間隔に連ね、軒下などに吊るし乾燥する方法である（写真35・36）。よく行われた保存法の一つで、古くから知られたクリの産地である丹波地方では、クリを鈴になぞらえて、「鈴くり」と呼ばれている(15)。

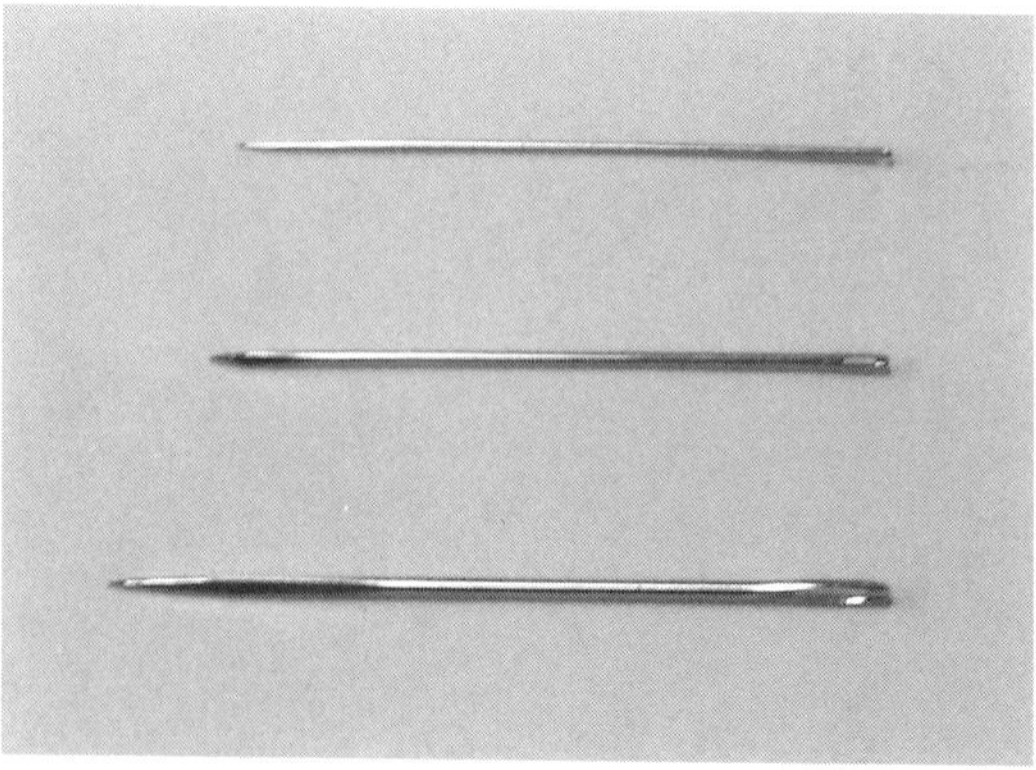

写真34　数珠づくりで小林氏使用の針（中・下段）
上段：普通地用縫い針　中段：茹でグリ用　下段：生グリ用
（中・下段は通常は革用の針で、三角の鋭い針先が特徴）

写真36　数珠グリ（生グリ使用、小林氏による）

写真35　数珠グリ（茹でグリ使用、小林氏による）

前段の「コマグチ」については、前出の『飛騨のことば』では、「こまぐち」の項が設けられ、「小間口。間食。おやつ」と説明されている。[16] また、同書の「ひめぐり」の項では、「姫栗。栗の皮をむいて蒸し、又は煮て味をつけたもの」[17]の説明がある。「ひめぐり」[18]は、『日本方言大辞典』（小学館、一九八九年）によれば、その分布は岐阜県飛騨とのみ記載されているので、かなり限定された地域のものであると考えられる。

さて、小林氏は、「数珠グリには茹でる他に生のものもあった。普通の針より太めの専用の針（写真34）をもっていて、トチの実にも使った。干したクリを食べるときには、皮をむいたものをすり鉢に入れ、手でこじるようにして渋皮をとり、クリご飯、クリオコワなどに使った。少しは渋皮が残ったが、それもかえっておいしかった」と言われる。トチの実も含めてであるが、専用の針もあることから、数珠グリは特殊なものではなく、普通に用いられた乾燥・保存の方法であるといえる。

「クリの保存には砂に埋めておく方法もあった。砂グリといった。埋めておくと糖分が増す。主として正月用であった。しかし、生の貯蔵なので掘り起こしてみると大半は虫に食われていた」[9]。

生栗のまま保存された「砂グリ」は、正月を始めとする節分や雛の節句などの祭祀に用いられたとされており[19]、同村でも、食料として用いるために乾燥する長期保存法とは異なった特殊な方法であったと思われる。

「砂グリ」については、『木の実』の著書がある松山利夫氏によれば、「スナグリは、栗を砂の中や籾殻などの中で貯蔵したもので、冬季の一時的な貯蔵法と考えられている」[20]としている。現在では、冷蔵施設を用いた低温貯蔵が主となっているが、昭和三三年の『クリの栽培』（富民社、一九五八年）の「貯蔵」の節では、土の中に埋める方法の次に、「砂を用いる方法」があげられ、冷蔵の方法は四番目に記されている。[21]「砂グリ」は昭和の中頃においても一般的に用いられていたことがわかる。なお、砂グリについての考古学的研究は縄文時代の植物食料の第一人者である渡辺誠氏により詳細な研究がなされている。[22]文献的には、一七世紀末の『農業全書』に、「砂グリ」の具体的な方法が記されており、[3]近世前期においては「砂グリ」による貯蔵は一般的なものであったことが窺える。

小林氏は「砂グリ」だけではなく、土に埋める方法も含めて次のように言われている。「この地域には、〈ネズミの忘れ栗〉という言葉がある。クリの木の近くの畑を春にむけての準備で耕していると、クリが数十個かたまって出てくる。これは、ネズミが秋にクリを採って、クリの木の近くの畑のあちこちに穴を掘って埋めるが、全部は回収できず残っており、これを人間がいただくことになる。このことを言う。このクリは甘みが増していておいしい。このようなことを人間が古い時代に知り、土や砂に埋めたりする方法に繋がったのではないかと思っている」。

畑は耕してあるため穴が掘り易く、クリの木の近くの畑はネズミにとって、絶好の貯蔵場所となり、人間も畑の作業で掘り起こすので、埋められたクリを見つけることになる。人と動物が山の幸であるクリを分かち合っている様子が目に見えるようである。

さて、クリを低温貯蔵することにより甘味が増加することは科学的に明らかにされている。河野澄夫氏らによれば、クリを温度別に貯蔵し、ショ糖含量を調べた結果、一か月後、一〇℃区および五℃

写真37　秋神温泉の「栗の大木」（高山市指定天然記念物、高山市教育委員会提供）

区では五%程度であるのに、一℃では九・一%に増加していたとしている。[23] 先の「ネズミの忘れ栗」の事例の、温度を始めとする環境条件について詳しいところはわからないが、冬期の山間部の畑の土中は低温下に置かれることは間違いがなく、甘みが増しておいしいと言われていることは上記実験結果と符合するものと思われる。

⑤　特殊な利用の事例として

クリの果実としての利用や材としての利用について述べてきたが、イガの利用について、小林氏は次のような事例を話されている。

「一〇年～二〇年前のことだった思うが、ある家の前を通った時、庭先で、おばあさんがクリのイガを干しているのを見かけた。尋ねたところ、倉庫の壁にネズミが穴をあけて中に入り、貯えてある食料が食べられてしまうので、板などで塞いだが効き目がなかった。そこで、穴をあけられた所をイガで塞ぐことにしたという事であった」。

特殊な事例と見過ごされそうであるが、『樹木大図説I』によれば、「イガは何も役立たぬと思われたが、宮城県坂木駅より昭和四年十一月にイガ一〇〇斤を東京に送った人がある。その用途は天井裏にばらまきネズミ除けに使ったという[24]」とある。約六〇キログラムのイガというから相当大きな荷物で、当時、限定的ではあるが、イガがそのような用途に使われ、出荷もされていたことが推測できる。

小林氏は先の事例を話し終わったところで、こういう使えそうにもないものにも目を向け、利用してきた先人の知恵に学ぶことは多いと強調された。しっかり心に留めておきたいことである。

なお、旧朝日村の名木として、朝日村保育園と秋神温泉にあるクリの木が指定されている。ともに、樹高二〇メートル、幹周はそれぞれ、四一四センチ、四五三センチの大木である。秋神温泉のクリは小林繁氏所有で、次のように言われる。

「秋神温泉の自然散歩村の一角に枝を広げ、主のようにそびえている。幹廻り四・五メートルと、森の王者として訪れる人を魅了している。別名万つぶ栗と呼ばれ、たくさんの実が毎年実る。昔、水害の時に、木の股に入った川石が根元より約一・五メートルの所に挟まれている」（写真37）。

2　旧吉城郡上宝村（現・高山市）・栗原神社の「ツユリ祭り」

『岐阜県百科事典』（岐阜日日新聞社、一九六八年）の「栗原神社」の項に、「ツユリ祭り」について次のような説明がある。

「往古当地に栗樹繁茂し、その中に巨木があって、毎年良果を結ぶので、村人たちは神木と称え、五月には〈ツユリ祭り〉といって、木の実の豊熟を祈りこの地に社殿を創建し、木の実の神を崇敬したと伝えられている。従って、栗原の名が呼ばれている(25)」。

『上宝村史・下巻』(二〇〇五年)には、栗原神社について、「鎮座地は大字宮原字栗原三五〇番地」と記され、「貞観九年(八六七)延喜式神明帳登載の飛騨国八社の一となる。その祭礼を栗花落祭《つゆりまつり》といった(26)」とされている。

この栗原神社の「栗花落祭」について、明治初めに刊行された『斐太後風土記』の「宮原村」の「産土神」の項でも、「祭日五月二十四日、栗花落祭《ツユリマツリ》と云(27)」とある。これらから、古い歴史をもつ祭りであることがわかる。

また、同書で、旧上宝村を含む古代以来の高原郷の村々のクリについて記された概要は次のようである。

「高原郷の村々は栗の苗木を多く植え、樹下の草刈り、日々掃除をするなど心に掛けて育成するため、若木よりよく実をつけ、ことさら佳味で、家の夫食とし、また搗栗にして高山はもとより隣国へ多数売り出し、その価を売ること繭に異ならず。飛騨国の手本である。しかれば、高原の宮原など古の栗原神社がある(27)」。

近世末から近代の初め頃、旧上宝村を含む高原郷の村々においては、山野のクリを利用するだけではなく、苗木の植え付けから始め、丁寧な栽培管理がされていたことがわかる。そして、飛騨国随一のクリの生産地として知られ、当時活況を呈してきた養蚕による繭に匹敵する売り上げであったというから、その産出量が多かったことが窺える。また、クリが各家々の食料として位置づけられていたことがわかる。このような中で、クリの豊穣を願う「栗花落祭」が毎年行われたことは頷ける。

「栗花落祭」の名称の謂われについて、『斐太後風土記』はじめ他の文献でも記載はみられない。ただ、『和漢三才図会』の栗の項には「思うに、栗の花は五月（陰暦。現在の六月）の梅雨《つゆ》の候に落ちる。それで俗に堕栗花と書いて梅雨《つゆ》と訓《よ》む(28)」と記されている。また、『時代別国語辞典・室町時代編』では「墜栗」の項があり、「〈つゆいり〉の転。入梅。また、その時期の長雨(29)」とし、『易林本節用集』の「堕栗花《ツイリ》霖雨(29)」を例として引いている。このようなところから、「栗花落祭」と名付けられたものと思われる。

さて、この祭りが行われている旧暦五月二四日というと、地域によるが、クリの満開期が終わり、クリの一年の生育サイクルできわめて重要な時期にあたる。また、品種、地域により異なるが、普通、開花期が終わった六月から七月にかけてと、八月に落果がみられる。主として、前者は六月から七月にかけての日照不足、後者は不受精によるとされている。このような落果がひどいと収穫を大きく減じることになり、そういった重要な時期を目前にして祭りを行い、豊穣を願ったことが推測される。

この祭りの内容について知るために、当神社の宮司である澤田康瑞氏にお聞きしたところ、次のように話された。

「亡くなられた氏子総代さんから、ツユリ祭りについて、昔あったという事は聞いたことはあるが、いつの頃まであったかは聞いてはいないし、その内容については全くわからない。ただ、この神社一帯の原野にはクリの木がたくさん自生していて、それにちなんで、栗原神社という社名が付けられたことは聞いている。昔、この辺りでは、クリも食料にされていたので、クリの木を大切にして、こういう祭りが行われたのではないかと思う」。

また、「ツユリ祭り」について、高山市教育委員会の文化財担当者の方から栗原神社の総代さんに聞いていただいたが、わからないということであった。このほか、高山市図書館の職員の方を通じて、地元の郷土史研究会の長老の方などに聞いてもらい、関係郷土資料も調べていただいたが「ツユリ祭り」に関わる情報、資料を得ることはできなかった。

先述の『岐阜県百科事典』の「栗原神社」の項の最後には、「ツユリ祭り」について、「当地の木の実を食料として尊重せし遺風を伝え、特殊神事として保存されたいものである」[23]と締め括られている。同事典の刊行年から半世紀近く経た現在、「ツユリ祭り」は忘れ去られた存在となっているのが実状である。ただ、この祭りは、一神社一地域の行事にとどまらず、ひいては、飛驒地方の人々のクリに託す願いを象徴するものであろうと思われる。このような行事が行われていたことは銘記しておきたい。

引用文献・参考文献

第一章（「はじめに」も含む）

〈引用文献〉

（1）山田寿「クリ」、杉浦明・宇都宮直樹・片岡郁雄・久保田尚浩・米森敬三編集『果実の事典』五六三―五七二頁、朝倉書店、二〇〇八年

（2）田中琢・佐原真編集代表『日本考古学辞典』二九四―二九五頁、三省堂、二〇〇二年

（3）小林達雄「縄文文化」、『日本史大事典』第三巻、一二九〇頁、平凡社、一九九三年

（4）渡辺誠『縄文時代の植物食』五二―五三頁、雄山閣、一九七五年

（5）梶浦一郎「日本の果物史」、『朝日百科・植物の世界』一四巻、二〇四―二〇七頁、朝日新聞社、一九九七年

（6）辻誠一郎「栗」、小野正敏・佐藤信・舘野和己・田辺征夫編集『歴史考古学大辞典』三七九頁、吉川弘文館、二〇〇七年

（7）『日本史広辞典』九五四頁、山川出版社、一九九七年

（8）文化財保存全国協議会編『新版・遺跡保存の辞典』一二八―一三〇頁、平凡社、一九九九年

（9）北村四郎・村田源『原色日本植物図鑑・木本編Ⅱ』二七六頁、保育社、一九九四年

（10）牧野富太郎原著、大橋広好・邑田仁・岩槻邦男編集『新牧野日本植物図鑑』三五頁、北隆館、二〇〇八年

（11）上原敬二『樹木大図説Ⅰ』六九四頁、有明書房、一九六一年

(12) 岡田康博「縄文都市『三内丸山』の構造」、『住まいの文化誌三・地球環境』一二九―一三三頁、ミサワホーム総合研究所、二〇一〇年

(13) 谷口真吾「クリ」、日本樹木誌編集委員会『日本樹木誌』一四三―一七四頁、日本林業調査会、二〇〇九年

(14) 鈴木三男「発掘された木材が語る木と人との歴史」、『朝日百科・植物の世界』第一四巻、二六三―二六六頁、朝日新聞社、一九九七年

(15) 島地謙・伊東隆夫『日本の遺跡出土木製品総覧』一〇八―一〇九頁、雄山閣出版、一九八八年

(16) 山田昌久「人類の定住化と森林資源の利用」、『朝日百科・植物の世界』第一四巻、二五八―二六二頁、朝日新聞社、一九九七年

(17) 小林達雄編著『世界遺産・縄文遺跡』七〇―七五頁、同成社、二〇一〇年

(18) 貴島恒夫・岡本省吾・林昭三『原色木材大図鑑』四七頁、保育社、一九六二年

(19) 小林謙一・工藤雄一郎・国立歴史民俗博物館編『縄文はいつから!?』七三―七七頁、新泉社、二〇一一年

(20) 山本直人「縄文時代の植物食利用技術」、『縄文時代の考古学5・なりわい――食糧生産の技術』一七―三〇頁、同成社、二〇〇七年

(21) 佐藤洋一郎『縄文農耕の世界』二二―三八頁、PHP研究所、二〇〇〇年

(22) 酒詰仲男「日本原始農業試論」、『考古学雑誌』四二巻、一―一二頁、一九五七年

(23) 小島憲之ほか校注『日本書紀』、新編日本古典文学全集四、五三七頁、小学館、一九九八年

(24) 植垣節也校注・訳『風土記』、新編日本古典文学全集五、小学館、一九九七年

(25) 植垣節也校注・訳「出雲国風土記」、『風土記』、新編日本古典文学全集五、一三〇―一八一頁、小学館、一九九七年

(26) 植垣節也校注・訳「播磨国風土記」、『風土記』、新編日本古典文学全集五、一七―一二七頁、小学館、一九九七年

(27) 網野善彦『「日本」とは何か』、日本の歴史00、二九七―三〇一頁、講談社、二〇〇〇年
(28) 植垣節也校注・訳「常陸国風土記」、『風土記』、新編日本古典文学全集五、三五三―四二一頁、小学館、一九九七年
(29) 関根真隆『奈良朝食生活の研究』一三二―一三三頁、吉川弘文館、一九八九年
(30) 柴田桂太編「資源植物事典(七版)」一八三―一八五頁、北隆館、一九八九年
(31) 黒板勝美編輯『延喜式』、新訂増補・国史大系第二十六巻、七七九頁、吉川弘文館、二〇〇〇年
(32) 荊木美行「大膳職」、上田正昭監修『日本古代史大辞典』四〇〇頁、大和書房、二〇〇六年
(33) 島田勇雄訳注『本朝食鑑』第二巻、二八―三四頁、平凡社、一九七七年
(34) 黒板勝美編輯『延喜式』、新訂増補・国史大系第二十六巻、一五〇頁、吉川弘文館、二〇〇〇年
(35) 中村幸彦・岡見正雄・阪倉篤義編『角川古語大辞典』第一巻、一三二頁、角川書店、二〇〇六年
(36) 黒板勝美編輯『延喜式』、新訂増補・国史大系第二十六巻、六〇一―六二二頁、吉川弘文館、二〇〇〇年
(37) 『日本史広辞典』一〇五五頁、山川出版社、一九九七年
(38) 吉田孝「中男作物」、『日本史大事典』第四巻、九五六頁、平凡社、一九九三年
(39) 『日本史広辞典』一二四二頁、山川出版社、一九九七年
(40) 澁澤敬三・神奈川大学日本常民文化研究所『新版・絵巻物による日本常民生活絵引』第一巻、三一―二七頁、平凡社、一九八四年
(41) 菊池秋雄『果樹園芸学・上巻』二三六―二四五頁、養賢堂、一九四八年
(42) 志村勲「栗」、『世界大百科事典』第八巻、二三九頁、平凡社、二〇〇七年
(43) 橋詰隼人・中田銀佐久・新里孝和・染郷正孝・滝川貞夫・内村悦三『図説・実用樹木学』六四―六五頁、朝倉書店、一九九三年
(44) 上原敬二『樹木大図説I』六九一―七〇五頁、有明書房、一九八五年
(45) 塩沢健士「クリ」、相原徹夫編著『園芸植物大事典』第二巻、一四六頁、小学館、一九八八年

(46) 竹内理三編著『鎌倉遺文　古文書編』二巻六八八号、東京堂出版、一九七二年
(47) 竹内理三編著『鎌倉遺文　古文書編』三一巻二三六九四号、東京堂出版、一九八六年
(48) 保立道久『中世の女の一生』一五七―一五九頁、洋泉社、一九九九年
(49) 赤井達郎『菓子の文化誌』七二―八二頁、河原書店、二〇〇五年
(50) 川上行蔵『食生活語彙五種便覧』一〇四頁、岩波書店、二〇〇六年
(51) 土井忠生・森田武・長南実編訳『邦訳日葡辞書』一七〇頁、岩波書店、一九九三年
(52) 『時代別国語大辞典・室町時代編一』七四三頁、三省堂、一九八五年
(53) 土井忠生・森田武・長南実編訳『邦訳日葡辞書』六八六頁、岩波書店、一九九三年
(54) 『日本国語大辞典（第二版）』第二巻、二九三頁、小学館、二〇〇一年
(55) 「宗及茶湯日記、自天正二年至同四年自会記」、『天王寺屋会記』、千宗編纂代表・茶道古典全集八、二〇五―二三八頁、淡交新社、一九五九年
(56) 「宗及茶湯日記、自天正四年至同六年自会記」、『天王寺屋会記』、千宗室編纂代表・茶道古典全集八、二三九―二九八頁、淡交新社、一九五九年
(57) 赤井達郎『菓子の文化誌』一〇七―一〇八頁、河原書店、二〇〇五年
(58) 土井忠生・森田武・長南実編訳『邦訳日葡辞書』七三頁、岩波書店、一九九三年
(59) 島田勇雄訳注『本朝食鑑』第二巻、二八―三四頁、平凡社、一九七七年

〈参考文献〉（「はじめに」も含む）

齋藤寿広「クリ」、八田洋章・大村三男編『果物学』二七五―二八二頁、東海大学出版会、二〇一〇年
外山秀一『自然と人間の関係史』九一―一一七頁、古今書院、二〇〇八年
大塚初重・桜井清彦・鈴木公男編『日本古代遺跡事典』吉川弘文館、一九九五年
北川淳子「縄文のクリとトチノキの栽培と気候」、安田喜憲編著『環境考古学ハンドブック』六六〇―六七三

頁、朝倉書店、二〇〇四年
『茨城県の地名』、日本歴史地名体系八、平凡社、一九八二年
千宗室編纂代表『松屋会記』、茶道古典全集九、淡交新社、一九五七年

第二章

〈引用文献〉

(1) 菊池秋雄『果樹園芸学・上巻』二三六―二四五頁、養賢堂、一九四八年
(2) 山田寿「クリ」、杉浦明・宇都宮直樹・片岡郁雄・久保田尚浩・米森敬三編集『果実の事典』五六三―五七二頁、朝倉書店、二〇〇八年
(3) 加藤要校注『花壇地錦抄・草花絵前集』三一六頁、平凡社、一九七六年
(4) 加藤要校注『花壇地錦抄・草花絵前集』八五―八六頁、平凡社、一九七六年
(5) 谷川健一編集委員代表『日本庶民生活資料集成』第二三巻、一〇六頁、三一書房、一九八一年
(6) 中村幸彦・岡見正雄・阪倉篤義編『角川古語大辞典』第五巻、一二五頁、角川書店、一九九九年
(7) 島田勇雄訳注『本朝食鑑』第一巻、二四六頁、平凡社、一九七六年
(8) 島田勇雄・竹島淳夫・樋口元巳訳注『和漢三才図会』第一六巻、八七―八八頁、平凡社、一九九〇年
(9) 土井忠生・森田武・長南実編訳『邦訳日葡辞書』五二九頁、岩波書店、一九九三年
(10) 中村幸彦・岡見正雄・阪倉篤義編『角川古語大辞典』第二巻、七七六頁、角川書店、一九八四年
(11)『日本国語大辞典（第二版）』第六巻、三六九頁、小学館、二〇〇一年
(12) 島田勇雄訳注『本朝食鑑』第二巻、二八―三四頁、平凡社、一九七七年
(13) 上野益三解説『桃洞遺筆』、江戸科学古典叢書二八、三二〇―三二二頁、恒和出版、一九八〇頁
(14) 古事類苑刊行会『復刻版・古事類苑　植物部一』一七六頁、吉川弘文館、一九二七年

(15) 牧野富太郎『牧野富太郎選集』第三巻、二〇三―二〇九頁、学術出版会、二〇〇八年
(16) 牧野富太郎原著、大橋広好・邑田仁・岩槻邦男編集『新牧野日本植物図鑑』三五頁、北隆館、二〇〇八年
(17) 池谷和信「山焼き」、福田アジオ・新谷尚紀・湯川洋司・神田より子・中込睦子・渡邊欣雄編集『日本民俗大辞典・下』七五二頁、吉川弘文館、二〇〇〇年
(18) 奈良県童話連盟・高田十郎編集『大和の伝説・増補版』二六〇―二六四頁、大和史蹟研究会、一九六〇年
(19) 上原敬二『樹木大図説Ⅰ』六九〇―七〇九頁、有明書房、一九六一年
(20) 下呂町文化財審議会・下呂町教育委員会編集『下呂町の文化財』下呂町教育委員会、六頁、二〇〇四年
(21) 小野蘭山『本草綱目啓蒙』二四〇―二四一頁、平凡社、一九九一年
(22) 宮崎安貞著、山田龍雄・井浦徳監修『農業全書』、日本農書全集一三、一三八―一四二頁、農山漁村文化協会、一九七八年
(23) 鈴木真海翻訳『頭註・国訳本草綱目』第八冊（菜・果部）、二七一―二七四頁、春陽堂、一九三三年
(24) 島田勇雄・竹島淳夫・樋口元巳訳注『和漢三才図会』第一五巻、三〇八―三一二頁、平凡社、一九九〇年
(25) 兪徳浚氏編著『中国果樹分類学』二五二―二五七頁、農業社出版社、一九七九年
(26) 『日本国語大辞典（第二版）』第九巻、六八五頁、小学館、二〇〇一年
(27) 竹内若校訂『毛吹草』一七六―一七七頁、岩波書店、一九四三年
(28) 農文協編『果樹園芸大百科7・クリ』九―一〇頁、農山漁村文化協会、二〇〇〇年
(29) 志村勲「クリ」、『講談社園芸大百科事典・フルール』第七巻、一一六―一一八頁、講談社、一九八〇年
(30) 並河淳一「クリ（二）」、農業技術協会編集『果樹品種名雑考』二二一―二三七頁、農業技術協会、一九七九年
(31) 飛田範夫『日本庭園の植栽史』一四八頁、京都大学学術出版会、二〇〇二年
(32) 今川文雄『訓読明月記』第四巻、一六五頁、河出書房新社、一九七八年
(33) 辻善之助編『多門院日記』第三巻、二七〇頁、角川書店、一九六七年

(34) 東京大学史料編纂所編纂『大日本古記録 言経卿記』十二、二三〇頁、岩波書店、一九八三年
(35) 飛田範夫『日本庭園の植栽史』二三六―二三七頁、京都大学学術出版会、二〇〇二年
(36) 上野益三監修・吉井始子編『食物本草本大成』第九巻、三五一―三五四頁、臨川書店、一九八〇年
(37) 大蔵永常著・飯沼二郎校注『広益国産考』、日本農書全集一四、三〇八頁、農山漁村文化協会、一九七八年
(38) 猪崎正敏・丸橋亘『果樹繁殖法』一三九頁、養賢堂、一九八九年
(39) 町田英夫編著『接ぎ木のすべて』三九頁、誠文堂新光社、一九七八年
(40) 盛永俊太郎・安田健編著『江戸時代中期における諸藩の農作物――享保・元文諸国産物帳から』i・ii、一―五頁、私家版、一九八六年
(41) 盛永俊太郎・安田健編著『江戸時代中期における諸藩の農作物――享保・元文諸国産物帳から』九―一三三頁、、私家版、一九八六年
(42) 『日本の食生活全集』全四八巻、農山漁村文化協会、一九八四―一九九二年
(43) 菊池秋雄『果樹園芸学・上巻』二三六―二四二頁、養賢堂、一九四八年
(44) 『聞き書・岐阜の食事』、日本の食生活全集二一、農山漁村文化協会、一九九〇年
(45) 盛永俊太郎・安田健編『享保・元文諸国産物帳集成』第Ⅳ巻・参河・美濃・尾張、一三二頁、科学書院、一九八六年
(46) 塚本実「クリ（二）」、農業技術協会編集『果樹品種名雑考』二〇九―二一九頁、農業技術協会、一九七九年
(47) 益軒会編『益軒全集』巻之六、二五六頁、益軒全集刊行会、一九七三年
(48) 『小平ふるさと村―市指定有形文化財・旧小川家住宅玄関棟移築復元修理工事、開拓当初の復元住居建築工事の記録』一一九―一二〇頁、小平市教育委員会、一九九八年
(49) 「開発当初の復元住居」（パンフレット）、小平ふるさと村、一九九三年

(50)大蔵永常著・飯沼二郎校注『広益国産考』、日本農書全集一四、三〇一―三〇九頁、農山漁村文化協会、一九七八年
(51)谷口真吾「クリ」、日本樹木誌編集委員会『日本樹木誌』二四三―二七四頁、日本林業調査会、二〇〇九年
(52)『日本史広辞典』一五六八頁、山川出版社、一九九七年
(53)山口隆治『加賀藩山廻役の研究』一四―二五頁、桂書房、一九九八年
(54)『朝日百科・植物の世界』第八巻、八三―八四頁、朝日新聞社、一九九七年
(55)梅原猛ほか一三名『ブナ帯文化(新装版)』八七―一〇六頁、新思索社、一九九五年
(56)所三男「七木」、『普及新版・日本歴史大辞典』五巻、三二五―三二六頁、河出書房新社、一九八五年
(57)佐藤常雄「四壁林」、『国史大辞典』第七巻、七四頁、吉川弘文館、一九八六年

〈参考文献〉
難波恒雄『原色和漢薬図鑑』二一八―二一九頁、保育社、一九八六年

第三章

〈引用文献〉
(1)辻誠一郎「栗」、『歴史考古学大辞典』三七九頁、吉川弘文館、二〇〇七年
(2)柴田桂太編『資源植物事典(七版)』一八五頁、北隆館一九八九年
(3)鉄道総合技術研究所『鉄道技術用語辞典』六七二頁、丸善、一九九七年
(4)石本祐吉『写真と図解で楽しむ線路観察学』二一―四頁、アグネ技術センター、二〇〇八年
(5)西野保行『新訂・鉄道線路の話』一六四―一六五頁、成山堂書店、二〇〇六年

(6) 渡邉静夫編著・出版『日本大百科全書』第二一巻、八四六頁、小学館、一九八八年
(7) 山口明日香「戦前期日本における枕木市場の取引構造」、市場の高質化と市場インフラの総合設計、KEIO/KYOTO COE DISCUSSION PAPER SERIES、DP2008-005、一―二二頁、二〇〇八年
(8) 山田彦一「鉄道枕木に就て」、『岐阜県山林会報』第六号、一七―一八頁、一九一一年
(9) 「森林荒廃の危機――鉄道枕木の影響」、『横浜貿易新報』明治四二年一〇月九日
(10) 宮地寛「雑木、インチ材から銘木へ――北海道の広葉樹評価の移り変わり」、『林産試だより』、一九八五年三月号、北海道林産試験場、四―八頁
(11) 産業技術史学会編『日本産業技術史事典』九〇―九一頁、思文閣出版、二〇〇七年
(12) 株式会社・長谷木『長谷川家木材百年史――美濃国下麻生網場からの歩み』一三五―一三六頁、木材研究資料室、一九八八年
(13) 日本国有鉄道九州資材部長中西和男『九州資材三〇年史』一三一―一三二頁、一九七九年
(14) 衣斐鉄次郎「栗樹栽培法」、『岐阜県山林会報』第六号、四三―五一頁、一九一一年
(15) 『岐阜県林産物一班』七二―七四頁、岐阜県山林会、一九一四年
(16) 松山利夫『木の実』一七六―一二七頁、法政大学出版局、一九八二年
(17) 『木材防腐の手帳』四六九―四七〇頁、日本木材防腐工業組合、一九七七年
(18) 岩波書店編集部・岩波映画製作所『汽車』、岩波写真文庫二一、二八頁、岩波書店、一九五一年
(19) 石本祐吉『写真と図解で楽しむ線路観察学』三八―四一頁、アグネ技術センター、二〇〇八年
(20) 岡田稔「枕木商人・岐阜、詩と絵でつづる天職一芸」、『毎日新聞（中部本社版）』二〇〇五年九月二〇日朝刊
(21) 安藤邦広「屋根」、『日本民俗大辞典・下巻』七三五頁、吉川弘文館、二〇〇〇年
(22) 武者英二「板葺き屋根」、『図説日本民俗建築大事典』一二〇―一二一頁、柏書房、二〇〇一年
(23) 大橋富夫・写真、安藤邦廣・文『日本の民家・屋根の記憶』彰国社、二七〇―二七一頁、柏書房、二〇〇

八年
(24) 日本民具学会編『日本民具辞典』二八頁、ぎょうせい、一九九七年
(25) 今和次郎『日本の民家』一三四頁、岩波書店、一九八九年
(26) 『石川県大百科事典』五六頁、北国出版社、一九七五年
(27) 『日本民家語彙解説辞典』日外アソシエーツ、一九九三年
(28) 渋谷五郎・長尾勝馬『新版・日本建築 上巻』一三一―一三三頁、学芸出版社、一九五四年
(29) 柴田桂太編『資源植物事典（七版）』一八三―一八五頁、北隆館、一九八九年
(30) 本多静六原著『改訂新版・森林家必携』五一四―五一五頁、林野弘済会、一九九三年
(31) 『岐阜県の地名』日本歴史地名大系第二一巻、一頁、平凡社、一九八九年
(32) 『岐阜県民俗分布図――民俗文化財緊急調査報告書』、岐阜県教育委員会、二頁、一九八〇年
(33) 『萩原の着物と住まい』はぎわら文庫・第5集、萩原町教育委員会、一九八二年
(34) 「飛騨の鉄道枕木」、『岐阜県林産物一班』七二―七四頁、岐阜県山林会、一九一四年
(35) 「清見村の榑板及三五」、『岐阜県林産物一班』五七―五九頁、岐阜県山林会、一九一四年
(36) 「本県に於ける闊葉樹利用の一班」、『岐阜県林産物一班』一九二頁、岐阜県山林会、一九一四年
(37) 『岐阜県百科事典』五二一頁、岐阜日日新聞社、一九六八年
(38) 『丹生川村史・民俗編』一〇六―一〇七頁、丹生川村、一九九八年
(39) 町田玲子「益田造り」、日本民俗建築学会編『写真でみる民家大事典』二一一頁、柏書房、二〇〇五年
(40) 『益田郡誌』一頁、益田郡役所、一九一六年
(41) 『益田郡誌』五三二―五三三頁、益田郡役所、一九一六年
(42) 『益田郡誌』二七四―二八一頁、益田郡役所、一九一六年
(43) 『飛州志』巻第三、五一七頁、岐阜日日新聞社、一九六九年
(44) 『下呂町誌』六八四―六八六頁、下呂町、一九七四年

(45)『岐阜県小坂町誌』六一五―六一七頁、岐阜県小坂町役場、一九六五年
(46)安藤邦廣・乾尚彦・山下浩一『住まいの伝統技術』一二四―一二七頁、建築資料研究社、一九九五年
(47)『萩原の職人衆』はぎわら文庫・第7集、萩原町教育委員会、一九八五年
(48)清見村教育委員会編『失われゆく飛騨の民具と民俗』四二〇―四二三頁、岐阜県大野郡清見村役場、一九九九年
(49)安藤邦廣『職人が語る「木の技」』一八九―一九五頁、建築資料研究社、二〇〇二年
(50)飛騨民俗村：http://www.hida.jp/hidanosato/shimei1.html
(51)飛騨民俗村：http://www.hida.jp/hidanosato/hdsmap.html
(52)並河淳一「クリ〔二〕」、農業技術協会編集『果樹品種名雑考』二二一―二三七頁、農業技術協会、一九七九年
(53)農文協編『果樹園芸大百科7・クリ』、農山漁村文化協会、九―一〇頁、二〇〇〇年
(54)志村勲「クリ」、『果樹園芸大事典（第五版）』七九一―七九八頁、養賢堂、一九八四年
(55)恩田鉄弥・村松春太郎『実験柿栗栽培法』二八三―三四四頁、博文館、一九一二年
(56)八木岡新右衛門『実験・栗の栽培』大日本農業奨励会出版、一九一五年
(57)八木岡新右衛門『実験・栗の栽培』二二四―二二六頁、大日本農業奨励会出版、一九一五年
(58)黒瀬千尋編輯兼発行『栗樹の増殖に就て』岐阜県武儀郡郡役所、一九二四年
(59)川崎本雄『山村副業叢書第二編・栗栽培法』岐阜県山林会、一九三四年
(60)塚本実「クリ〔一〕」、農業技術協会編集『果樹品種名雑考』二〇九―二一九頁、農業技術協会、一九七九年
(61)菊池秋雄『果樹園芸学・上巻』二三六―二四五頁、養賢堂、一九四八年
(62)山県郡高富町小学校社会科副読本作成委員会編『わたしたちの町　高富』一七一―一八二頁、山県郡高富町教育委員会、一九八五年

(63) 農文協編『果樹園芸大百科7・クリ』一一〇―一一五頁、農山漁村文化協会、二〇〇〇年
(64) 園芸学会監修『日本の園芸』五九―六二頁、朝倉書店、一九九四年
(65) 梶浦実編著『果樹づくりの技術と経営5 カキ・クリ』三〇三―三〇八頁、農山漁村文化協会、一九五八年
(66)『果樹農業発達史』六一九―六二〇頁、農林統計協会、一九七二年
(67)『果樹農業発達史』六〇三頁、農林統計協会、一九七二年
(68)『茨城県大百科事典』七〇三―七〇四頁、茨城新聞社、一九八一年
(69) 小池洋男『果樹の接ぎ木・さし木・とり木』八六―八八頁、農山漁村文化協会、二〇〇七年

第四章

〈引用文献〉

(1) 梅谷献二・梶浦一郎『果物はどうして創られたか』一二〇―一三二頁、筑摩書房、一九九四年
(2)『国民百科事典』第二巻、五四〇―五四二頁、平凡社、一九六一年
(3) 志村勲「クリ（品種）」、『果樹園芸大事典（第五版）』七九一―七九八頁、一九八四年
(4) 奥野孝夫・田中寛・木村裕『原色樹木病害虫図鑑』一七七―一七八頁、保育社、一九七七年
(5) 村上陽三『クリタマバチの天敵』三―八頁、九州大学出版会、一九九七年
(6)『果樹農業発達史』一六〇頁、三〇一―三〇五頁、六〇七―六〇八頁、農林統計協会、一九七二年
(7) 長野県『長野県果樹発達史』三四四―三五七頁、長野県経済事業農業協同組合連合会、一九七九年
(8) 大澤仲三『桃・柿・栗』二一一―二一三頁、明文堂、一九四一年
(9) 園芸学会監修『日本の園芸』五九―六二頁、朝倉書店、一九九四年
(10)『愛媛県百科大事典』四〇四―四〇五頁、愛媛新聞社、一九九四年

(11)『熊本県大百科事典』三〇六頁、熊本日日新聞社、一九八二年
(12)土田健吉『利平ぐり・説明書』、報徳農園、一九五五年(頃)
(13)梶浦実編著『果樹づくりの技術と経営5 カキ・クリ』一九六―一九七頁、農山漁村文化協会、一九五八年
(14)『栃木県大百科事典』二一八―二一九頁、下野新聞社、一九八〇年
(15)上原敬二『樹木大図説I』七〇〇頁、有明書房、一九六一年
(16)農林水産省農林水産技術会議事務局・昭和農業技術発達史編纂委員会編『昭和農業技術発達史』第七巻(年表)、農林水産技術情報協会、一九九八年
(17)田上一生「栗品種の適応性検定試験(第一報)」、『岐阜県林業試験場報告』一号、四四―四七頁、一九五七年
(18)『岐阜県林業史』一二二一―一二二四頁、岐阜県、一九八七年
(19)斎藤新一郎『フィールド版落葉広葉樹図譜』九一頁、共立出版社、二〇〇九年
(20)大沢章『木の実栽培全科』一六九―一七六頁、農山漁村文化協会、一九八八
(21)小林章『果物と日本人』日本放送出版協会、二〇〇一―二〇〇五頁、一九八六年
(22)赤坂憲雄・中村生雄・原田信男・三浦佑之編『いくつもの日本I・日本を問いなおす』一一六―一二〇頁、岩波書店、二〇〇二年
(23)野本寛一『栃と餅』九一―九五頁、岩波書店、二〇〇五年
(24)市川建夫『日本の風土食探訪』四八―五一頁、白水社、二〇〇三年
(25)市川建夫「クリ」、信濃毎日新聞社開発局出版部『長野県百科事典』二三七頁、信濃毎日新聞社、一九七四年
(26)谷口真吾「クリ(栽培品種)」、日本樹木誌編集委員会『日本樹木誌1』、二六七―二六八頁、日本林業調査会、二〇〇九年

(27) 村上陽三『クリタマバチの天敵』二五―三一頁、九州大学出版会、一九九七年
(28) 鳥潟博高・松井鋳一郎「クリの種および品種におけるポリフェノール性物質、ならびにその含量とクリタマバチ抵抗性との関係」、『園芸学会雑誌』三五巻、八九―九七頁、一九六六年
(29) 柴田桂太編『資源植物事典（七版）』四三一―四三三頁、北隆館、一九八九年
(30) 松井鋳一郎・鳥潟博高「クリタマバチ抵抗性に関する研究（第1報）・シバグリ新梢樹皮中のポリフェノール性物質の季節的変化」、『園芸学会雑誌』三九巻、四四―五四頁、一九六八年
(31) 農学大事典編集委員会・山崎耕宇『新編・農学大事典』一三七〇―一三七一頁、養賢堂、二〇〇四年
(32)『農林省育成農作物新品種一覧（果樹の部）』日本園芸農業協同組合連合会、六七―七三頁、一九七三年
(33) 大澤仲三『桃・柿・栗』二四八―二五〇頁、明文堂、一九四一年
(34) 山田寿「クリ」、杉浦明・宇都宮直樹・片岡郁雄・久保田尚浩・米森敬三編集『果実の事典』五六三―五七二頁、朝倉書店、二〇〇八年
(35) 金戸橘夫「官庁育種における主要品種の概要と普及の現況、（6）栗」、『戦後農業技術発達史』五巻（果樹編）、八三一―八六頁、（財）日本農業研究所、一九六九年
(36) 竹田功『新特産シリーズ・クリ』五六―五八頁、農山漁村文化協会、一九九六年
(37) 錦農業改良普及所『岸根くり』玖北地区農業改良普及協議会、一―八頁、一九八七年
(38) 塚本実「クリ〔一〕」、農業技術協会編集『果樹品種名雑考』二一一―二一九頁、農業技術協会、一九七九年
(39) 熊代克巳・鈴木鐵男『新版・図集果樹栽培の基礎知識』二一二頁、農山漁村文化協会、二〇〇〇年
(40) 岐阜県農業試験場「クリタマバチ抵抗性品種の育成に関する研究（2）」、『農林省応用試験研究報告書』八三―九二頁、林野庁、一九五八年
(41)『昭和農業技術発達史』第五巻、六五―六六頁、農林水産技術情報協会、一九九七年
(42) 村上陽三『クリタマバチの天敵』三一―三七頁、九州大学出版会、一九九七年

(43) 村上陽三『クリタマバチの天敵』三九―五〇頁、九州大学出版会、一九九七年
(44) 村上陽三「普及しなかった天敵、(2) クリタマバチの寄生蜂」、『戦後農業技術発達史』第5巻（果樹編）、四七一―四七四頁、(財) 日本農業研究所、一九六九年
(45) 「クリ・(害虫)」、最新園芸大辞典編集委員会『最新園芸大辞典』第六巻、二八九―二九〇頁、一九八三年
(46) 大竹昭郎『日本にきた虫・くる虫』一四四―一五〇頁、ニューサイエンス社、一九八八年
(47) 村上陽三『クリタマバチの天敵』一〇七―一一三頁、九州大学出版会、一九九七年
(48) 村上陽三『クリタマバチの天敵』一一七―一四二頁、九州大学出版会一九九七年
(49) 間苧谷徹『果物博物誌』八六―九二頁、養賢堂、二〇〇五年
(50) 『昭和農業技術発達史』第五巻、二〇七―二〇八頁、農林水産技術情報協会、一九九七年
(51) 白井洋一・足立礎・守屋成一「チュウゴクオナガコバチの国内における野外放飼実験・事業一覧」、『果樹試験場報告』第三三号、一六三―一七八頁、一九九九年
(52) 守屋成一「クリタマバチとチュウゴクオナガコバチの二三年間（一九八二→二〇〇五）」、『日本応用動物昆虫学会大会講演要旨（四九）』二三二頁、二〇〇五年
(53) 田付貞洋・河野義明『最新応用昆虫学』一七九―一八一頁、朝倉書店、二〇〇九年
(54) 村上陽三「クリタマバチをめぐる日中学術交流」、『季刊中国』九三号、五七―六二頁、季刊中国刊行委員会、二〇〇八年
(55) 農業・生物系特定産業技術研究機構編『最新農業技術事典』四一二頁、農山漁村文化協会、二〇〇六年
(56) 総務庁統計局監修『日本長期統計総覧』第二巻、日本統計協会、六四―六五頁、一九八八年
(57) 真部孝明『クリ果実――その性質と利用』一八―一九頁、農山漁村文化協会、二〇〇一年
(58) 中田慶雄『甘栗読本――中国甘栗貿易の歴史と未来』青年出版社、一九八七年
(59) 田中静一・鈴木晋一「甘栗」、『世界大百科事典』第八巻、四三六頁、平凡社、二〇〇七年
(60) 洪光住監修、田中静一・小川久恵・西澤治彦編著『中国食物事典（三版）』二〇六―二〇九頁、柴田書店、

一九九七年
(61) 菊池秋雄『果樹園芸学・上巻』二四二―二四五頁、養賢堂、一九四八年
(62) 中田慶雄『甘栗読本――中国甘栗貿易の歴史と未来』一三―一四頁、青年出版、一九八七年
(63) 敦崇著、小野勝年訳『燕京歳時記』一九九―二〇一頁、平凡社、一九六七年
(64) 寺尾善雄『中国伝来物語』四二頁、河出書房新社、一九八二年
(65) 石田龍蔵『世相百態・明治秘話』二二七―二三一頁、日本書院出版部、一九二七年
(66) 濱本高明『紙魚から見た人々――四十人の群像』三九―四一頁、演劇出版社出版事業部、二〇〇二年
(67) 『復刻版・風俗画報』第三五二号、五―六頁、国書刊行会、一九七八年
(68) 『復刻版・風俗画報』第三五二号、折込み、国書刊行会、一九七八年
(69) 高村光太郎「哀歌断片（詩）」、『昴』第三年第二号、一五―二〇頁、昴発行所、一九一一年
(70) 高村光太郎『道程（復元版）』一八―一九頁、札幌青磁社昴発行所、一九四七年
(71) 中田慶雄『甘栗読本――中国甘栗貿易の歴史と未来』三四―四三頁、青年出版社、一九八七年
(72) 草川俊『くだもの歳時記』一四五―一四九頁、読売新聞社、一九八八年
(73) 橋爪節也『モダン道頓堀探検――大正、昭和初期の大大阪を歩く』、三一六―三一八頁、創元社、二〇〇五年
(74) 日野春助「甘栗を焼くにほひ（詩）」、『北国新聞』一九三一年一月八日
(75) 松原茂樹「支那栗（甘栗・平壌栗・渋皮不知）に就て」、『農業及園芸』第一五巻第二・三号、一九四〇年
(76) 『大百科事典』第七巻、六二二―六二四頁、平凡社、一九三二年
(77) 『平壌栗に就て』平安南道、一九三九年
(78) 『くりの統計』日本甘栗加工商業協同組合東京支部、一九五八年
(79) 梶浦実「栗」、『世界大百科事典』第八巻、四〇七―四〇八頁、平凡社、一九五六年
(80) 梶浦実「栗」、『世界大百科事典』第八巻、四五五―四五六頁、平凡社、一九七二年

(81) 田中静一・鈴木晋一「甘栗」、『世界大百科事典』第一巻、四三〇―四三一頁、平凡社、一九八八年
(82) 『財務省貿易統計』
(83) 遷西県板栗経営管理事務所・遷西県地方史編纂委員会事務所『遷西板栗』二〇〇一年
(84) 真部孝明『クリ果実――その性質と利用』、九九―一〇一頁、農山漁村文化協会、二〇〇一年
(85) 中田慶雄『甘栗読本――中国甘栗貿易の歴史と未来』、一六―二〇頁、青年出版社、一九八七年
(86) 皆川正夫「天津甘栗の秘密」、『Quark』一九八五年一一月号、六二―六七頁、講談社

〈参考文献〉
杉浦明編『新版・果樹栽培の基礎』五五―六四頁、二〇〇四年
農文協編『果樹園芸大百科・クリ』九―一〇頁、三九―五〇頁、農山漁村文化協会、二〇〇〇年
(独)農業・生物系特定産業技術研究機構編『最新農業技術事典』四一一―四一二頁、六九四頁、一三三九頁、農山漁村文化協会、二〇〇六年
安永真「原木を訪ねて、クリ〈岸根〉」、『果実日本』六六巻一一号、二五―二七頁、日本園芸農業協同組合連合会、二〇一一年
農山漁村文化協会編『天敵大事典・上巻』農山漁村文化協会、二〇〇四年
小菅桂子『近代日本食文化年表』二五九頁、雄山閣出版、一九九七年
日本中国友好協会『日中友好運動の半世紀――そのあゆみと写真』二〇〇〇年

第五章

〈引用文献〉
(1) 吉田義雄・長井晃四郎・田中寛康・長谷嘉臣編『最新・果樹園芸技術ハンドブック』七四―八〇頁、朝倉

書店、一九九一年
(2) 農業・生物系特定産業技術研究機構編『最新農業技術事典』一〇三二頁、農山漁村文化協会、二〇〇六年
(3) 水谷房雄・著者代表『最新果樹園芸学』一四二―一四六頁、朝倉書店、二〇〇二年
(4) 園芸学会監修『日本の園芸』五九―六二頁、朝倉書店、一九九四年
(5) 塚本実「超低樹高栽培」、『最新農業技術・果樹3』六三―七〇頁、農山漁村文化協会、二〇一〇年
(6) 『果樹園芸大事典（第五版）』八〇三―八〇四頁、養賢堂、一九八四年
(7) 『ひがし美濃発道中見聞食・栗全書』一六頁、ひがし美濃広報観光ネットワーク会議、二〇〇六年
(8) 『果樹園芸大事典（第五版）』七八九頁、養賢堂、一九八四年
(9) 田中敬一・壽和夫・垣内典夫「クリの渋皮とはいの接着力の数量化と、接着におけるフェノール成分の役割」、『園芸学会雑誌』五〇巻（三）、三六三―三七一頁、一九八一年
(10) 田中敬一「加工適性を備えたクリ品種の作出」、『今月の農業』、一九八六年六月号、四六―五一頁、化学工業日報社
(11) 吉田義雄・長井晃四郎・田中寛康・長谷嘉臣編『最新・果樹園芸技術ハンドブック』六七一―六七二頁、朝倉書店、一九九一年
(12) 山田寿「クリ」、杉浦明・宇都宮直樹・片岡郁雄・久保田尚浩・米森敬三編集『果実の事典』五六三―五七二頁、朝倉書店、二〇〇八年
(13) 関盺雄『農産利用缶詰壜詰加工法』四〇一―四〇五頁、大倉書店、一九二九年
(14) 関盺雄『農産利用缶詰壜詰加工法』付録、六八―六九頁、大倉書店、一九二九年
(15) 光保正信・阿部博『実用果実蔬菜缶詰壜詰製造法』二一一―二一四頁、明文堂、一九三七年
(16) 大山彦次『副業及農村工業相談』三一―三二頁、賢文館、一九三八年
(17) 松本熊市・岩崎康男「栗剥皮法について」、『缶壜詰時報』二九巻一一号、四八―五三頁、一九五〇年
(18) 丹波文化団体連絡会・丹波消費者連絡協議会・兵庫県立丹波文化会館編集『丹波の食文化』四四―四五頁、

（財）兵庫県文化協会、一九八二年
(19) 柴田桂太編『資源植物事典（七版）』一八三―一八五頁、北隆館、一九八九年
(20) 岩崎康男・苗村凡夫「栗缶詰の殺菌」、『缶壜詰時報』二九巻一一号、五四―五九頁、一九五〇年
(21) 岩崎康男・苗村凡夫「栗缶詰の変色に関する諸問題」、『缶壜詰時報』二九巻一一号、六〇―六三頁、一九五〇年
(22) 松本熊市「果実類の加工法〔四〕栗の加工」、『農業および園芸』三二巻三号、一二七―一三〇頁、一九五七年
(23) 原田昇「クリについて」、『生活文化研究』二五巻、一―一五頁、一九八二年
(24) 真部孝明『クリ果実――その性質と利用』七一―八〇頁、農山漁村文化協会、二〇〇一年
(25)『農学大事典』一六〇六頁、養賢堂、一九七五年
(26)『果樹園芸大事典』八〇九―八一〇頁、養賢堂、一九八四年
(27) 社団法人日本缶詰協会監修『缶びん詰・レトルト食品事典』二九四―二九六頁、朝倉書店、一九八四年
(28) 間苧谷徹「簡便・効率的なクリの渋皮剥皮法」、『技術の窓』一〇五八号、二〇〇二年
(29) 農文協編『果樹園芸大百科・クリ』五―八頁、農山漁村文化協会、二〇〇〇年
(30) 菊池秋雄『果樹園芸学・上巻』二四二―二四五頁、養賢堂、一九四八年
(31) 菊池秋雄『果樹園芸学・上巻』二三一―二四五頁、養賢堂、一九四八年
(32) 竹田功『新特産シリーズ・クリ』四六―五八頁、農山漁村文化協会、一九九六年
(33)『果樹園芸大事典（第五版）』七九三―七九八頁、養賢堂、一九八四年
(34) 梶浦一郎『日本果物史年表』二〇七頁、養賢堂、二〇〇八年
(35) 阿部剛俊「クリの新品種ができました」、『林声』二〇〇七年五月号、七頁、岡山県林業普及協会
(36) 阿部剛俊「甘栗品種の開発」、『岡山林業試験場研究報告』二三巻、二七―三六頁、二〇〇七年
(37) 西山嘉寛「中国栗新品種〈岡山甘栗〉の紹介」、『果樹』、第六四巻十二月号、グラビア、四八―四九頁、

二〇一〇年
(38)「岡山甘栗の開発」、岡山県林業研究所普及用パンフレット、岡山県農林総合技術センター
(39) 塚本実「クリ〔一〕」、農業技術協会編集『果樹品種名雑考』二〇九―二一九頁、農業技術協会、一九七九年
(40) 西尾聡悟「クリにおける新しい品種の動向」、『果実日本』六七巻二月号、七九―八二頁、二〇一二年
(41) 齋藤寿広「クリ=ぽろたん」、『最新農業技術・果樹2』一一一―一一二頁、農山漁村文化協会、二〇〇九年

〈参考文献〉
佐藤明彦「美味しくて渋皮の剥皮が優れるクリ〈ぽろたん〉」、『果樹試験研究推進協議会会報』二〇〇七年七月号、一八―二〇頁
西山嘉寛「新品種の栽培技術、クリ〈岡山一号〉クリ〈岡山二号〉クリ〈岡山三号〉」、『果実日本』六七巻八月号、七八―八一頁、二〇一二年

第六章
〈引用文献〉
(1)『果樹園芸大事典(第五版)』七九六―七九七頁、養賢堂、一九八四年
(2) 室町時代語辞典編集委員会『時代別国語大辞典・室町時代編二』七九三頁、三省堂、二〇〇〇年
(3) 宮崎安貞著、山田龍雄・井浦徳監修『農業全書』日本農書全集一三、一三八―一四二頁、農山漁村文化協会、一九七八年
(4) 竹内利美・原田伴彦・平山敏治郎編『日本庶民生活史料集成』第九巻・風俗、二〇一―二四五頁、三一書

房、一九六九年
(5)『佐賀の植物方言と民俗（増補改訂版）』佐賀植物友の会、六八―六九頁、二〇〇七年
(6)関敬吾『日本昔話大成』第五巻、二二〇―二二七頁、角川書店、一九七八年
(7)関敬吾『日本昔話集成・第二部二』九三〇―九四六頁、角川書店、一九五三年
(8)柴田桂太編『資源植物事典（七版）』三〇二―三〇三頁、北隆館、一九八九年
(9)『朝日村史』第五巻、朝日村、二〇〇五年
(10)柴田桂太編『資源植物事典（七版）』七五二―七五三頁、北隆館、一九八九年
(11)土田吉左衛門『飛騨のことば』三八一頁、濃飛民俗の会、一九五九年
(12)「丹波の森林に先人の暮らしがみえる」、『京都の林業』四二三号、四―五頁、一九九四年
(13)(財)鉄道総合技術研究所『鉄道技術用語辞典』六七二頁、丸善、一九九七年
(14)八田洋章・大村三男編『果物学』二七三―二八二頁、東海大学出版会、二〇一〇年
(15)河野友美監修『丹波の食文化』三九―五九頁、兵庫県文化協会、一九八二年
(16)土田吉左衛門『飛驒のことば』三〇五頁、濃飛民俗の会、一九五九年
(17)土田吉左衛門『飛驒のことば』五六三頁、濃飛民俗の会、一九五九年
(18)尚学図書編集『日本方言大辞典・下巻』二〇三三頁、小学館、一九八九年
(19)和田稜三「堅果食の地域的な類似性に関する文化地理学的研究」、『立命館地理学』二二巻、九―一二三頁、二〇一〇年
(20)松山利夫「栗」、福田アジオ・新谷尚紀・湯川洋司・神田より子・中込睦子・渡邊欣雄編集『日本民俗大辞典・上巻』五四六頁、吉川弘文館、一九九九年
(21)本多昇『クリの栽培』一五二―一五九頁、富民社、一九五八年
(22)渡辺誠「クリの穴貯蔵」、『名古屋大学文学部研究論集（史学）』四二巻、三五―四一頁、一九九六年
(23)河野澄夫・小野寺武夫・早川昭・岩元睦夫・太田英明・菅原渉「クリの予冷と低温貯蔵」、『園芸学会雑

誌』五三巻（二）、一九四―二〇一頁、一九八四年
(24) 上原敬二『樹木大図説Ⅰ』六九二頁、有明書房、一九八五年
(25)『岐阜県百科事典・上巻』五二〇頁、岐阜日日新聞社、一九六八年
(26)『上宝村史・下巻』二六八―二六九頁、上宝村、二〇〇五年
(27) 蘆田伊人編輯『大日本地誌大系・斐太後風土記・下巻』一二一―一二三頁、雄山閣、一九六八年
(28) 島田勇雄・竹島淳夫・樋口元巳訳注『和漢三才図会』一五巻、三〇八―三一二頁、平凡社、一九九〇年
(29) 室町時代語辞典編集委員会『時代別国語大辞典・室町時代編四』六頁、三省堂、二〇〇〇年

あとがき

「栗はありがたかった」

これは、現代の焼き畑農法の実践家として知られる宮崎県椎葉村の椎葉クニ子さんに、当地域の人々の生活とクリについて教えを請うた時、開口一番に出た言葉であった。実は、椎葉村にお伺いしてお教えをいただこうとするために、ご都合のよい日をお聞きするための電話口のことで、予期していなかったこともあり、今でも鮮明に覚えている。その言葉はその後も私の耳の奥に残ることとなり、本書執筆中、励ましを与えていただくことになるのである。

とりもなおさず、椎葉さんをして、「栗はありがたかった」といわしめるクリと先人の生活との関わりについて、明らかにする糸口になればと考え、本書を執筆した。

さて、『岩波日本史辞典』の栗の項には、次のようにある。

「縄文時代の遺跡から栗の実が大量に出土しており、古くから常食されてきた日本を代表する木の実である。中世の丹波にはもっぱら栗を貢納させる荘園もあった。材木は堅く、耐湿性に優れ、家屋の土台や鉄道の枕木に用いられた」。

他の辞（事）典類を見ても、考古学、歴史学、民俗学などの研究成果をもとに同様な内容の明快な記載がなされている。

考古学の分野での縄文時代のクリの研究は渡辺誠氏によるものを始め、最近では、佐藤洋一郎氏の縄文時代におけるクリの栽培を示唆する研究がある。また、歴史の分野では古代・中世におけるクリの研究が網野善彦氏、木村茂光氏などによりなされている。民俗学の分野では松山利夫氏、野本寛一氏などの研究がある。

なかでも、近年、三内丸山遺跡からのクリの出土遺物からクリが栽培されていたことが明らかにされつつあり、縄文時代において進んだクリを利用する文化があったことが大きくクローズアップされ、広く一般に知られることになっている。おそらく、クリから連想するものはと問われた時、縄文時代をあげる人は多いであろう。このように、縄文時代とクリは結び付いているのではあるが、それ以降現在までの時代の人々の暮らしとクリとの関わりについてどのように捉えられているのであろうか。

数年ほど前に、東海地方の都市部にある農学部で果樹園芸学の農場実習を担当した折に、「クリから連想するものをあげてください」という質問をしたところ、なかなか難しそうな顔をして、やっと出てきたのがモンブラン（ケーキ）であった。筆者が担当している生涯学習の講座で、くだものの話をした折、同様な質問に対してモンブランの他に、マロングラッセ、「天津甘栗」、栗ご飯などが加わった。一方、筆者が長らく研究対象としてきているカキの場合は、先人の生活において重要な役割を果たしてきた干し柿の名が即座に出てくる。モンブラン、マロングラッセ、「天津甘栗」は近代以降のもので、それ以前のクリについて、現代人にとって希薄なものになっていることは否めない。

本書では、筆者が専攻する果樹園芸学の立場から、縄文時代から現代にわたってのクリの栽培と利用の歴史およびそれぞれの時代の人々の暮らしについて、特徴的な事柄をあげる中で探ってみようと考えた。とりわけ、近代から現代にかけてのいろいろな資料や聞き取りによる民俗事例を探る中で、クリのもつ大きな力に対面することとなった。このようなことから、近代以降の記述に多くのスペースを割いた。カキとともに先人の生活と深く結びついてきたクリの姿を明らかにする上での叩き台になればと考えている。

筆者が農業高校に勤務していた二〇年ほど前のことになるが、農場実習の時、平素は実習に関心をよせない二、三人の生徒が農場の見上げるばかりの大きなクリの木の下に着いた途端、「大きなクリの木の下で……」と歌いだしたのを今も覚えている。その時の、彼らの顔には心なしか和らいだものが見られた。

前述の農学部での農場実習の時のことである。歴史がある大きな農場とは聞いていたが、実際に果樹園の一角にあるクリ園に足を踏み入れた時、圧倒されたのを覚えている。クリ栽培で伝統的に用いられてきた主幹形のものが管理作業をし易くするためにカットバックされており、樹高は見上げるほどではないが、幹周は大きなものでは二人で抱えるほどもあった。そういった樹が四〇本ほど列状に植栽されて、まさに林立した状態で壮観であった。冬期の剪定実習において、高い所では三メートル近くにある枝を脚立に乗ったり、クリの木に登ったりして整枝や剪定を行った。この実習後のレポート中の感想で、ある学生は、「クリの木を見たのは初めてで、すごく太くて本当に歌にあるように大きな木だと思いました」と記している。この学生も、クリの大木を前にした時、前述の農業高校生が口ずさんだ「大きなクリの木の下で」を思い浮かべ、ひょっとすると口ずさんだのではないかと思うと、歌の力もさることながら、山のような姿のクリの木がもつ力の大きさを感じたものである。筆者も六〇歳を超えてから、これらの若者と同様に大きなクリの木の前に立った時、心を震わせることになった。ある時、学生が帰った後、一人で用具の片付けを済ませクリ園を出る時、お辞儀をしている自分に気がついた。この時のクリに対する畏怖にも似た心の記憶は、本書執筆の力の源となっているように思っている。

今になってみれば、冒頭の「栗はありがたかった」という椎葉さんの言葉は、生活を支えてきてくれた木とともに、生活全般をも包み込んでくれるような木という意味も含まれているのではないかと思うに至っている。筆者のクリへの旅は始まったところである。読者諸氏の忌憚のないご批判を賜れば幸いである。

本書は二〇一一年から二〇一三年の二年間にかけて、『食生活研究』（食生活研究会刊）に連載された「くだものの文化誌・クリ」に加筆・修正したものである。終始、懇切丁寧なご教示ならびにご助言を頂いた日本中世史がご専門の大村拓生氏、果樹園芸学がご専門の大阪府立大学の塩崎修志氏ならびに、近代以降のクリ栽培技術に関わって、関係資料の提供も含め丁寧なご指導を賜った東京農工大学名誉教授の志村勲氏に感謝の意を表する。他に、本書のそれぞれの項目においては、多くの方々から資料提供ならびにご教示を賜った。ここで、一人一人のお名前を記すことはできないが、お礼を申し上げておきたい。また、本書の元となった「くだものの文化誌・クリ」の連載並びに、この度の出版に際し、ご配慮を頂いた食生活研究会の高木良吉氏に感謝の意を表する。

最後に、提出期限の大幅な遅れ、原稿の不備などで、編集の労をとっていただいた松永辰郎氏には大変お世話になった。深くお礼を申し上げる。

私事ではあるが、本書の出版に際して妻眞理子が大きな支えとなってくれたことを、この場を借りて記させていただきたい。

平成二六年二月三日

今井敬潤

著者略歴

今井敬潤（いまい　きょうじゅん）

1949年，岐阜県に生まれる．京都府立大学農学部卒業，大阪府立大学農学部大学院修士課程修了．大阪府立農芸高等学校，同園芸高等学校教諭を経て，現在，大阪府立大学大学院客員研究員，岐阜女子大学非常勤講師．果樹園芸学専攻．学術博士．日本民俗学会，園芸学会，近畿民俗学会，日本民具学会の各会員．
著書：『柿渋』（ものと人間の文化史・法政大学出版局），『柿の民俗誌』（初版，現代創造社・第二版，初芝文庫），『くだもの・やさいの文化誌』（文理閣）

ものと人間の文化史　166・栗

2014年6月10日　初版第1刷発行

発行所　一般財団法人　法政大学出版局
〒102-0071　東京都千代田区富士見2-17-1
電話03(5214)5540／振替00160-6-95814
印刷／三和印刷　製本／誠製本

Printed in Japan

ISBN978-4-588-21661-9

ものと人間の文化史

★第9回梓会出版文化賞受賞

人間が〈もの〉とのかかわりを通じて営々と築いてきた暮らしの足跡を具体的に辿りつつ文化・文明の基礎を問いなおす。手づくりの〈もの〉の記憶が失われ、〈もの〉離れが進行する危機の時代におくる豊穣な百科叢書。

1 船　須藤利一編

海国日本では古来、漁業・水運・交易はもとより、大陸文化も船によって運ばれた。本書は造船技術、航海の模様の推移を中心に、漂流、船霊信仰、伝説の数々を語る。四六判３６８頁 '68

2 狩猟　直良信夫

人類の歴史は狩猟から始まった。本書は、わが国の遺跡に出土する獣骨、猟具の実証的考察をおこないながら、狩猟をつうじて発展した人間の知恵と生活の軌跡を辿る。四六判２７２頁 '68

3 からくり　立川昭二

〈からくり〉は自動機械であり、驚嘆すべき庶民の技術的創意がこめられている。本書は、日本と西洋のからくりを発掘・復元・遍歴し、埋もれた技術の水脈をさぐる。四六判４１０頁 '69

4 化粧　久下司

美を求める人間の心が生みだした化粧—その手法と道具に語らせた人間の欲望と本性、そして社会関係。歴史を遡り、全国を踏査して書かれた比類ない美と醜の文化史。四六判３６８頁 '70

5 番匠　大河直躬

番匠はわが国中世の建築工匠。地方・在地を舞台に開花した彼らの造型・装飾・工法等の諸技術、さらに信仰と生活等、職人以前の独自で多彩な工匠的世界を描き出す。四六判２８８頁 '71

6 結び　額田巌

〈結び〉の発達は人間の叡知の結晶である。本書はその諸形態および技法を作業・装飾・象徴の三つの系譜に辿り、〈結び〉のすべてを民俗学的・人類学的に考察する。四六判２６４頁 '72

7 塩　平島裕正

人類史に貴重な役割を果たしてきた塩をめぐって、発見から伝承・製造技術の発展過程にいたる総体を歴史的に描き出すとともに、その多彩な効用と味覚の秘密を解く。四六判２７２頁 '73

8 はきもの　潮田鉄雄

田下駄・かんじき・わらじなど、日本人の生活の礎となってきた伝統的はきものの成り立ちと変遷を、二〇年余の実地調査と細密な観察・描写によって辿る庶民生活史　四六判２８０頁 '73

9 城　井上宗和

古代城塞・城柵から近世代名の居城として集大成されるまでの日本の城の変遷を辿り、文化の各領野で果たしてきたその役割を再検討。あわせて世界城郭史に位置づける。四六判３１０頁 '73

10 竹　室井綽

食生活、建築、民芸、造園、信仰等々にわたって、竹と人間との交流史は驚くほど深く永い。その多岐にわたる発展の過程を個々に辿り、竹の特異な性格を浮彫にする。四六判３２４頁 '73

11 海藻　宮下章

古来日本人にとって生活必需品とされてきた海藻をめぐって、その採取・加工法の変遷、商品としての流通史および神事・祭事での役割に至るまでを歴史的に考証する。四六判３３０頁 '74

12 絵馬 岩井宏實

古くは祭礼における神への献馬にはじまり、民間信仰と絵画のみごとな結晶として民衆の手で描かれ祀り伝えられてきた各地の絵馬を豊富な写真と史料によってたどる。四六判302頁 '74

13 機械 吉田光邦

畜力・水力・風力などの自然のエネルギーを利用し、幾多の改良を経て形成された初期の機械の歩みを検証し、日本文化の形成における科学・技術の役割を再検討する。四六判242頁 '74

14 狩猟伝承 千葉徳爾

狩猟には古来、感謝と慰霊の祭祀がともない、人獣交渉の豊かで意味深い歴史があった。狩猟用具、巻物、儀式具、またけものたちの生態を通して語る狩猟文化の世界。四六判346頁 '75

15 石垣 田淵実夫

採石から運搬、加工、石積みに至るまで、石垣の造成をめぐって積み重ねられてきた石工たちの苦闘の足跡を掘り起こし、その独自な技術の形成過程と伝承を集成する。四六判224頁 '75

16 松 高嶋雄三郎

日本人の精神史に深く根をおろした松の伝承に光を当て、食用、薬用等の実用の松、祭祀・観賞用の松、さらに文学・芸能・美術に表現された松のシンボリズムを説く。四六判342頁 '75

17 釣針 直良信夫

人と魚との出会いから現在に至るまで、釣針がたどった一万有余年の変遷を、世界各地の遺跡出土物を通して実証しつつ、漁撈によって生きた人々の生活と文化を探る。四六判278頁 '76

18 鋸 吉川金次

鋸鍛冶の家に生まれ、鋸の研究を生涯の課題とする著者が、出土遺品や文献・絵画により各時代の鋸を復元・実験し、庶民の手仕事にみられる驚くべき合理性を実証する。四六判360頁 '76

19 農具 飯沼二郎／堀尾尚志

鍬と犂の交代・進化の歩みとして発達したわが国農耕文化の発展経過を世界史的視野において再検討しつつ、無名の農民たちによる驚くべき創意のかずかずを記録する。四六判220頁 '76

20 包み 額田巖

結びとともに文化の起源にかかわる〈包み〉の系譜を人類史的視野において捉え、衣・食・住をはじめ社会・経済史、信仰、祭事などにおけるその実際と役割とを描く。四六判354頁 '77

21 蓮 阪本祐二

仏教における蓮の象徴的位置の成立と深化、美術・文芸等に見る人間とのかかわりを歴史的に考察。また大賀蓮はじめ多様な品種とその来歴を紹介しつつその美を語る。四六判306頁 '77

22 ものさし 小泉袈裟勝

ものをつくる人間にとって最も基本的な道具であり、数千年にわたって社会生活を律してきたその変遷を実証的に追求し、歴史の中で果たしてきた役割を浮彫りにする。四六判314頁 '77

23-I 将棋I 増川宏一

その起源を古代インドに、我国への伝播の道すじを海のシルクロードに探り、また伝来後一千年におよぶ日本将棋の変化と発展を盤、駒、ルール等にわたって跡づける。四六判280頁 '77

23-Ⅱ 将棋Ⅱ　増川宏一

わが国伝来後の普及と変遷を貴族や武家・豪商の日記等に博捜し、遊戯者の歴史をあとづけると共に、中国伝来説の誤りを正し、将棋宗家の位置と役割を明らかにする。四六判346頁 '85

24 湿原祭祀　第2版　金井典美

古代日本の自然環境に着目し、各地の湿原聖地を稲作社会との関連において捉え直して古代国家成立の背景を浮彫にしつつ、水と植物にまつわる日本人の宇宙観を探る。四六判410頁 '77

25 臼　三輪茂雄

臼が人類の生活文化の中で果たしてきた役割を、各地に遺る貴重な民俗資料・伝承と実地調査にもとづいて解明。失われゆく道具のなかに、未来の生活文化の姿を探る。四六判412頁 '78

26 河原巻物　盛田嘉徳

中世末期以来の被差別部落民が生きる権利を守るために偽作し護り伝えてきた河原巻物を全国にわたって踏査し、そこに秘められた最底辺の人びとの叫びに耳を傾ける。四六判226頁 '78

27 香料　日本のにおい　山田憲太郎

焼香供養の香から趣味としての薫物へ、さらに沈香木を焚く香道へと変遷した日本の「匂い」の歴史を豊富な史料に基づいて辿り、我国風俗史の知られざる側面を描く。四六判370頁 '78

28 神像　神々の心と形　景山春樹

神仏習合によって変貌しつつも、常にその原型＝自然を保持してきた日本の神々の造型を図像学的方法によって捉え直し、その多彩な形象に日本人の精神構造をさぐる。四六判342頁 '78

29 盤上遊戯　増川宏一

祭具・占具としての発生を『死者の書』をはじめとする古代の文献にさぐり、形状・遊戯法を分類しつつその〈進化〉の過程を考察。〈遊戯者たちの歴史〉をも跡づける。四六判326頁 '78

30 筆　田淵実夫

筆の里・熊野に筆づくりの現場を訪ねて、筆匠たちの境涯と製筆の由来を克明に記録しつつ、筆の発生と変遷、種類、製筆法、さらには筆塚、筆供養にまで説きおよぶ。四六判204頁 '78

31 ろくろ　橋本鉄男

日本の山野を漂移しつづけ、高度の技術文化と幾多の伝説とをもたらした特異な旅職集団＝木地屋の生態を、その呼称、地名、伝承、文書等をもとに生き生きと描く。四六判460頁 '79

32 蛇　吉野裕子

日本古代信仰の根幹をなす蛇巫をめぐって、祭事におけるさまざまな蛇の「もどき」や各種の蛇の造型・伝承に鋭い考証を加え、忘れられたその呪性を大胆に暴き出す。四六判250頁 '79

33 鋏（はさみ）　岡本誠之

梃子の原理の発見から鋏の誕生に至る過程を推理し、日本鋏の特異な歴史的位置を明らかにするとともに、刀鍛冶等から転進した鋏職人たちの創意と苦闘の跡をたどる。四六判396頁 '79

34 猿　廣瀬鎮

嫌悪と愛玩、軽蔑と畏敬の交錯する日本人とサルとの関わりあいの歴史を、狩猟伝承や祭祀・風習、美術・工芸や芸能のなかに探り、日本人の動物観を浮彫りにする。四六判292頁 '79

35 **鮫** 矢野憲一

神話の時代から今日まで、津々浦々につたわるサメの伝承とサメをめぐる海の民俗を集成し、神饌、食用、薬用等に活用されてきたサメと人間のかかわりの変遷を描く。四六判２９２頁 '79

36 **枡** 小泉袈裟勝

米の経済の枢要をなす器として千年余にわたり日本人の生活の中に生きてきた枡の変遷をたどり、記録・伝承をもとにこの独特な計量器が果たした役割を再検討する。四六判３２２頁 '80

37 **経木** 田中信清

食品の包装材料として近年まで身近に存在した経木の起源を、こけら経や塔婆、木簡、屋根板等に遡って明らかにし、その製造・流通に携った人々の労苦の足跡を辿る。四六判２８８頁 '80

38 **色** 染と色彩 前田雨城

わが国古代の染色技術の復元と文献解読をもとに日本色彩史を体系づけ、赤・白・青・黒等におけるわが国独自の色彩感覚を探りつつ日本文化における色の構造を解明。四六判３２０頁 '80

39 **狐** 陰陽五行と稲荷信仰 吉野裕子

その伝承と文献を渉猟しつつ、中国古代哲学＝陰陽五行の原理の応用という独自の視点から、謎とされてきた稲荷信仰と狐との密接な結びつきを明快に解き明かす。四六判２３２頁 '80

40-Ⅰ **賭博Ⅰ** 増川宏一

時代、地域、階層を超えて連綿と行なわれてきた賭博。──その起源を古代の神判、スポーツ、遊戯等の中に探り、抑圧と許容の歴史を物語る。全Ⅲ分冊の〈総説篇〉。四六判２９８頁 '80

40-Ⅱ **賭博Ⅱ** 増川宏一

古代インド文学の世界からラスベガスまで、賭博の形態・用具・方法の時代的特質を明らかにし、夥しい禁令に賭博の不滅のエネルギーを見る。全Ⅲ分冊の〈外国篇〉。四六判４５６頁 '82

40-Ⅲ **賭博Ⅲ** 増川宏一

聞香、闘茶、笠附等、わが国独特の賭博を中心にその具体例を網羅し、方法の変遷に賭博の時代性を探りつつ禁令の改廃に時代の賭博観を追う。全Ⅲ分冊の〈日本篇〉。四六判３８８頁 '83

41-Ⅰ **地方仏Ⅰ** むしゃこうじ・みのる

古代から中世にかけて全国各地で作られた無銘の仏像を訪ね、素朴で多様なノミの跡に民衆の祈りと地域の願望を探る。宗教の伝播、文化の創造を考える異色の紀行。四六判２５６頁 '80

41-Ⅱ **地方仏Ⅱ** むしゃこうじ・みのる

紀州や飛騨を中心に草の根の仏たちを訪ねて、その相好と像容の魅力を探り、技法を比較考証して仏像彫刻史に位置づけつつ、中世地域社会の形成と信仰の実態に迫る。四六判２６０頁 '97

42 **南部絵暦** 岡田芳朗

田山・盛岡地方で「盲暦」として古くから親しまれてきた独得の絵解き暦を詳しく紹介しつつその全体像を復元する。その無類の生活暦は、南部農民の哀歓をつたえる。四六判２８８頁 '80

43 **野菜** 在来品種の系譜 青葉高

蕪、大根、茄子等の日本在来野菜をめぐって、その渡来・伝播経路、品種分布と栽培のいきさつを各地の伝承や古記録をもとに辿り、畑作文化の源流とその風土を描く。四六判３６８頁 '81

44 **つぶて** 中沢厚

弥生投弾、古代・中世の石戦と印地の様相、投石具の発達を展望しつつ、願かけの小石、正月つぶて、石こづみ等の習俗を辿り、石塊に託した民衆の願いや怒りを探る。 四六判３３８頁 ’81

45 **壁** 山田幸一

弥生時代から明治期に至るわが国の壁の変遷を壁塗＝左官工事の側面から辿り直し、その技術的復元・考証を通じて建築史・文化史における壁の役割を浮き彫りにする。 四六判２９６頁 ’81

46 **簞笥**（たんす） 小泉和子

近世における簞笥の出現＝箱から抽斗への転換に着目し、以降近現代に至るその変遷を社会・経済・技術の側面からあとづける。著者自身による簞笥製作の記録を付す。 四六判３７８頁 ’82

47 **木の実** 松山利夫

山村の重要な食糧資源であった木の実をめぐる各地の記録・伝承を集成し、その採集・加工における幾多の試みを実地に検証しつつ、稲作農耕以前の食生活文化を復元。 四六判３８４頁 ’82

48 **秤**（はかり） 小泉袈裟勝

秤の起源を東西に探るとともに、わが国律令制下における中国制度の導入、近世商品経済の発展に伴う秤座の出現、明治期近代化政策による洋式秤受容等の経緯を描く。 四六判３２６頁 ’82

49 **鶏**（にわとり） 山口健児

神話・伝説をはじめ遠い歴史の中の鶏を古今東西の伝承・文献に探り、特に我国の信仰・絵画・文学等に遺された鶏の足跡を追って、鶏をめぐる民俗の記憶を蘇らせる。 四六判３４６頁 ’83

50 **燈用植物** 深津正

人類が燈火を得るために用いてきた多種多様な植物との出会いと個々の植物の来歴、特性及びはたらきを詳しく検証しつつ「あかり」の原点を問いなおす異色の植物誌。 四六判４４２頁 ’83

51 **斧・鑿・鉋**（おの・のみ・かんな） 吉川金次

古墳出土品や文献・絵画をもとに、古代から現代までの斧・鑿・鉋を復元・実験し、労働体験によって生まれた民衆の知恵と道具の変遷を蘇らせる異色の日本木工具史。 四六判３０４頁 ’84

52 **垣根** 額田巌

大和・山辺の道に神々と垣との関わりを探り、各地に垣の伝承を訪ねて、寺院の垣、民家の垣、露地の垣など、風土と生活に培われた生垣の独特のはたらきと美を描く。 四六判２３４頁 ’84

53-Ⅰ **森林Ⅰ** 四手井綱英

森林生態学の立場から、森林のなりたちとその生活史を辿りつつ、産業の発展と消費社会の拡大により刻々と変貌する森林の現状を語り、未来への再生のみちをさぐる。 四六判３０６頁 ’85

53-Ⅱ **森林Ⅱ** 四手井綱英

森林と人間との多様なかかわりを包括的に語り、人と自然が共生するための森や里山をいかにして創出するか、森林再生への具体的な方策を提示する21世紀への提言。 四六判３０８頁 ’98

53-Ⅲ **森林Ⅲ** 四手井綱英

地球規模で進行しつつある森林破壊の現状を実地に踏査し、森と人が共存する日本人の伝統的自然観を未来へ伝えるために、いま何が必要なのかを具体的に提言する。 四六判３０４頁 ’00

54 **海老**（えび） 酒向昇

人類との出会いからエビの科学、漁法、さらには調理法を語り、めでたい姿態と色彩にまつわる多彩なエビの民俗を、地名や人名、詩歌・文学、絵画や芸能の中に探る。四六判４２８頁 '85

55-Ⅰ **藁**（わら）Ⅰ 宮崎清

稲作農耕とともに二千年余の歴史をもち、日本人の全生活領域に生きてきた藁の文化を日本文化の原型として捉え、風土に根ざしたそのゆたかな遺産を詳細に検討する。四六判４００頁 '85

55-Ⅱ **藁**（わら）Ⅱ 宮崎清

床・畳から壁・屋根にいたる住居における藁の製作・使用のメカニズムを明らかにし、日本人の生活空間における藁の役割を見なおすとともに、藁の文化の復権を説く。四六判４００頁 '85

56 **鮎** 松井魁

清楚な姿態と独特な味覚によって、日本人の目と舌を魅了しつづけてきたアユ——その形態と分布、生態、漁法等を詳述し、古今のアユ料理や文芸にみるアユにおよぶ。四六判２９６頁 '86

57 **ひも** 額田巌

物と物、人と物とを結びつける不思議な力を秘めた「ひも」の謎を追って、民俗学的視点から多角的なアプローチを試みる。『結び』、『包み』につづく三部作の完結篇。四六判２５０頁 '86

58 **石垣普請** 北垣聰一郎

近世石垣の技術者集団「穴太」の足跡を辿り、各地城郭の石垣遺構の実地調査と資料・文献をもとに石垣普請の歴史的系譜を復元しつつ石工たちの技術伝承を集成する。四六判４３８頁 '87

59 **碁** 増川宏一

その起源を古代の盤上遊戯に探ると共に、定着以来二千年の歴史を時代の状況や遊び手の社会環境との関わりにおいて跡づける。逸話や伝説を排して綴る初の囲碁全史。四六判３６６頁 '87

60 **日和山**（ひよりやま） 南波松太郎

千石船の時代、航海の安全のために観天望気した日和山——多くは忘れられ、あるいは失われた船舶・航海史の貴重な遺跡を追って、全国津々浦々におよんだ調査紀行。四六判３８２頁 '88

61 **篩**（ふるい） 三輪茂雄

臼とともに人類の生産活動に不可欠な道具であった篩、箕（み）、笊（ざる）の多彩な変遷を豊富な図解入りでたどり、現代技術の先端に再生するまでの歩みをえがく。四六判３３４頁 '89

62 **鮑**（あわび） 矢野憲一

縄文時代以来、貝肉の美味と貝殻の美しさによって日本人を魅了し続けてきたアワビ——その生態と養殖、神饌としての歴史、漁法、螺鈿の技法からアワビ料理に及ぶ。四六判３４４頁 '89

63 **絵師** むしゃこうじ・みのる

日本古代の渡来画工から江戸前期の菱川師宣まで、時代の代表的絵師の列伝で辿る絵画制作の文化史。前近代社会における絵画の意味や芸術創造の社会的条件を考える。四六判２３０頁 '90

64 **蛙**（かえる） 碓井益雄

動物学の立場からその特異な生態を描き出すとともに、和漢洋の文献資料を駆使して故事・習俗・神事・民話・文芸・美術工芸にわたる蛙の多彩な活躍ぶりを活写する。四六判３８２頁 '89

65-Ⅰ 藍（あい）**Ⅰ** 風土が生んだ色 竹内淳子

全国各地の〈藍の里〉を訪ねて、藍栽培から染色・加工のすべてにわたり、藍とともに生きた人々の伝承を克明に描き、風土と人間が生んだ〈日本の色〉の秘密を探る。四六判４１６頁 '91

65-Ⅱ 藍（あい）**Ⅱ** 暮らしが育てた色 竹内淳子

日本の風土に生まれ、伝統に育てられた藍が、今なお暮らしの中で生き生きと活躍しているさまを、手わざに生きる人々との出会いを通じて描く。藍の里紀行の続篇。四六判４０６頁 '99

66 橋 小山田了三

丸木橋・舟橋・吊橋から板橋・アーチ型石橋まで、人々に親しまれてきた各地の橋を訪ねて、その来歴と築橋の技術伝承を辿り、土木文化の伝播・交流の足跡をえがく。四六判３１２頁 '91

67 箱 宮内悊

日本の伝統的な箱（櫃）と西欧のチェストを比較文化史の視点から考察し、居住・収納・運搬・装飾の各分野における箱の重要な役割とその多彩な文化を浮彫りにする。四六判３９０頁 '91

68-Ⅰ 絹Ⅰ 伊藤智夫

養蚕の起源を神話や説話に探り、伝来の時期とルートを跡づけ、記紀・万葉の時代から近世に至るまで、それぞれの時代・社会・階層が生み出した絹の文化を描き出す。四六判３０４頁 '92

68-Ⅱ 絹Ⅱ 伊藤智夫

生糸と絹織物の生産と輸出が、わが国の近代化にはたした役割を描くと共に、養蚕の道具、信仰や庶民生活にわたる養蚕と絹の民俗、さらには蚕の種類と生態におよぶ。四六判２９４頁 '92

69 鯛（たい） 鈴木克美

古来「魚の王」とされてきた鯛をめぐって、その生態・味覚から漁法、祭り、工芸、文芸にわたる多彩な伝承文化を語りつつ、鯛と日本人とのかかわりの原点をさぐる。四六判４１８頁 '92

70 さいころ 増川宏一

古代神話の世界から近現代の博徒の動向まで、さいころの役割を各時代・社会に位置づけ、木の実や貝殻のさいころから投げ棒型や立方体のさいころへの変遷をたどる。四六判３７４頁 '92

71 木炭 樋口清之

炭の起源から炭焼、流通、経済、文化にわたる木炭の歩みを歴史・考古・民俗の知見を総合して描き出し、独自で多彩な文化を育んできた木炭の尽きせぬ魅力を語る。四六判２９６頁 '93

72 鍋・釜（なべ・かま） 朝岡康二

日本をはじめ韓国、中国、インドネシアなど東アジアの各地を歩きながら鍋・釜の製作と使用の現場に立ち会い、調理をめぐる庶民生活の変遷とその交流の足跡を探る。四六判３２６頁 '93

73 海女（あま） 田辺悟

その漁の実際と社会組織、風習、信仰、民具などを克明に描くとともに、海女の起源・分布・交流を探り、わが国漁撈文化の古層としての海女の生活と文化をあとづける。四六判２９４頁 '93

74 蛸（たこ） 刀禰勇太郎

蛸をめぐる信仰や多彩な民間伝承を紹介するとともに、その生態・分布・捕獲法・繁殖と保護・調理法などを集成し、日本人と蛸との知られざるかかわりの歴史を探る。四六判３７０頁 '94

75 曲物（まげもの） 岩井宏實

桶・樽出現以前から伝承され、古来最も簡便・重宝な木製容器として愛用された曲物の加工技術と機能・利用形態の変遷をさぐり、手づくりの「木の文化」を見なおす。四六判３１８頁 '94

76-Ⅰ 和船Ⅰ 石井謙治

江戸時代の海運を担った千石船（弁才船）について、その構造と技術、帆走性能を綿密に調査し、通説の誤りを正すとともに、海難と信仰、船絵馬等の考察にもおよぶ。四六判４３６頁 '95

76-Ⅱ 和船Ⅱ 石井謙治

造船史から見た著名な船を紹介し、遣唐使船や遣欧使節船、幕末の洋式船における外国技術の導入について論じつつ、船の名称と船型を海船・川船にわたって解説する。四六判３１６頁 '95

77-Ⅰ 反射炉Ⅰ 金子功

日本初の佐賀鍋島藩の反射炉と精練方＝理化学研究所、島津藩の反射炉と集成館＝近代工場群を軸に、日本の産業革命の時代における人と技術を現地に訪ねて発掘する。四六判２４４頁 '95

77-Ⅱ 反射炉Ⅱ 金子功

伊豆韮山の反射炉をはじめ、全国各地の反射炉建設にかかわった有名無名の人々の足跡をたどり、開国か攘夷かに揺れる幕末の政治と社会の悲喜劇をも生き生きと描く。四六判２２６頁 '95

78-Ⅰ 草木布（そうもくふ）Ⅰ 竹内淳子

風土に育まれた布を求めて全国各地を歩き、木綿普及以前に山野の草木を利用して豊かな衣生活文化を築き上げてきた庶民の知られざる知恵のかずかずを実地にさぐる。四六判２８２頁 '95

78-Ⅱ 草木布（そうもくふ）Ⅱ 竹内淳子

アサ、クズ、シナ、コウゾ、カラムシ、フジなどの草木の繊維から、どのようにして糸を採り、布を織っていたのか——聞書きをもとに忘れられた技術と文化を発掘する。四六判２８２頁 '95

79-Ⅰ すごろくⅠ 増川宏一

古代エジプトのセネト、ヨーロッパのバクギャモン、中近東のナルド、中国の双陸などの系譜に日本の盤雙六を位置づけ、遊戯・賭博としてのその数奇なる運命を辿る。四六判３１２頁 '95

79-Ⅱ すごろくⅡ 増川宏一

ヨーロッパの鵞鳥のゲームから日本中世の浄土双六、近世の華麗な絵双六、さらには近現代の少年誌の附録まで、絵双六の変遷を追って時代の社会・文化を読みとる。四六判３９０頁 '95

80 パン 安達巖

古代オリエントに起ったパン食文化が中国・朝鮮を経て弥生時代の日本に伝えられたことを史料と伝承をもとに解明し、わが国パン食文化二〇〇〇年の足跡を描き出す。四六判２６０頁 '96

81 枕（まくら） 矢野憲一

神さまの枕・大嘗祭の枕から枕絵の世界まで、人生の三分の一を共に過す枕をめぐって、その材質の変遷を辿り、伝説と怪談、俗信と民俗、エピソードを興味深く語る。四六判２５２頁 '96

82-Ⅰ 桶・樽（おけ・たる）Ⅰ 石村真一

日本、中国、朝鮮、ヨーロッパにわたる厖大な資料を集成してその豊かな文化の系譜を探り、東西の木工技術史を比較しつつ世界史的視野から桶・樽の文化を描き出す。四六判３８８頁 '97

82-II 桶・樽（おけ・たる）II 石村真一

多数の調査資料と絵画・民俗資料をもとにその製作技術を復元し、東西の木工技術を比較考証しつつ、技術文化史の視点から桶・樽製作の実態とその変遷を跡づける。 四六判372頁 '97

82-III 桶・樽（おけ・たる）III 石村真一

樹木と人間とのかかわり、製作者と消費者とのかかわりを通じて桶樽と生活文化の変遷を考察し、木材資源の有効利用という視点から桶樽の文化史的役割を浮彫にする。 四六判352頁 '97

83-I 貝I 白井祥平

世界各地の現地調査と文献資料を駆使して、古来至高の財宝とされてきた宝貝のルーツとその変遷を探り、貝と人間とのかかわりの歴史を「貝貨」の文化史として描く。 四六判386頁 '97

83-II 貝II 白井祥平

サザエ、アワビ、イモガイなど古来人類とかかわりの深い貝をめぐって、その生態・分布・地方名、装身具や貝貨としての利用法などを豊富なエピソードを交えて語る。 四六判328頁 '97

83-III 貝III 白井祥平

シンジュガイ、ハマグリ、アカガイ、シャコガイなどをめぐって世界各地の民族誌を渉猟し、それらが人類文化に残した足跡を辿る。参考文献一覧／総索引を付す。 四六判392頁 '97

84 松茸（まつたけ） 有岡利幸

秋の味覚として古来珍重されてきた松茸の由来を求めて、稲作文化と里山（松林）の生態系から説きおこし、日本人の伝統的生活文化の中に松茸流行の秘密をさぐる。 四六判296頁 '97

85 野鍛冶（のかじ） 朝岡康二

鉄製農具の製作・修理・再生を担ってきた農鍛冶の歴史的役割を探り、近代化の大波の中で変貌する職人技術の実態をアジア各地のフィールドワークを通して描き出す。 四六判280頁 '98

86 稲 品種改良の系譜 菅 洋

作物としての稲の誕生、稲の渡来と伝播の経緯から説きおこし、明治以降主として庄内地方の民間育種家の手によって飛躍的発展をとげたわが国品種改良の歩みを描く。 四六判332頁 '98

87 橘（たちばな） 吉武利文

永遠のかぐわしい果実として日本の神話・伝説に特別の位置を占めて語り継がれてきた橘をめぐって、その育まれた風土とかずかずの伝承の中に日本文化の特質を探る。 四六判286頁 '98

88 杖（つえ） 矢野憲一

神の依代としての杖や仏教の錫杖に杖と信仰とのかかわりを探り、人類が突きつつ歩んだその歴史と民俗を興味ぶかく語る。多彩な材質と用途を網羅した杖の博物誌。 四六判314頁 '98

89 もち（糯・餅） 渡部忠世／深澤小百合

モチイネの栽培・育種から食品加工、民俗、儀礼にわたってそのルーツと伝承の足跡をたどり、アジア稲作文化という広範な視野からこの特異な食文化の謎を解明する。 四六判330頁 '98

90 さつまいも 坂井健吉

その栽培の起源と伝播経路を跡づけるとともに、わが国伝来後四百年の経緯を詳細にたどり、世界に冠たる育種と栽培・利用法を築いた人々の知られざる足跡をえがく。 四六判328頁 '99

91 珊瑚（さんご）　鈴木克美

海岸の自然保護に重要な役割を果たす岩石サンゴから宝飾品として知られる宝石サンゴまで、人間生活と深くかかわってきたサンゴの多彩な姿を人類文化史として描く。　四六判３７０頁　'99

92-Ⅰ 梅Ⅰ　有岡利幸

万葉集、源氏物語、五山文学などの古典や天神信仰に表れた梅の足跡を克明に辿りつつ日本人の精神史に刻印された梅を浮彫にし、梅と日本人の二〇〇〇年史を描く。　四六判２７４頁　'99

92-Ⅱ 梅Ⅱ　有岡利幸

その植生と栽培、伝承、梅の名所や鑑賞法の変遷から戦前の国定教科書に表れた梅まで、梅と日本人との多彩なかかわりを探り、桜との対比において梅の文化史を描く。　四六判３３８頁　'99

93 木綿口伝（もめんくでん）　第2版　福井貞子

老女たちからの聞書を経糸とし、厖大な遺品・資料を緯糸として、母から娘へと幾代にも伝えられた手づくりの木綿文化を掘り起し、近代の木綿の盛衰を描く。増補版　四六判３３６頁　'00

94 合せもの　増川宏一

「合せる」には古来、一致させるの他に、競う、闘う、比べる等の意味があった。貝合せや絵合せ等の遊戯・賭博を中心に、広範な人間の営みを「合せる」行為に辿る。　四六判３００頁　'00

95 野良着（のらぎ）　福井貞子

明治初期から昭和四〇年までの野良着を収集・分類・整理し、それらの用途と年代、形態、材質、重量、呼称などを精査して、働く庶民の創意にみちた生活史を描く。　四六判２９２頁　'00

96 食具（しょくぐ）　山内昶

東西の食文化に関する資料を渉猟し、食法の違いを人間の自然に対するかかわり方の違いとして捉えつつ、食具を人間と自然をつなぐ基本的な媒介物として位置づける。　四六判２９２頁　'00

97 鰹節（かつおぶし）　宮下章

黒潮からの贈り物・カツオの漁法から鰹節の製法や食法、商品としての流通までを歴史的に展望するとともに、沖縄やモルジブ諸島の調査をもとにそのルーツを探る。　四六判３８２頁　'00

98 丸木舟（まるきぶね）　出口晶子

先史時代から現代の高度文明社会まで、もっとも長期にわたり使われてきた刳り舟に焦点を当て、その技術伝承を辿りつつ、森や水辺の文化の広がりと動態をえがく。　四六判３２４頁　'01

99 梅干（うめぼし）　有岡利幸

日本人の食生活に不可欠の自然食品・梅干をつくりだした先人たちの知恵に学ぶとともに、健康増進に驚くべき薬効を発揮する、その知られざるパワーの秘密を探る。　四六判３００頁　'01

100 瓦（かわら）　森郁夫

仏教文化と共に中国・朝鮮から伝来し、一四〇〇年にわたり日本の建築を飾ってきた瓦をめぐって、発掘資料をもとにその製造技術、形態、文様などの変遷をたどる。　四六判３２０頁　'01

101 植物民俗　長澤武

衣食住から子供の遊びまで、幾世代にも伝承された植物をめぐる暮らしの知恵を克明に記録し、高度経済成長期以前の農山村の豊かな生活文化を愛惜をこめて描き出す。　四六判３４８頁　'01

102 **箸**（はし） 向井由紀子／橋本慶子

そのルーツを中国、朝鮮半島に探るとともに、日本人の食生活に不可欠の食具となり、日本文化のシンボルとされるまでに洗練された箸の文化の変遷を総合的に描く。 四六判３３４頁 '01

103 **採集** ブナ林の恵み 赤羽正春

縄文時代から今日に至る採集・狩猟民の暮らしを復元し、動物の生態系と採集生活の関連を明らかにしつつ、民俗学と考古学の両面から山に生かされた人々の姿を描く。 四六判２９８頁 '01

104 **下駄** 神のはきもの 秋田裕毅

古墳や井戸等から出土する下駄に着目し、下駄が地上と地下の他界を結ぶ聖なるはきものであったという大胆な仮説を提出、日本の神々の忘れられた側面を浮彫にする。 四六判３０４頁 '02

105 **絣**（かすり） 福井貞子

膨大な絣遺品を収集・分類し、絣産地を実地に調査して絣の技法と文様の変遷を地域別・時代別に跡づけ、明治・大正・昭和の手づくりの染織文化の盛衰を描き出す。 四六判３１０頁 '02

106 **網**（あみ） 田辺悟

漁網を中心に、網に関する基本資料を網羅して網の変遷と網をめぐる民俗を体系的に描き出し、網の文化を集成する。「網に関する小事典」「網のある博物館」を付す。 四六判３１６頁 '02

107 **蜘蛛**（くも） 斎藤慎一郎

「土蜘蛛」の呼称で畏怖される一方「クモ合戦」など子供の遊びとしても親しまれてきたクモと人間との長い交渉の歴史をその深層に遡って追究した異色のクモ文化論。 四六判３２０頁 '02

108 **襖**（ふすま） むしゃこうじ・みのる

襖の起源と変遷を建築史・絵画史の中に探りつつその用と美を浮彫にし、衝立・障子・屏風等と共に日本建築の空間構成に不可欠の建具となるまでの経緯を描き出す。 四六判２７０頁 '02

109 **漁撈伝承**（ぎょろうでんしょう） 川島秀一

漁師たちからの聞き書きをもとに、寄り物、船霊、大漁旗など、漁撈にまつわる〈もの〉の伝承を集成し、海の道によって運ばれた習俗や信仰の民俗地図を描き出す。 四六判３３４頁 '03

110 **チェス** 増川宏一

世界中に数億人の愛好者を持つチェスの起源と文化を、欧米における膨大な研究の蓄積を渉猟しつつ探り、日本への伝来の経緯から美術工芸品としてのチェスにおよぶ。 四六判２９８頁 '03

111 **海苔**（のり） 宮下章

海苔の歴史は厳しい自然とのたたかいの歴史だった――採取から養殖、加工、流通、消費に至る先人たちの苦難の歩みを史料と実地調査によって浮彫にする食物文化史。 四六判１７２頁 '03

112 **屋根** 檜皮葺と杮葺 原田多加司

屋根葺師一〇代の著者が、自らの体験と職人の本懐を語り、連綿として受け継がれてきた伝統の手わざを体系的にたどりつつ伝統技術の保存と継承の必要性を訴える。 四六判３４０頁 '03

113 **水族館** 鈴木克美

初期水族館の歩みを創始者たちの足跡を通して辿りなおし、水族館をめぐる社会の発展と風俗の変遷を描き出すとともにその未来像をさぐる初の〈日本水族館史〉の試み。 四六判２９０頁 '03

114 古着（ふるぎ） 朝岡康二

仕立てと着方、管理と保存、再生と再利用等にわたり衣生活の変容を近代の日常生活の変化として捉え直し、衣服をめぐるリサイクル文化が形成される経緯を描き出す。四六判２９２頁 '03

115 柿渋（かきしぶ） 今井敬潤

染料・塗料をはじめ生活百般の必需品であった柿渋の伝承を記録し、文献資料をもとにその製造技術と利用の実態を明らかにして、忘れられた豊かな生活技術を見直す。四六判２９４頁 '03

116-Ⅰ 道Ⅰ 武部健一

道の歴史を先史時代から説き起こし、古代律令制国家の要請によって駅路が設けられ、しだいに幹線道路として整えられてゆく経緯を技術史・社会史の両面からえがく。四六判２４８頁 '03

116-Ⅱ 道Ⅱ 武部健一

中世の鎌倉街道、近世の五街道、近代の開拓道路から現代の高速道路網までを通観し、道路を拓いた人々の手によって今日の交通ネットワークが形成された歴史を語る。四六判２８０頁 '03

117 かまど 狩野敏次

日常の煮炊きの道具であるとともに祭りと信仰に重要な位置を占めてきたカマドをめぐる忘れられた伝承を掘り起こし、民俗空間の壮大なコスモロジーを浮彫りにする。四六判２９２頁 '04

118-Ⅰ 里山Ⅰ 有岡利幸

縄文時代から近世までの里山の変遷を人々の暮らしと植生の変化の両面から跡づけ、その源流を記紀万葉に描かれた里山の景観や大和・三輪山の古記録・伝承等に探る。四六判２７６頁 '04

118-Ⅱ 里山Ⅱ 有岡利幸

明治の地租改正による山林の混乱、相次ぐ戦争による山野の荒廃、エネルギー革命、高度成長による大規模開発など、近代化の荒波に翻弄される里山の見直しを説く。四六判２７４頁 '04

119 有用植物 菅 洋

人間生活に不可欠のものとして利用されてきた身近な植物たちの来歴と栽培・育種・品種改良・伝播の経緯を平易に語り、植物と共に歩んだ文明の足跡を浮彫にする。四六判３２４頁 '04

120-Ⅰ 捕鯨Ⅰ 山下渉登

世界の海で展開された鯨と人間との格闘の歴史を振り返り、「大航海時代」の副産物として開始された捕鯨業の誕生以来四〇〇年にわたる盛衰の社会的背景をさぐる。四六判３１４頁 '04

120-Ⅱ 捕鯨Ⅱ 山下渉登

近代捕鯨の登場により鯨資源の激減を招き、捕鯨の規制・管理のための国際条約締結に至る経緯をたどり、グローバルな課題としての自然環境問題を浮き彫りにする。四六判３１２頁 '04

121 紅花（べにばな） 竹内淳子

栽培、加工、流通、利用の実際を現地に探訪して紅花とかかわってきた人々からの聞き書きを集成し、忘れられた〈紅花文化〉を復元しつつその豊かな味わいを見直す。四六判３４６頁 '04

122-Ⅰ もののけⅠ 山内昶

日本の妖怪変化、未開社会の〈マナ〉、西欧の悪魔やデーモンを比較考察し、名づけ得ぬ未知の対象を指す万能のゼロ記号〈もの〉をめぐる人類文化史を跡づける博物誌。四六判３２０頁 '04

122-II **もののけ II** 山内昶

日本の鬼、古代ギリシアのダイモン、中世の異端狩り・魔女狩り等々をめぐり、自然＝カオスと文化＝コスモスの対立の中で〈野生の思考〉が果たしてきた役割をさぐる。 四六判２８０頁 '04

123 **染織**（そめおり） 福井貞子

自らの体験と膨大な残存資料をもとに、糸づくりから織り、染めにわたる手づくりの豊かな生活文化を見直す。創意にみちた手わざのかずかずを復元する庶民生活誌。 四六判２９４頁 '05

124-I **動物民俗 I** 長澤武

神として崇められたクマやシカをはじめ、人間にとって不可欠の鳥獣や魚、さらには人間を脅かす動物など、多種多様な動物たちと交流してきた人々の暮らしの民俗誌。 四六判２６４頁 '05

124-II **動物民俗 II** 長澤武

動物の捕獲法をめぐる各地の伝承を紹介するとともに、全国で語り継がれてきた多彩な動物民話・昔話を渉猟し、暮らしの中で培われた動物フォークロアの世界を描く。 四六判２６６頁 '05

125 **粉**（こな） 三輪茂雄

粉体の研究をライフワークとする著者が、粉食の発見からナノテクノロジーまで、人類文明の歩みを〈粉〉の視点から捉え直した壮大なスケールの〈文明の粉体史観〉 四六判３０２頁 '05

126 **亀**（かめ） 矢野憲一

浦島伝説や「兎と亀」の昔話によって親しまれてきた亀のイメージの起源を探り、古代の亀卜の方法から、亀にまつわる信仰と迷信、鼈甲細工やスッポン料理におよぶ。 四六判３３０頁 '05

127 **カツオ漁** 川島秀一

一本釣り、カツオ漁場、船上の生活、船霊信仰、祭りと禁忌など、カツオ漁にまつわる漁師たちの伝承を集成し、黒潮に沿って伝えられた漁民たちの文化を掘り起こす。 四六判３７０頁 '05

128 **裂織**（さきおり） 佐藤利夫

木綿の風合いと強靭さを生かした裂織の技と美をすぐれたリサイクル文化として見なおす。東西文化の中継地・佐渡の古老たちからの聞書をもとに歴史と民俗をえがく。 四六判３０８頁 '05

129 **イチョウ** 今野敏雄

「生きた化石」として珍重されてきたイチョウの生い立ちと人々の生活文化とのかかわりの歴史をたどり、この最古の樹木に秘められたパワーを最新の中国文献にさぐる。 四六判３１２頁〔品　切〕 '05

130 **広告** 八巻俊雄

のれん、看板、引札からインターネット広告までを通観し、いつの時代にも広告が人々の暮らしと密接にかかわって独自の文化を形成してきた経緯を描く広告の文化史。 四六判２７６頁 '06

131-I **漆**（うるし） **I** 四柳嘉章

全国各地で発掘された考古資料を対象に科学的解析を行ない、縄文時代から現代に至る漆の技術と文化を跡づける試み。漆が日本人の生活と精神に与えた影響を探る。 四六判２７４頁 '06

131-II **漆**（うるし） **II** 四柳嘉章

遺跡や寺院等に遺る漆器を分析し体系づけるとともに、絵巻物や文学作品の考証を通じて、職人や産地の形成、漆工芸の地場産業としての発展の経緯などを考察する。 四六判２１６頁 '06

132 **まな板** 石村眞一

日本、アジア、ヨーロッパ各地のフィールド調査と考古・文献・絵画・写真資料をもとにまな板の素材・構造・使用法を分類し、多様な食文化とのかかわりをさぐる。 四六判372頁 '06

133-Ⅰ **鮭・鱒**（さけ・ます）**Ⅰ** 赤羽正春

鮭・鱒をめぐる民俗研究の前史から現在までを概観するとともに、原初的な漁法から商業的漁法にわたる多彩な漁法と用具、漁場と社会組織の関係などを明らかにする。 四六判292頁 '06

133-Ⅱ **鮭・鱒**（さけ・ます）**Ⅱ** 赤羽正春

鮭漁をめぐる行事、鮭捕り衆の生活等を聞き取りによって再現し、人工孵化事業の発展とそれを担った先人たちの業績を明らかにするとともに、鮭・鱒の料理におよぶ。 四六判352頁 '06

134 **遊戯** その歴史と研究の歩み 増川宏一

古代から現代まで、日本と世界の遊戯の歴史を概説し、内外の研究者との交流の中で得られた最新の知見をもとに、研究の出発点と目的を論じ、現状と未来を展望する。 四六判296頁 '06

135 **石干見**（いしひみ） 田和正孝編

沿岸部に石垣を築き、潮汐作用を利用して漁獲する原初的漁法を日・韓・台に残る遺構と伝承の調査・分析をもとに復元し、東アジアの伝統的漁撈文化を浮彫りにする。 四六判332頁 '07

136 **看板** 岩井宏實

江戸時代から明治・大正・昭和初期までの看板の歴史を生活文化史の視点から考察し、多種多様な生業の起源と変遷を多数の図版をもとに紹介する〈図説商売往来〉。 四六判266頁 '07

137-Ⅰ **桜Ⅰ** 有岡利幸

そのルーツと生態から説きおこし、和歌や物語に描かれた古代社会の桜観から「花は桜木、人は武士」の江戸の花見の流行まで、日本人と桜のかかわりの歴史をさぐる。 四六判382頁 '07

137-Ⅱ **桜Ⅱ** 有岡利幸

明治以後、軍国主義と愛国心のシンボルとして政治的に利用されてきた桜の近代史を辿るとともに、日本人の生活と共に歩んだ「咲く花、散る花」の栄枯盛衰を描く。 四六判400頁 '07

138 **麴**（こうじ） 一島英治

日本の気候風土の中で稲作と共に育まれた麴菌のすぐれたはたらきの秘密を探り、醸造化学に携わった人々の足跡をたどりつつ醗酵食品と日本人の食生活文化を考える。 四六判244頁 '07

139 **河岸**（かし） 川名登

近世初頭、河川水運の隆盛と共に物流のターミナルとして賑わい、船旅や遊廓などをもたらした河岸（川の港）の盛衰を河岸に生きる人々の暮らしの変遷としてえがく。 四六判300頁 '07

140 **神饌**（しんせん） 岩井宏實／日和祐樹

土地に古くから伝わる食物を神に捧げる神饌儀礼に祭りの本義を探り、近畿地方主要神社の伝統的儀礼をつぶさに調査して、豊富な写真と共にその実際を明らかにする。 四六判374頁 '07

141 **駕籠**（かご） 櫻井芳昭

その様式、利用の実態、地域ごとの特色、車の利用を抑制する交通政策との関連から駕籠かきたちの風俗までを明らかにし、日本交通史の知られざる側面に光を当てる。 四六判294頁 '07

142 **追込漁**（おいこみりょう） 川島秀一

沖縄の島々をはじめ、日本各地で今なお行なわれている沿岸漁撈を実地に精査し、魚の生態と自然条件を知り尽した漁師たちの知恵と技を見直しつつ漁業の原点を探る。 四六判３６８頁 '08

143 **人魚**（にんぎょ） 田辺悟

ロマンとファンタジーに彩られて世界各地に伝承される人魚の実像をもとめて東西の人魚誌を渉猟し、フィールド調査と膨大な資料をもとに集成したマーメイド百科。 四六判３５２頁 '08

144 **熊**（くま） 赤羽正春

狩人たちからの聞き書きをもとに、かつては神として崇められた熊と人間との精神史的な関係をさぐり、熊を通して人間の生存可能性にもおよぶユニークな動物文化史。 四六判３８４頁 '08

145 **秋の七草** 有岡利幸

『万葉集』で山上憶良がうたいあげて以来、千数百年にわたり秋を代表する植物として日本人にめでられてきた七種の草花の知られざる伝承を掘り起こす植物文化誌。 四六判３０６頁 '08

146 **春の七草** 有岡利幸

厳しい冬の季節に芽吹く若菜に大地の生命力を感じ、春の到来を祝い新年の息災を願う「七草粥」などとして食生活の中に巧みに取り入れてきた古人たちの知恵を探る。 四六判２７２頁 '08

147 **木綿再生** 福井貞子

自らの人生遍歴と木綿を愛する人々との出会いを織り重ねて綴り、優れた文化遺産としての木綿衣料を紹介しつつ、リサイクル文化としての木綿再生のみちを模索する。 四六判２６６頁 '09

148 **紫**（むらさき） 竹内淳子

今や絶滅危惧種となった紫草（ムラサキ）を育てる人びと、伝統の紫根染を今に伝える人びとを全国にたずね、貝紫染の始原を求めて吉野ヶ里におよぶ「むらさき紀行」。 四六判３２４頁 '09

149-Ⅰ **杉Ⅰ** 有岡利幸

その生態、天然分布の状況から各地における栽培・育種、利用にいたる歩みを弥生時代から今日までの人間の営みの中で捉えなおし、わが国林業史を展望しつつ描き出す。 四六判２８２頁 '10

149-Ⅱ **杉Ⅱ** 有岡利幸

古来神の降臨する木として崇められるとともに生活のさまざまな場面で活用され、絵画や詩歌に描かれてきた杉の文化をたどり、さらに「スギ花粉症」の原因を追究する。 四六判２７８頁 '10

150 **井戸** 秋田裕毅（大橋信弥編）

弥生中期になぜ井戸は突然出現するのか。飲料水など生活用水ではなく、祭祀用の聖なる水を得るためだったのではないか。目的や構造の変遷、宗教との関わりをたどる。 四六判２６０頁 '10

151 **楠**（くすのき） 矢野憲一／矢野高陽

語源と字源、分布と繁殖、文学や美術における楠から医薬品としての利用、キューピー人形や樟脳の船まで、楠と人間の関わりの歴史を辿りつつ自然保護の問題に及ぶ。 四六判３３４頁 '10

152 **温室** 平野恵

温室は明治時代に欧米から輸入された印象があるが、じつは江戸時代半ばから「むろ」という名の保温設備があった。絵巻や小説、遺跡などより浮かび上がる歴史。 四六判３１０頁 '10

153 **檜**（ひのき） 有岡利幸

建築・木彫・木材工芸に最良の材としてわが国の〈木の文化〉に重要な役割を果たしてきた檜。その生態から保護・育成・生産・流通・加工までの変遷をたどる。 四六判３２０頁 '11

154 **落花生** 前田和美

南米原産の落花生が大航海時代にアフリカ経由で世界各地に伝播していく歴史をたどるとともに、日本で栽培を始めた先覚者や食文化との関わりを紹介する。 四六判３１２頁 '11

155 **イルカ**（海豚） 田辺悟

神話・伝説の中のイルカ、イルカをめぐる信仰から、漁撈伝承、食文化の伝統と保護運動の対立までを幅広くとりあげ、ヒトと動物との関係はいかにあるべきかを問う。 四六判３３０頁 '11

156 **輿**（こし） 櫻井芳昭

古代から明治初期まで、千二百年以上にわたって用いられてきた輿の種類と変遷を探り、天皇の行幸や斎王群行、姫君たちの輿入れにおける使用の実態を明らかにする。 四六判２５２頁 '11

157 **桃** 有岡利幸

魔除けや若返りの呪力をもつ果実として神話や昔話に語り継がれ、近年古代遺跡から大量出土して祭祀との関連が注目される桃。日本人との多彩な関わりを考察する。 四六判３２８頁 '12

158 **鮪**（まぐろ） 田辺悟

古文献に描かれ記されたマグロを紹介し、漁法・漁具から運搬と流通・消費、漁民たちの暮らしと民俗・信仰までを探りつつ、マグロをめぐる食文化の未来にもおよぶ。 四六判３５０頁 '12

159 **香料植物** 吉武利文

クロモジ、ハッカ、ユズ、セキショウ、ショウノウなど、日本の風土で育った植物から香料をつくりだす人びとの営みを現地に訪ね、伝統技術の継承・発展を考える。 四六判２９０頁 '12

160 **牛車**（ぎっしゃ） 櫻井芳昭

牛車の盛衰を交通史や技術史との関連で探り、絵巻や日記・物語等に描かれた牛車の種類と構造、利用の実態を明らかにして、読者を平安の「雅」の世界へといざなう。 四六判２２４頁 '12

161 **白鳥** 赤羽正春

世界各地の白鳥処女説話を博捜し、古代以来の人々が抱いた〈鳥への想い〉を明らかにするとともに、その源流を、白鳥をトーテムとする中央シベリアの白鳥族に探る。 四六判３６０頁 '12

162 **柳** 有岡利幸

日本人との関わりを詩歌や文献をもとに探りつつ、容器や調度品に、治山治水対策に、火薬や薬品の原料に、さらには風景の演出用に活用されてきた歴史をたどる。 四六判３２８頁 '13

163 **柱** 森郁夫

竪穴住居の時代から建物を支えてきただけでなく、大黒柱や鼻っ柱などさまざまな言葉に使われている柱。遺跡の発掘でわかった事実や、日本文化との関わりを紹介。 四六判２５２頁 '13

164 **磯** 田辺悟

人間はもとより、動物たちにも多くの恵みをもたらしてきた磯——その豊かな文化をさぐり、東日本大震災以前の三陸沿岸を軸に磯漁の民俗を聞書きによって再現する。 四六判４５０頁 '14